# COLLECTION

COMPLÈTE

# DES MÉMOIRES

RELATIFS

## A L'HISTOIRE DE FRANCE.

*Boucicaut, $2^{me}$, $3^{me}$ et $4^{me}$ parties. —*
*Pierre de Fénin.*

DE L'IMPRIMERIE DE RIGNOUX.

# COLLECTION

## COMPLÈTE

# DES MÉMOIRES

RELATIFS

## A L'HISTOIRE DE FRANCE,

DEPUIS LE RÈGNE DE PHILIPPE-AUGUSTE, JUSQU'AU COMMENCEMENT
DU DIX-SEPTIÈME SIÈCLE;

AVEC DES NOTICES SUR CHAQUE AUTEUR,
ET DES OBSERVATIONS SUR CHAQUE OUVRAGE,

### Par M. PETITOT.

---

### TOME VII.

### PARIS,

FOUCAULT, LIBRAIRE, RUE DE SORBONNE, N° 9.

1825.

# LE LIVRE
### DES FAICTS
### DU MARESCHAL DE BOUCICAUT.

## SECONDE PARTIE.

### CHAPITRE PREMIER.

*Cy commence la seconde partie de ce present livre, laquelle parle du sens et prudence du mareschal de Boucicaut, et des vaillans et principaux biensfaicts que il feit depuis le temps que il feut gouverneur de Gennes, jusques au retour de Syrie. Premierement parle de l'ancienne coustume qui court en Italie des guelphes et des guibelins.*

COMME il est notoire et assez sceu par toutes les contrées comment au pays et en la terre d'Italie court d'ancienneté la diabolique ancienne coustume semée entre eulx par l'ennemy d'enfer, comme mesmement plusieurs d'eulx tiennent; laquelle chose, comme les vengeances de Dieu soyent merveilleuses, peut-estre que telle persecution leur consent Nostre Seigneur pour cause des horribles pechez qui peuvent estre en aucuns d'eulx, et en certaines contrées. Car, comme tesmoigne la Saincte Escripture, aulcunes fois pour le mesfaict d'un seul sont plusieurs punis. Ceste perverse coustume, de laquelle nul ne sçait proprement la naissance et droict commencement, ne par quelle achoison veint la semence, quoy que plusieurs en dient, est jusques à ceste heure par tout le dict pays tant enracinée et accreüe, que toutes les villes et generalement la terre en est empoisonnée et corrompuë.

Ceste playe et maudisson (1) est une generale destruction par effusion de sang, laquelle est entre eulx, et l'ont continuée depuis si long temps que du contraire n'est memoire. Et est telle celle pestilence, que és citez principalement, dont mainte en y a de moult notables, riches et belles, aultant que en pays du monde, si en paix feussent, les hommes y sont divisez et ennemis mortels les uns contre les autres par lignaiges, et s'appellent les uns guelphes et les autres guibelins, lesquels sans chalenge (2) de terre, d'acquerir seigneurie ne autre chose, ains seulement par dire : « Tu es du lignaige guelphe, et je suis du gui-« belin ; nos devanciers se hayrent : aussi ferons nous. » Et pour celle cause seulement, et sans sçavoir autre raison, s'entreoccient et meshaignent (3) chascun jour comme chiens, les fils comme feirent leurs peres; et ainsi d'hoir en hoir continuë la meschanceté, ne il n'est justice qui remedier y puisse. Car eulx mesmes, qui soustiennent celle coustume, ne souffriroient mie que pour celle cause justice y feust faicte pour icelle mortelle haine.

(1) *Maudisson* : malédiction. — (2) *Chalenge* : dispute. — (3) *Meshaignent* : estropient, blessent.

Si comme les uns gaignent sur les autres, font és citez souvent seigneuries nouvelles. Et de ce sont venus les tyrans d'iceluy pays, esleus à voix de peuple, à volonté, et sans raison ne loy de droict. Car telle coustume ont communément, que quand une des parties gaigne sur l'autre, et est la plus forte, adonc crient ceulx qui se voyent au dessus : « Vive tel! vive tel! et « meure tel! » Et lors eslisent l'un d'entre eulx, et occient, s'il ne s'enfuit, cil qui estoit devant. Et quand il advient que l'autre partie regaigne, et a à sa fois l'advantaige, autant leur en font; et à fureur de peuple (dont Dieu nous garde!), tout est taillé en pieces.

Et par ceste maniere se destruisent entre eulx cité contre cité, chastel contre autre, tout en un pays, et voisins contre voisins. Par ceste voye se deffont à present aultant ou plus que oncques mais feirent. Et est dommaige d'iceluy pays et grand pitié, qui est un des meilleurs, plus gras et plus riches qui au monde soit, si paix y estoit. Dont il advient souventesfois et est advenu que quand l'une des parties se sent si au bas que elle veoid bien que venger ou soustenir contre l'autre ne se pourroit, ils quierent et demandent seigneuries estrangeres, et les procurent, et à icelles se donnent, en espoir que ils soyent soustenus et portez. Mais qu'en advient-il? Icelles gens inconstans et variables en tels propos, pour bien petit d'achoison, ou quand ils s'ennuyent d'icelle seigneurie, leur face ores cil qui sera seigneur tant que il sçaura de bien, ou ceulx qui seront commis de par luy, si ne les tiendra-il ja en paix ; ainçois se rebelleront, et occiront luy et ses deputez s'ils peuvent, et recrieront et esliront un autre de nouvel.

Pour laquelle chose, veüe ceste generale coustume du pays, sans faillir me semble trop grand folie à celuy ou à ceulx qui prennent d'eulx la seigneurie, quoy qu'ils s'y donnent ou baillent, tant sçaichent promettre d'estre bons et loyaux, d'en entreprendre le gouvernement, quelques grands seigneurs ou puissans qu'ils soyent, si tousjours entre eulx ne se tiennent les plus forts, tant de gens d'armes comme de bastons. Car soyent certains que ils se rebelleront quand ils pourront, et ne s'y fie nul; et qui aultrement le faict, en vain se travaille, et deceu s'en trouve. Mais à traire à nostre propos, ainsi par la division d'entre eulx, comme devant est dict, souvent advient que iceulx malheureux sont contraincts d'appeller dominations estrangeres pour les gouverner et seigneurier. Or notez, vous qui ce oyez, quelle maudisson; et si oncques jadis eut en Egypte plus diverse playe.

## CHAPITRE II.

*Cy dit de la cité de Gennes, et de la tribulation où elle estoit avant que le mareschal en feust gouverneur.*

Pour descendre au propos pour lequel j'ay faict ceste narration, et à quoy principalement veux tendre, est à sçavoir que comme entre les autres citez d'Italie soit la riche, noble et ancienne cité de Gennes, fondée jadis par Janus, descendu des haultes lignées troyennes, icelle, entre les flammes et feu maudict et maling dessus dict, ardoit comme les autres citez d'icelle pestilence ; et tellement estoit ja consumée, que en la ville n'y avoit plus bon homme, personne d'estat, ne qui aimast vie honnorable. Car n'est mie à entendre, quoy que je die de ceste douloureuse coustume qui court entre les Italiens, qu'il n'y ait de tres-vaillans gentilshommes, et de bons et honnestes preud'hommes qui ne voudroient fors bien, et qui dolens sont de ceste persecution. Car sans faillir si a maint et grand foison, et qui volontiers y remedieroient s'ils pouvoient ; mais l'arrogance et l'orgueil que là a pris le commun peuple, en qui communément n'a grand raison, ne laisse aux bons et saiges user de leurs vertus : si n'avoit mais en ladicte cité demeuré fors robeurs, mauvaises gens, et sans honneur. Et adonc estoit la puissance de Gennes toute aneantie.

Mais comme Dieu pourveoit estrangement aux choses quand il luy plaist, par le regard de pitié ; paradvanture, pour le bien faict d'aucun de leurs predecesseurs, ou peult-estre à la priere ou pour le merite de quelque bonne personne du pays qui devotement en pria, ou peult-estre pource que ne voulut pas Dieu, pour le bien de chrestienté, que telle noble cité feust destruicte, ou en luy rendant le mérite de ce que plusieurs fois les ennemis de la foy ont esté par elle guerroyez, la voulut Dieu relever et traire hors de l'arsure des sus dictes perilleuses flammes, et luy administrer remede et restauration de mort à vie.

## CHAPITRE III.

*Cy dit comment la cité de Gennes se donna au roy de France.*

Si adveint, environ l'an de grace 1397, que les Genevois (1), ainsi comme ils ont d'ancienne coustume de gouverner leur cité et le pays qui leur appartient soubs l'obeissance d'un chef que ils eslisoient entre eulx avec le conseil d'un nombre des anciens de la ville, selon leurs statuts esleurent pour duc celuy qui leur sembla homme plus propice et idoine à les bien gouverner. Celuy duc estoit nommé messire Antoine Adorne; et encores que il feust du peuple, et non mie gentil-homme d'extraction, si estoit-il saige, et bien et prudemment les gouvernoit et tenoit en justice. Mais ainsi comme devant est dict, comme il soit comme impossible tenir en paix les communes et peuple d'icelle nation, qui ne se peut souffrir pour leur grand orgueil à nul suppediter, si par force n'est, ains veulent tous estre maistres, se rebellerent contre iceluy leur duc, et le chasserent. Mais apres feit tant par amis, que il feut rappellé à la seigneurie; en laquelle quand il eut un peu esté d'espace, luy qui sage estoit considera la grande variété de ses citoyens, lesquels il sentoit ja murmurer et machiner contre luy. Si veid bien que longuement ne la pourroit garder ne tenir pour la division d'eulx, qu'il con-

(1) *Genevois :* Génois.

venoit tenir et gouverner soubs grande puissance.

Si s'advisa celuy duc, pour le bien de la dicte cité, d'une saige cautele : car il feit tant par dons, grandes promesses et belles paroles, que les principaulx des nobles, et qui debvoient avoir les plus grandes dominations en la ville, dont ceulx du peuple les avoient chassez, ne y demeurer sinon peu d'eulx n'osoient, feurent d'accord d'eulx donner au roy de France. Et ceste chose agréerent mesmement des principaulx de ceulx du peuple. Quand il eut toute ceste chose traictée et bastie, il le manda hastivement par ses messaiges en France.

Le Roy eut conseil que ce n'estoit mie chose à mettre à néant; et que bon seroit pour luy d'estre saisy et revestu de si noble joyau comme de la seigneurie de Gennes, par laquelle sa puissance et par mer et par terre pourroit moult accroistre. Si envoya un chevalier de France avec belle compaignée de gens, pour en recepvoir les hommaiges, et gouverner pour le Roy la dicte cité. Mais iceluy ne leur fut pas longuement agreable, ains conveint qu'il s'en partist. Et ainsi semblablement plusieurs des chevaliers de France y feurent envoyez, et mesmement le comte de Sainct Pol. Mais aucuns par advanture, pour les cuider tenir en amour, leur estoient trop mols et trop familiers, et frequentoient avec eulx souvent, et dansoient avec les dames. Si n'est pas la maniere de gouverner ceulx de delà. Parquoy tousjours il convenoit que iceulx gouverneurs s'en partissent.

## CHAPITRE IV.

*Cy dit comment vertu, plus que autre chose, doibt estre cause de l'exaucement de l'homme.*

Pour plus convenablement entrer en la matiere dont nous esperons parler, pouvons traire à propos un petit prologue de vaillance chevaleureuse, tant en baillant exemples, comme en alleguant raisons. Quant au regard de raison, advisons quelle chose doibt estre cause de l'exaucement de l'homme. Ceste chose bien au vif considérée me semble, selon que je treuve mesmement és anciens escripts, et par raisonnable jugement, que ce doibt estre vertu, et non autre cause. Et à ce s'accorde Aristote, semblablement Senecque et tous les autres saiges, selon le contenu de leurs dicts. Mais en quelles manieres seront apparentes les vertus de l'homme? Sans faillir, tout ainsi que le fin or ou fin argent ne se peult parfaictement congnoistre s'il n'est mis en la fournaise en laquelle il s'affine, semblablement ne se peut purement appercevoir la vertu de l'homme, si ce n'est en la fournaise de l'exercice de tres-grands et pesans affaires, esquels il demonstre sa prudence quand il les sçait bien conduire et ordonner au mieulx pour traire à bon chef, resister aux fortunes qui surviennent, et advisément pourveoir à celles qui peuvent advenir, constamment porter grand fais et grand charge, diligemment en avoir cure par grand force de couraige, entreprendre saigement grandes choses, ne les delaisser pour peu d'achoison, par grand soing et sçavoir les conduire, et ainsi des autres choses. Lesquelles vertus seroient mussées (1) en l'homme, quoy que elles y feussent, s'il n'estoit à l'espreuve, comme dist est. Et quand l'homme esprouvé en telle force et vaillance est esleu ou eslevé en dignité d'honneur, c'est chose deüe et qui doibt estre, et que par exemple aussi se peut prouver, que les vertus soyent et doibvent estre cause des promotions et exaulcemens des hommes vertueux.

Ne fut-ce pas doncques grand honneur que jadis à Scipion le vaillant chevalier, qui depuis feut surnommé l'Africain, comme racompte Valere en son livre, feit le tres-grand ost des Romains estant en Espaigne, és conquestes des terres estrangeres que faisoient adoncques les dicts Romains, quand ils envoyerent leurs messaigers à Rome requerir au senat et aux princes qui gouvernoient la cité, que le dict Scipion leur feust envoyé pour les gouverner? Car tous les chevetains de l'ost luy donnoient leur voix par grand desir; et toutesfois estoit celuy Scipion pour lors moult jeune homme pour telle charge avoir. Mais, comme dict iceluy Valere, jeunesse d'aage ne doibt tollir à vertu son loyer, où que elle soit trouvée. C'est à dire que si le jeune homme est vertueux, on ne doibt mie regarder au faict de sa promotion à l'aage, mais aux vertus. Car iceulx chevaliers et gens d'armes avoient autres fois veu par espreuve le chevaleureux sçavoir et force de couraige, avec la hardiesse de celuy qu'ils requeroient; pour laquelle fiance ils le desiroient pour estre pourveus de tres-convenable

(1) *Mussées* : cachées.

duc et conduiseur, duquel desir ne feurent mie fraudez. Car comme leur demande feust exaussée, feurent conduicts, gouvernez et menez par celuy Scipion si vaillamment, que ils feurent vainqueurs en toutes leurs emprises.

## CHAPITRE V.

*Cy dit comment le mareschal, pour sa vertu et vaillance, fut esleu et estably pour estre gouverneur de Gennes.*

Ainsi, comme j'ay dict et prouvé cy devant comme par vertu l'homme doibt estre eslevé en honneur, comme fut jadis le vaillant chevalier Scipion l'Africain, à nostre propos traire ce qui est dict, ne fut mie moindre honneur au mareschal de Boucicaut dont nous parlons, quand pour ses vertus les Génevois, qui n'estoient mie de sa parenté, nation ny affinité, comme ceulx de Rome estoient à Scipion, mais estranger de toutes choses, parquoy nulle faveur ne pouvoit estre cause de celle eslection, l'envoyerent requerir au roy de France pour estre leur gouverneur, nonobstant que il feust encorés assez jeune homme pour telle charge avoir. Car comme les dicts Genevois, qui de leur usaige fréquentent communément les parties d'outre mer, l'eussent veu au dict pays en plusieurs voyages, tant en la compaignée du comte d'Eu, prochain parent du roy de France, comme au voyage de Hongrie, en celuy de Constantinople, et maints autres où il feut, comme est dict cy devant en la premiere partie de ce livre, les dicts Genevois, qui par longue main et grand advis avoient veu, consideré et advisé la bonté du dict mareschal, tant en bon sens et preud'hommie, comme en chevalerie et vaillance de corps et de hardiesse; parquoy selon leur jugement leur apparoissoit et sembloit bien digne en toutes choses de recepvoir charge d'aulcun grand gouvernement. Et par ce nom mie tost, ne par soubdain advis, mais par grande deliberation de conseil, et par le commun accord d'entre eulx, envoyerent au Roy par leurs honnorables messaiges requerir et prier que la charge du gouvernement de Gennes luy feust establie, et que envoyé leur feust : car de commun accord l'avoient esleu, si au Roy plaisoit.

De ceste chose eut conseil le roy de France. Car nonobstant leur demande juste et droicturiere, n'estoit mie petite chose au royaume de France eslongner la presence du mareschal si preud'homme; pour laquelle chose feurent entre les saiges plusieurs opinions pour et contre, de faire ou de laisser. Toutesfois à la fin, consideré que le royaume n'estoit mie pour le temps oppressé de grandes guerres, et aussi que c'estoit chose deüe de pourveoir à la ruine de la cité et pays de Gennes, qui adonc estoit moült malade, et adonc au bas et grand disete avoit de saige repareur, laquelle dicte cité, en espoir d'avoir secours et aide à sa miserable douleur, s'estoit mise et renduë és bras du roy de France comme à souverain prince, feut deliberé que il iroit.

Adonc par le Roy feut commis au bon et saige mareschal Boucicaut le gouvernement de Gennes, et de tout le pays qui aux Genevois compete et appartient ; et feut faict propre lieutenant du Roy, representant sa personne, et ayant l'administration et baillie de tout en tout; et tenus à faicts et dicts tous ses establissemens, ordonnances et commandemens, comme si le Roy feust en personne. Comme le Roy luy certifia par ses lectres patentes, passées, signées et seellées, present son conseil.

## CHAPITRE VI.

*Cy dit comment le mareschal alla à Gennes, et comment il y fut receu.*

Le mareschal, qui eut par le Roy la commission et gouvernement de Gennes, comme dict est, appresta son erre (1) au plus tost qu'il peut. Et luy, qui en toutes choses sçait estre pourveu, saigement considera que, avec le bon sens et advis qu'il convient avoir à bien gouverner les gens de delà, estoit aussi necessaire, pour reparer la ruine et descheement du lieu, de s'ayder de force et de puissance contre les diverses volontez et contraires opinions qui par la division d'entre eulx communément y sont. Et pour ce par la volonté du Roy se pourveut de bonnes gens d'armes, en telle quantité comme par bon conseil eust advis que il luy convenoit. Quand tout son erre eurt appresté, adonc preint congé du Roy et des seigneurs.

(1) *Erre* : chemin, voyage.

Si se partit à belle compaignée, adressant sa voye droict à Gennes, en allant par la cité de Milan, laquelle dicte cité sied comme à deux journées de Gennes. Là arresta aucuns jours, tant que vers luy feurent arrivez belle compaignée de gens d'armes qu'il attendoit. Et en ce lieu luy veindrent au devant des principaux et des greigneurs de la cité de Gennes, qui humblement luy feirent la reverence, et grand semblant de joye feirent de sa venuë. Les aucuns d'eulx par adventure le faisoient feintement, pource que ils veoient que la maistrise n'estoit mie leur : et les autres de bonne volonté estoyent de luy joyeux, et le desiroient, en espoir qu'il les meist et teint en paix, et reparast la ruine de leur cité. Et le mareschal les receut tous tres-benignement.

Si se voulut informer (et ja avoit faict ouvertement de plus longue main) lesquels d'entre eulx il pouvoit reputer pour preud'hommes, et en qui il se peust fier, et quels contents se tenoient de la seigneurie du roy de France, et quels estoyent amateurs de paix et d'equité. Et aussi se voulut-il informer quels estoyent seditieux et mettans discorde entre eulx, et rebelles à la seigneurie du Roy. Si fut de tout ce bien et suffisamment informé; par quoy il luy veint à congnoissance comment aucuns des plus grands et des plus notables de tous s'estoient voulu attribuer la seigneurie, et estoyent machinateurs de trahisons et de discorde, et par especial l'un d'eulx, si comme cy apres sera dict. Quand il sceut des bons et des mauvais toute la verité, ne l'oublia mie, et bien leur sçaura monstrer en temps et en lieu.

De Milan se partit pour venir à Gennes; et au feur

qu'il alloit, luy venoient nobles hommes, citoyens et gens du peuple, de toutes parts au devant, faisans feste, quelque courage que les aucuns d'eulx eussent; et tous luy venoient faire la reverence, tant que tous bons et mauvais saillirent hors de la cité. Et ainsi entra dedans Gennes, la veille de la feste de la Toussaincts, l'an de grace mille quatre cent et un, où à grand joye feut receu. Si fut mené et convoyé, à belle compaignée tant de gens d'armes comme des gens de la ville et du pays, au palais, qui moult est bel et notable, et qu'ils avoient bien et bel et richement faict pour son estat ordonner, et pourveoir de toutes choses convenables. Si croy bien qu'il y en eut de tels que quand ils veirent son redoutable maintien, et la maniere de sa venuë, et comment il estoit accompaigné, que quelque chere que ils feissent, n'estoient pas bien à seur; car coulpables se sentoient. Mais les bons de rien ne s'en effrayerent, ainçois plus asseurez feurent que devant : car lors estoit venu celuy qui les defendroit contre les mauvais, et contre tous ennuis.

Tantost qu'il fut arrivé, feit faire commandement par toute la ville que tout homme de quelque estat qu'il feust rendist les armes, et les portast au palais, sans nulle retenir, soubs peine de la teste; et que nul ne feust si hardy de point en avoir, ne tenir en sa maison, ne porter couteau, fors à couper pain. Si leur conveint à ce obeir, quoy que il leur pesast. Or peurent à ceste fois congnoistre les Genevois que main de maistre les gouvernoit. Si veissiez incontinent porter au palais à grans presses harnois de toutes parts, dont moult en y avoit, et grand foison de beaux et de riches. Et le saige gouverneur les feit bien et bel mettre en sauveté, et les bien garder. Et aussi leur feit deffence sur la dicte peine que nul ne feust si hardy de tenir couteau, ne eulx assembler en parlement, en eglise, ne aultre part.

## CHAPITRE VII.

*Cy dit comment le mareschal parla saigement aux Genevois au conseil.*

Le lendemain, sans plus de demeure, feurent tous les plus notables et principaux hommes de Gennes assemblez avec le mareschal à conseil. Et adonc parla à eulx par saige maintien, et en discretes et rassises paroles leur dit comment le Roy son souverain seigneur l'avoit là envoyé à leur requeste : dont il les remercioit de la bonne opinion et fiance, que ils avoient en luy; et que pour secourir à la desolation en quoy ils estoient, pour cause de ceux de mauvaise volonté qui estoient entre eux, lesquels persecutoient les bons, estoit là envoyé afin de punir les mauvais et les bons tenir en paix, et faire justice à tout homme. Pour laquelle chose accomplir vouloit forces avoir, et toute sa puissance sans nulle espargne y employer, à l'honneur du Roy et de luy, et au profit d'eulx. Et pource les requeroit et prioit que vrais et loyaux subjects voulussent estre tousjours au roy de France, comme ils avoient promis; et que si ainsi le faisoient, ils feussent seurs et certains que il les defendroit de toute sa puissance, à l'aide de Dieu, contre tous ennemis; maintiendroit justice, et en paix et équité les tiendroit, et à son pouvoir accroistroit le bien et utilité publique. Mais au cas que il pourroit sentir, sçavoir ou appercevoir le contraire en eulx ou en aulcun d'eulx, et quelque machination d'aucune trahison ou forfaicture contre la royale majesté ou contre luy, que ils sceussent de vray et tous seurs se teinssent que il n'y auroit si grand que il n'en feit telle punition que les aultres y prendroient exemple; mais si preud'hommes et loyaulx subjects vouloient estre, que ils ne doubtassent point de luy. Et nonobstant que il feust establi leur gouverneur et chef, ne pensassent que il voulust envers eulx user d'arrogance ne maistrise rigoureuse par voye de faict et à sa volonté. Car ce n'estoit mie son intention, ains vouloit estre avec eulx paisible comme citoyen et amy de Gennes, et user de leur loyal conseil, sans lequel rien ne pensoit d'establir ne faire chose quelconque touchant la police et gouvernement du pays.

Telles paroles et assez d'autres belles et bonnes leur dit le saige gouverneur, pour lesquelles, et pour son bel et honnorable maintien, reputerent et priserent moult son sçavoir, et tres-contents en feurent. Si le remercierent moult, et offrirent corps et biens, et feauté et loyale obeissance, comme bons subjects du roy de France leur seigneur, et à luy son vicaire et lieutenant leur gouverneur. Apres ces paroles parlerent de plusieurs choses. Et là luy feurent accusez les principaux conspirateurs et machinateurs de trahisons, et qui tousjours avoient esté cause de rebellion; et mesmes de tels y avoit qui luy estoient allez au devant, et faict la reverence dés Milan. Et par especial un nommé messire Baptiste Boucanegra, qui avoit traicté de faire occire tous ceulx qui estoyent à Gennes de par le Roy, et s'estoit voulu attribuer la seigneurie de Gennes.

Iceluy Boucanegra et aucuns des autres ses complices des principaulx ordonna le gouverneur prendre. Lequel commandement feut tost executé; dont celuy feut moult esbahy quand il veid mettre la main à soy, de par le Roy et de par le gouverneur : car, pour la grande authorité dont il se reputoit, ne pensoit que nul osast s'adresser à luy; mais tout ce rien ne luy valut. Mais le saige gouverneur, qui bien sçavoit que par delà les lignaiges s'entrehayent, et ont envie les uns sur les autres, ne voulut pas, pour quelque accusation que on feist d'eulx, leur garder rigueur de justice sans suffisante information de leurs faicts: laquelle fut faicte tres-diligemment; et bien feit examiner les dicts prisonniers : lesquels, apres le rapport de la suffisante enqueste, et la confession de leur propre bouche, feurent trouvez coulpables.

Pour laquelle chose iceluy Baptiste (tant feust-il de grande auctorité), afin que les aultres exemples y preinssent, et deux aultres avec luy, feurent decapitez en la place publique. Dont ceulx de la ville, qui jamais ne l'eussent cuidé, pour le lignaige et authorité dont il estoit, feurent tous espouventez; et tant que chascun eut depuis peur de mesprendre, et mesmement les propres gens du gouverneur. Et moult redoubterent la rigueur de sa justice, parce que ils veirent et apperceurent que son intention estoit de n'espargner nul malfaicteur, quel qu'il feust. Car à un de ses chevaliers propres feist-il trancher la teste, pour cause que un de ces dicts prisonniers qu'il luy avoit commis à garder luy estoit eschappé.

Si commencea à faire raison et justice à toute gent, et punition des mauvais selon ce que ils avoient desservy, sans espargner grand ne petit, ne quelconque homme de quelconque estat qu'il feust. A ceulx qui avoyent esté traistres et rebelles du roy de France et à sa seigneurie, faisoit publiquement trancher les testes, pendre les larrons et meurtriers, brusler les bougres, coupper membres selon les meffaicts, bannir les seditieux et mauvais, les uns à temps, les autres à perpetuité, selon que le cas le donnoit. Et aussi faisoit misericorde, et pardonnoit aux humbles et aux ignorans, quand leur cas estoit digne de pitié. Si faisoit comme le bon pasteur qui trie et separe les bestes rongneuses d'entre les saines, afin que la maladie ne se prenne par tout; et ainsi que faict le bon medecin qui tranche la mauvaise chair, de peur que elle empire la bonne. Si n'estoit favorable à nul par corruption, ne par quelconque familiarité tenir part ne bande. Et vrayement cestuy noble gouverneur, ensuivant la voye de droicture et justice que il tenoit, sembloit que il feust appris à l'eschole de chevalerie que tenoient jadis les Romains, comme racompte Valere, qui dict que tant estroictement gardoient les regles de droict, lesquelles regles Valere appelle discipline de chevalerie, que ils n'espargnoient point leurs affins (1) et parens, ne leurs plus prochains, de les punir quand ils mesprenoient contre les dictes regles. La saincte Escriture compare le droicturier justicier à la vertu

(1) *Affins* : parens, alliés.

divine; et dict Salomon : « Celuy qui n'espargnera jus-
« tice sera donneur de paix et de tranquillité, » c'est à
dire que là où justice est bien gardée, là est paix et joye.

Si feut depuis le saige et droicturier gouverneur si
craint pour la grande justice que il tenoit, sans espargner le privé non plus que l'estranger, ny le grand
non plus que le petit, que chascun eut peur de cheoir
en faulte. Adonc commencerent à venir de toutes parts
les bons anciens et les nobles hommes qui paravant
n'osoient venir ny habiter en la ville, et que les popu-
laires et les robeurs, et mauvaises gens qui ne vivoient
fors que de pillerie et d'occisions les uns sur les autres,
avoient chassez. Si se retirerent devers le gouverneur,
faisans feste de son joyeulx advenement, et il les receut tres-benignement; et les mauvais, qui coulpables
se sentoient, prirent à fuir, et à eulx absenter et musser par destours. Mais par sus montaignes et par bois,
comme on faict aux loups, et en leurs tasnieres et re-
paires, feit chasser à eulx le prudent gouverneur, tant
que ores par force et puis par cautele preint les principaulx chefs, et d'iceulx pour les autres espouventer
feit justice.

## CHAPITRE VIII.

*Cy dit les saiges establissemens et ordonnances que le mareschal feit à Gennes.*

Si feit tantost le saige gouverneur ses establissemens, et ordonna que sur la place de la ville, la-

quelle est grande et belle, devant le palais, auroit jour et nuict, soubs diverses bannieres et capitaines, gens d'armes en suffisante quantité pour la garde du palais et de la ville. Apres ce fut bien informé quels estoyent tenus les plus saiges et plus preud'hommes de la ville, et iceulx establit sur le faict de la justice. Et bien leur enchargea que sans espargner homme quel qu'il feust, grand ou petit, justice gardassent par telle regle de droict qu'il n'y peust appercevoir nulle fraude, ne que plainte en ouïst. Et si en aulcun d'eulx pouvoit appercevoir faveur nulle à une partie plus que à l'autre, feussent tous seurs que il les en puniroit; que les autres y prendroient exemple. Et avec ce, afin que fraude n'y peust avoir, ordonna que on peust appeller du jugé devant luy.

Ja avoit estably ceulx qui seroient de son conseil, où il preint des plus saiges anciens et des plus authorisez, et par iceulx se conseilloit, selon leurs statuts et anciennes manieres de gouverner, le faict de la police à leurs coustumes. *Item*, feit crier par toute la ville, et faire deffence sur peine de mort, que nul ne feust si hardy de courir sus l'un à l'autre, ne mouvoir sedition pour cause des parts de guelphes et de guibelins; mais feist chascun sa marchandise et son mestier, vescussent en paix, et n'eussent autre soing. Et que si nul leur faisoit tort, s'en plaignissent à la justice; et si justice ne leur faisoit droict, veinssent à luy, et droict leur seroit faict.

Adoncques veissiez les bons marchans et hommes de bonne volonté, qui souloient musser le leur de peur d'estre robez de mauvaise gent, mener grand joye, et mettre hors leurs marchandises à plain, et par mer et par terre. Et les changeurs, qui leur argent souloient tenir mussé, et leur change clos ( car s'ils les eussent ouverts, tantost eussent esté robez), prirent à ouvrir changes; et leurs finances mettre dehors, et le faict des monnoyes tenir, comme il est de raison, apertement et à plain, sans peur ne crainte d'estre desrobez; et leurs riches joyaulx mettre en public sur celle belle place où ces belles haultes tours, et maisons toutes de pierres de marbre, sont à l'environ. Et veissiez ouvrir de tous costez boutiques de toutes marchandises, et mettre dehors les tresors qui avoient esté mussez par grand piece. Et ceulx de mestier, dont les plusieurs souloient estre robeurs, conveint, s'ils vouloient vivre, eulx prendre à leurs labeurs et mestiers. Et ainsi se preint chascun à faire ce qu'il sçavoit. Et par celles voyes et ces regles la justice bien gardée, et le tout bien ordonné par le sens et preud'hommie du bon gouverneur, se preint tantost la police à bien amender.

## CHAPITRE IX.

*Cy dit comment le saige mareschal feit edifier deux forts chasteaux, l'un sur le port de Gennes, l'autre autre part; et comment il repreint à remettre en estat les choses ruineuses et perduës.*

Avec ces belles ordonnances dessus dictes, le saige gouverneur, qui bien sçavoit ce que dict est, que à bien gouverner les gens de par delà convient que on se monstre estre le plus fort, et aussi que on le soit; afin que les Genevois peust mieulx seigneurier, c'est à dire les rebelles, non mie pour leur faire extortions ne grief, ne pour user envers eulx de nulle tyrannie, ne les tenir en indeüe subjection, mais seulement pour leur oster toute hardiesse de eulx rebeller comme ils avoyent accoustumé, si volonté leur en venoit, tantost feit cercher ouvriers et maistres de massonnerie bons et propices à l'œuvre que faire vouloit.

Si feit bastir et hault lever deux beaux et forts chasteaux en la ville de Gennes, dont l'un est assis sur le port de Gennes, là où les galées et le navire sont et arrivent, que on appelle la Darse. Si est moult bel et fort, à deux grosses tours. Si le feit afin que le dict navire en feust plus seurement contre tous ennemis, et tous griefs qui advenir pourroient. Ce dict œuvre feut bien advancé, tant que selon le devis et ordonnance du dict gouverneur feut le chastel accomply et parfaict, grand, fort et bel, comme aujourd'huy on le peut veoir. Quand ce feut faict, le saige gouverneur le feit tres-bien garnir d'artillerie et de toute maniere de trait, et de choses qui à deffence appartiennent, et de bonnes gens d'armes. Et ainsi s'en teint saisy, tant que dedans et dehors peut aller à sa poste, quelque chose que advenir peust, et nul n'entrer ne issir sans son congé. L'autre chastel feit edifier en la plus forte place de la ville, et est appellé Chastellet, qui tant est fort que à peu de deffence se tiendroit contre tout le monde. Si est faict par telle maniere que ceulx d'iceluy chastel peuvent aller et venir, maugré tous leurs ennemis, en l'autre chastel qui sied sur le port que on dict la Darse.

Deux aultres beaux chasteaux feit-il depuis edifier dehors la cité, l'un en un lieu que l'on dict Chavry, et l'autre à Lespesse. Avec ces choses, tous les chasteaux et forteresses de dehors la cité qui sont appartenans à la seigneurie de Gennes, dont moult en y a de beaux et de notables, lesquels plusieurs des plus forts d'entre les Genevois s'estoyent attribuez, et saisis s'en tenoient, feit tantost rendre et restituer à la dicte seigneurie, parce que il envoya gent faire commandement soubs peine de mort que tantost et sans delay feussent rendus. Auquel commandement feut obey sans contredit.

*Item*, feit monter sur mer gens saiges et bons, lesquels il envoya de par le Roy et de par luy faire visitation sur toutes les terres et seigneuries des Genevois, pour sçavoir de leur estat et gouvernement. Et tiennent les dicts Genevois tres-grandes et notables seigneuries és parties du Levant, sur la mer Majour, et en autres parties: comme Capha en Tartarie, qui est une grosse ville marchande. Et en Grece tiennent la cité de Pera, qui est moult belle ville, et sied coste Constantinople. *Item*, l'isle de Scio, où croist le mastic, au droict de Turquie. En Cypre, tiennent Famagouste, qui moult est bonne cité. Et tirant à la Tane, en la mer Majour, outre Capha, et par de là Constantinople quatorze cent milles, tiennent grand pays et foison de forteresses: sans les isles, dont en y a plusieurs là et autre part bien habitées et riches, et autres terres qui long seroit à dire, qui toutes sont soubs la seigneurie de Gennes. Et adveint environ ce temps que une isle bonne et bien peuplée, qui sied assez pres de Gennes, appellée l'isle d'Elbe, meut guerre contre les Genevois. Si y envoya le gouverneur quatre galées bien garnies de gens d'armes, qui mie n'y allerent en vain : car tant y feirent, que l'isle gaignerent.

## CHAPITRE X.

*Cy dit comment, apres que le mareschal eut mis la cité de Gennes en bon estat, il y feit aller sa femme; et comment elle y feut receuë.*

APRES que toutes ces choses feurent faicte et accomplies, et que la cité de Gennes commençoit ja à reluire en prosperité, et que ses nobles et riches citoyens plus ne mussoient leurs puissances, ains demonstroient leurs richesses publiquement et à plain, tant en estat tenir, comme en riches robes et habillemens ; et que ces nobles dames de Gennes vous reprirent leurs riches ornemens, atours, et vestures de velours, d'or, de soye, de perles et pierreries de grand valeur, selon l'usaige de par delà; et qu'ils se prirent tous à vivre joyeusement, seurement et en paix, soubs les aisles du saige gouverneur, et en sa fiance mettre navire sur mer à cause de leur marchandise, en plus grande quantité que ils ne souloient, et à tirer gain de toutes parts, si que ja estoyent entrez en leur tresgrande prosperité;

Quand tout ce veid le saige gouverneur, adonc luy sembla temps de faire venir vers soy sa tres-chere et aimée espouse, la belle, bonne et saige madame Antoinete de Turenne, laquelle ne vivoit pas aise loing de la presence de son seigneur, ne luy semblablement : car ils s'entreaiment de grand amour, et moult meinent ensemble belle et bonne vie. Mais alors un peu de temps estre loings convenoit. Lors par chevaliers notables, et gens de grand honneur, envoya la querir en son pays en moult bel estat, comme il appartenoit. Et quand de la ville feut approchée comme à une journée, luy allerent alencontre belle compaignée, tant de chevaliers et gentils-hommes des gens du mareschal, comme des plus notables hommes de la cité. Et ainsi, au feur que elle approchoit, luy alloient gens au devant en moult riches atours : car tous se vestirent de robes de diverses livrées, depuis les plus grands, qui de velours et nobles draps estoyent vestus, jusques aux artisans que nous disons gens de mestier. Tant que toute la communauté saillit hors à cheval celle journée; et tous luy allerent faire la reverence, et à joye la receurent. Et ainsi en moult riche et grand arroy, tant d'atour comme de robes et montures, et belle compaignée de dames, de damoiselles, de chevaliers, d'escuyers, et nobles bourgeois et peuple de Gennes, entra en la ville, où tres-joyeusement de son seigneur, qui au palais l'attendoit, feut receüe, et de toutes autres gens.

Si y eut grand feste demenée à icelle venuë, et feut adonc la joye encommencée plus grande à Gennes : car le bien, l'honneur, la courtoisie et le sens d'icelle noble dame accroissoit encores plus le plaisir et bien que ils prenoient en leur bon gouverneur : car semblablement trouverent en elle tout sens, toute benignité, grace et humilité. Et ces dames de Gennes la preindrent à visiter à grands compaignées, et à elles offrir toutes à son service et commandement; et la dame debonnaire les recevoit tres-doucement, et tant vers elles estoit benigne, que tres-grandement toutes s'en loüoient.

## CHAPITRE XI.

*Cy dit comment nouvelles veindrent au mareschal que le roy de Cypre avoit mis le siege devant Famagouste, laquelle cité est aux Genevois; et comment il se partit de Gennes à grand armée pour y aller.*

Ja avoit gouverné environ un an la cité de Gennes le bon mareschal, auquel espace de temps l'avoit adonc remise au chemin de prosperité, comme dict est, quand nouvelles luy veindrent que le roy de Cypre avoit mis le siege devant Famagouste, laquelle est une riche cité qui sied mesmes en la terre de Cypre; et est aux Genevois comme dessus est dict, et l'ont possedée tousjours, et encores font, depuis qu'ils l'eurent conquise contre le roy de Cypre, successeur du bon roy Pierre, auquel eurent guerre. Pour laquelle dicte cité cuider recouvrer s'il eust peu, avoit le dict roy de Cypre, qui à present regne, assiegé icelle.

Adonc le chevaleureux gouverneur qui ces nouvelles oüit, et à qui moult eust pesé si en son temps les Genevois feussent descheus en rien de leurs jurisdictions et seigneuries, lesquelles à son pouvoir desiroit et vouloit soustenir et accroistre, pour cause que au roy de France en appartient la souveraineté, au nom duquel il a le gouvernement, dit que ainsi ne demeureroit mie, et que bien et tost remedié y seroit. Si feist hastivement son eirre apprester, pour en propre personne y aller. Toutesfois, luy, qui en nul faict ne veult user de volonté sans grande deliberation et sans raison, s'advisa pour le mieux se mettre en tout debvoir, et envoya devers le roy de Cypre, avant que il allast sur luy, l'enhorter et prier que il ostast le siege, et qu'il se deportast de faire ennuy ne grief à la cité du roy de France. Et que ce voulust-il faire par bien et par amour, et que cherement l'en prioit; ou sinon qu'il se teint seur qu'à luy auroit guerre, et que tel ost luy ameneroit, que dommaige luy porteroit.

Quand d'ainsi le faire eut deliberé avec son conseil, feust commis à ce messaige parfournir le saige et bon chevalier qui tout son temps a esté vaillant en armes, preud'homme en conscience, et discret en conseil, l'ermite de La Faye. Si feit le mareschal tost apprester une galée, où monta sus le dict ambassadeur. Apres ce, nonobstant que le mareschal ne voulust point aller courir sus au roy de Cypre jusques à tant que sa responce eust ouye, son noble couraige plain de chevalerie desira employer son corps és faicts sans lesquels chevalier n'est honnoré : c'est à sçavoir en exercice d'armes, comme le temps passé avoit accoustumé. Mais mieux ne luy sembla pouvoir employer son temps que sur les ennemis de la foy. Et pource delibera son voyage à double intention : c'est à sçavoir sur le roy de Cypre, au cas que à raison ne se mettroit, et puis contre les mescreans. Si feit tantost apprester son navire, et bien garnir de toutes choses à guerre convenables. Et quand il eut tres-bien faictes ses ordonnances de garder et gouverner la ville tant qu'il seroit hors (pour laquelle chose faire laissa son lieutenant le seigneur de La Vieuville, tres-bon chevalier et saige, bien accompaigné de gens d'armes et de tout ce qu'il convenoit), se partit le troisiesme jour d'avril l'an mille quatre cent trois, accompaigné de huit galées chargées de bons gens d'armes, d'arbalestriers, et de toute telle estoffe et garnison qui en guerre appartient. Si singla en peu d'heures en mer, car bon vent le conduisoit, tenant son chemin droict à Rhodes.

## CHAPITRE XII.

*Cy dit de l'ancien conténs* (1) *qui est comme naturel entre les Genevois et les Venitiens.*

AVANT que plus outre je die du dict voyage que feit le mareschal en Cypre et és parties de delà, pour mieulx revenir au propos où je veux tendre, c'est à sçavoir que je compte sans rien oublier toutes les principales advantures et faicts qui au preux et vaillant mareschal adveindrent en iceluy voyage, me convient un petit delaisser ceste matiere, et entrer en une autre, laquelle, comme je ne puisse bien tout dire ensemble, me ramenera à mon propos comme j'espere.

Vray est (et chose assez notoire et sceüe, comme ja de trop long temps, ainsi comme communément ad-

(1) *Contens* : débat, contestation.

vient), que seigneuries de semblable ou esgale puissance, ou presques pareille, qui sont voisines et prochaines les unes des autres, ne s'entr'aiment mie : et ce advient par l'orgueil qui court au monde, qui tousjours engendre envie, qui donne couraige aux hommes de suppediter les uns les autres, et surmonter en chevance et honneurs.

Pour ces causes, les Genevois et les Venitiens n'ont mie esté bien amis; laquelle inimitié, par longue coustume de divers contens et guerres meües entre eulx, est tournée comme en haine naturelle, comme communément advient en tel cas. Car estre ne peult que apres grands guerres, où que elles soyent, quoy que la paix soit apres faicte, que le record (1) rancuneux n'en demeure aux terres blessées et dommaigées, là où les traces apparoissent des occisions, des feux boutez, et des ruines et dommaiges qui leur en demeurent. Lesquelles choses representent aux enfans qui apres viennent les maulx et les griefs que les ennemis de la contrée feirent à leurs predecesseurs, dont ils se sentent. Et ces choses souvent renouvelléés ne sont mie cause de nourrir amour entre les parties qui par guerre s'entregrevent ou sont grevez. Or est-il ainsi que moult de fois, pour plusieurs debats et chalenges de terres, de chasteaux et de seigneuries, comme ils ont leurs jurisdictions en Grece et autre part, et grandes terres les uns et les autres assez marchissans ensemble, que maintes guerres ont esté entre les Genevois et les Venitiens, par lesquelles maintes fois à tant se sont entremenez, que à peu a esté qu'ils ne se soyent destruits. Et puis quand ainsi bien batus s'estoient, apres par

(1) *Record* : souvenir.

quelque bon moyen cessoit leur guerre par forme de paix, et non mie toutesfois ostée de leurs couraiges la haine ou rancune; laquelle, comme j'ay dict, est et demeure comme naturelle entre eulx.

Si est vray que quand le haineux veoid son ennemy bien au bas, soit par luy, soit par autre, son ire est aussi comme amortie, et plus n'y daigne penser. Mais s'il advient que par quelque bonne fortune il se recouvre, et retourne en force et prosperité, adonc revient la haine et redouble l'envie. Tout ainsi estoit-il des Venitiens envers les Genevois : car jaçoit que ja pieça apres moult grande et mortelle guerre, ils eussent faict paix, ne feut mie pourtant, comme dict est, estainte en eulx couverte rancune. Mais icelle rancune n'a par long temps entre eulx porté nul mauvais effect : car comme les Genevois longue piece eussent tant esté oppressez de diverses douleurs par leur mesme pourchas et par leurs divisions, comme dict est, que nul n'avoit cause d'avoir sur eulx envie (car chose où n'y a fors malheureté n'est point enviée), dormoit lors et estoit coye du costé des Venitiens la dicte rancune.

Mais quand Dieu et fortune leur est apparu propice par le bon moyen du roy de France, par lequel ont eu le secours du bon et saige gouverneur; adonc fut ravivée l'ancienne envie et inimitié qui tant au cœur les poignit, que volontiers se feussent peinez de desadvancer la grande prosperité où ils veirent les Genevois entrez. Laquelle dicte prosperité et bonne fortune ils reputerent estre à leur prejudice, en tant que si ainsi montoient et alloient croissant, pourroient estre en puissance, seigneurie et honneur plus grands qu'eulx : et par ainsi pourroient par advanture encores estre par les Genevois renouvellez les anciens contens, au grand grief des Venitiens.

Ces choses considerées, moult se voulurent peiner s'ils pourroient desadvancer celuy qui estoit le chef et le gonfanon de leur prosperité, c'est à sçavoir leur saige gouverneur : car bien leur sembla que s'ils pouvoient à ce attaindre, le surplus petit priseroient. Mais ceste chose convenoit faire par grande dissimulation et advis, tellement que leur dessein ne feust apperceu tant que aulcune achoison trouvassent de ce faire. Ceste pensée garderent entre eulx jusques au point que ils cerchoient. Dont il advint que quand ils sceurent que le mareschal estoit party pour aller oultre mer, comme j'ay dict cy devant, adonc leur sembla temps de trouver moyen de mectre leur dessein à effect. Si armerent hastivement et sans reveler leur intention treize galées; et bien et bel les garnirent de bons gens d'armes, d'arbalestriers, et de tout ce qui appartient par mer en faict de guerre. Quand tres-bien se feurent garnis, vistement se meirent en mer, et tirerent apres le mareschal.

A revenir à mon premier propos, n'avoit pas le dict mareschal passé le royaume de Naples, quand luy veindrent les nouvelles de l'armée des Venitiens; mais pourquoy c'estoit faire on ne sçavoit. Adonc luy, comme prudent chevetaine qui sur toutes choses doibt avoir regard, pensa sur ceste chose sçavoir mon si ce pourroit estre pour luy faire aulcune grevance. Mais à la parfin, comme c'est la coustume d'un chascun preud'homme cuider que les autres veüillent loyauté comme luy, osta de soy tout soupçon, considerant qu'il avoit bonne paix et de pieça, sans avoir rompu en rien les convenances entre les Genevois et les Venitiens. Si creut que ce ne pouvoit estre pour sa nuisance; si n'en feit nul compte, et tousjours teint outre son chemin.

Quand tant eut erré par mer qu'il feut venu comme à vingt milles pres de Modon, qui est aux Venitiens, luy veindrent nouvelles que les dictes treize galées estoient au port de Modon. Si feut derechef aulcunement pensif pour quelle emprise les Venitiens telle armée pouvoient avoir faicte. Si s'arresta en une isle pres d'illec, et pour sçavoir la verité de ceste chose envoya une galée à Portogon; et Montjoye le herault, qui saige et preud'homme est, et subtil en son office, dedans la dicte galée, pour enquerir s'il pouvoit de leur dessein. Lequel, apres que il en eut faict toute diligence, rapporta ce qu'il avoit trouvé, c'est à sçavoir que voirement y estoient les dictes galées; mais pour quelle emprise ne sçavoit.

Adonc entra le mareschal en grande pensée et soupçon de ceste chose : car il ne pouvoit imaginer ne appercevoir que les Venitiens eussent cause, par chose qui luy apparust, d'avoir faict telle armée. Toutes-fois son tres-hardy couraige de rien ne s'en espouventa, nonobstant que il eust beaucoup moins de gens et de navire. Et delibera que supposé que celle assemblée feust pour luy courir sus, que rien ne les doubteroit[1], et que à bataille ne leur fauldroit mie. Et de ceste chose delibera avec son conseil. Mais toutesfois, pource que la verité de leur faict ne pouvoit sçavoir, et n'estoit mie certain que contre luy feust, deffendit à tous les siens que ils se gardassent que le premier mouvement ne veint d'eulx; car il ne vouloit estre cause

---

[1] *Doubteroit* : craindroit.

d'esmouvoir contens, ne que Venitiens peussent dire que par luy feust. Mais bien leur dict et enhorta que si par les autres la meslée venoit, que ils se portassent comme vaillans.

Le lendemain matin le mareschal feit mettre ses galées et ses gens en tres-belle ordonnance, et tous apprester de combatre, si besoing estoit; et mettre devant les arbalestriers tous prests de tirer, et les gens d'armes demonstrer toute apparence de bon visaige de eulx defendre contre qui les assauldroit. Et ainsi que feut ordonné, se partit le mareschal à tout ses huict galées, pour venir au port de Modon. Et quand il feut assez pres, il envoya devant une galée pour sçavoir des nouvelles. Et quand les Venitiens veirent venir la dicte galée, ils l'accueillirent à grand joye et feste, et se monstrerent joyeux de la venuë du mareschal, qui pres estoit. Si se partirent du port, et joyeusement luy veindrent au devant, et grand recueil luy feit le capitaine des dictes galées, qui se nommoit messire Carlo Zeni, et tous les autres, et le mareschal à eulx; et ainsi amis se trouverent. Si retournerent toutes ensemble au dict port de Modon; et fut le dict mareschal du tout hors du soupçon qu'il avoit eu.

## CHAPITRE XIII.

*Comment le mareschal donna secours à l'empereur de Constantinople pour s'en retourner en son pays.*

QUAND le mareschal feut arrivé à Modon, là trouva les messaigers de l'empereur de Constantinople nommé Karmanoli, qui l'attendoient; par lesquels il luy mandoit que pour Dieu, et en l'honneur de chevalerie et noblesse, il ne voulust point passer outre sans que il parlast à luy : car il estoit en la Morée vingt milles en terre; si le voulust un petit attendre, et il viendroit à luy. Le mareschal receut les messaigers à tel honneur qu'il leur appartenoit, et leur dict benignement que ce feroit-il très-volontiers. Si ordonna tantost pour luy aller au devant le seigneur de Chasteaumorant à toute sa gent, et messire Jean d'Oultremarin, genevois, à tout une galée; et luy l'attendit à un port appellé Baselipotano.

Quand le mareschal sceut que l'Empereur approchoit, il luy alla à l'encontre, et receut à grand honneur luy, sa femme et ses enfans, qu'il avoit amenez, comme raison estoit. Le dict Empereur le requist moult benignement, en l'honneur de Dieu et de chrestienté, que il luy voulust donner confort et passaige jusques à Constantinople. Le mareschal respondit que ce feroit tres-volontiers, et tout ce que pour luy pourroit faire. Si ordonna tantost pour le conduire quatre galées, lesquelles il bailla en gouvernement au bon seigneur de Chasteaumorant. Si se partit à tant l'Empereur, et le mareschal le convoya jusques au cap Sainct Angel.

Quand là feurent arrivez, veindrent au mareschal les messaigers des Venitiens, qui avoient sceu comme il avoit baillé quatre de ses galées pour convoyer l'Empereur. Si dirent que ils estoient deliberez s'il leur conseilloit d'en bailler aultres quatre, pour plus seurement le mener où il vouloit aller. A ce respondit le mareschal que ce seroit tres-bien faict, et grand honneur à la seigneurie de Venise et au capitaine d'icelles galées. A tant preint congé l'Empereur du mareschal, et moult le remercia, et aussi les Venitiens. Si s'en partit, et teint son chemin droict à Constantinople. Et le mareschal, à tout ses quatre galées sans plus, tira vers Rhodes. Et les Venitiens, qui demeurerent à neuf galées, allerent avec luy; et telle compaignée luy tenoient, que quand il alloit ils alloient, quand il arrestoit ils s'arrestoient : et ainsi le feirent jusques à l'isle de Nicocie.

Adonc le mareschal, tousjours tendant au bien de la chrestienté, et à l'exaucement et accroissement de la foy, comme celuy qui desiroit la confusion et desadvancement des sarrasins, se pensa d'un grand bien. C'est à sçavoir que si le dict capitaine à tout son armée vouloit estre avec luy, et que tous d'un bon vouloir allassent courir sus aux mescreans, qu'ils estoient belle compaignée de bonnes gens pour leur faire une tres-grande envahie et grevance. Si manda par son messaiger, bien emparlé et saige, au capitaine des dictes galées, toute ceste chose; et comme c'estoit son intention que au cas, au plaisir de Dieu, il auroit paix avec le roy de Cypre, son desir et volonté estoit de grever les ennemis de la foy, quelque part que de leur courir sus verroit son point. Si luy sembloit ceste emprise bonne et belle, et honnorable; et que si au dict capitaine plaisoit que à ceste besongne feussent ensemble, il seroit participant au preu et en l'honneur qui en istroit (¹): car il avoit esperance que à l'aide de Dieu ils feroient belle et honnorable besongne. Le capitaine respondit au messaiger que grand mercy rendoit moult de fois à monseigneur le gouver-

---
(¹) *Istroit :* sortiroit, résulteroit.

neur du bien et de l'honneur qu'il luy annonçoit et offroit; et que quand il seroit à Rhodes, où il alloit dedans deux ou trois jours, tellement luy en respondroit que il s'en tiendroit pour content.

## CHAPITRE XIV.

*Comment le mareschal arriva à Rhodes; et comment le grand maistre de Rhodes le receut, et le pria qu'il allast en Cypre pour traicter paix.*

A tant s'approcha de Rhodes le mareschal; et quand le grand maistre du lieu, qui est nommé messire Philebert de Nillac, sceut que il estoit pres, adonc luy alla au devant à belle compaignée de chevaliers et de bonne gent, et le receut tres-joyeusement et à moult grand honneur. Et ainsi le mena en son chastel, qui moult est bel et hault, assis au dessus de la ville; lequel il avoit faict bien et richement ordonner pour sa venuë. Là mangerent ensemble, et parlerent de plusieurs choses, et de maintes advantures et nouvelles.

Et tost envoya ses messaigers au mareschal le capitaine des dictes galées des Venitiens, par lesquels il luy faisoit responce que de ce que il l'avoit enhorté d'aller avec luy sur les sarrasins, il n'avoit mie commission de la seigneurie de Venise, sans laquelle il n'oseroit entreprendre de faire aulcune nouvelleté; si l'en voulust tenir pour excusé, car aultre chose pour lors n'en pouvoit faire. Si n'en teint plus plaid le mareschal. Si est vray que quand le seigneur de Chasteaumorant se partit de luy pour convoyer l'Empereur, comme dict est, il luy ordonna, pour cause de croistre son armée, que il luy amenast toutes les galées et galiotes que de la seigneurie de Gennes et de tous leurs alliez pourroit trouver. De laquelle chose toute diligence meit de ce accomplir, tant que plusieurs en eut assemblées : c'est à sçavoir une galée et une galiote du pays de Payre, et une galée et une galiote d'Ayne, une galée et une galiote de Methelin, et de Scio deux galées. Et à tout le dict navire veint à Rhodes devers le mareschal, qui là attendoit l'ermite de La Faye que il avoit envoyé devers le roy de Cypre, comme devant est dict, pour sçavoir sa responce.

Ne demeura pas moult que l'ermite veint, et à brief parler rapporta que il n'avoit peu trouver le roy de Cypre en nulle raison d'accord de paix, pour quelconque cause qu'il luy sceust avoir monstrée que il le deust faire. Quand le mareschal entendit ce, dit que puisque le roy de Cypre ne se vouloit desister et oster de son tort, et venir à raison, que il ne faudroit mie à luy faire bonne guerre. Adonc feit tantost apprester son navire, et remonter ses chevaulx, et toute son armée mettre en ordonnance. Quand le grand maistre de Rhodes, à qui moult pesoit, pour le mal qui ensuivre en pourroit, que guerre y eust entre le roy de Cypre et les Genevois, veid que c'estoit à bon, et que plus remede n'y avoit, requist moult le mareschal que un don luy voulust donner, lequel l'octroya volontiers. Ce feut qu'il ne voulust mie aller descendre en Cypre, jusques à tant que luy mesme eut esté parler au dict roy de Cypre. Ceste chose accorda le mareschal. Si monta tantost le maistre de Rhodes sur sa galée, et l'hermite de La Faye avec luy, lequel feut monté sur la sienne, et encores la galée de Methelin avec eulx; et ainsi à trois galées allerent devers le roy de Cypre.

## CHAPITRE XV.

*Cy dit comment le mareschal alla en Turquie devant une grosse cité que on nomme Lescandelour.*

Quand le grand maistre de Rhodes feut party pour aller en Cypre, comme dict est, le bon mareschal qui estoit demeuré ne voulut mie, tandis que le traicté se feroit, perdre temps; ains, pour la grande volonté qu'il avoit de nuire aux mescreans, desira employer sa gent de faire aux dicts sarrasins aucune envahie. Si se conseilla aux chevaliers du pays et aux Genevois en quel lieu leur sembloit plus convenable d'aller faire guerre sur les ennemis de la foy. Si luy dirent que s'il alloit en Turquie devant un bel chastel et ville que on nomme Lescandelour, il pourroit faire celle part belle et honnorable conqueste; et aussi c'estoit son chemin en approchant vers Cypre. Adonc sans plus attendre feit ses galées ordonner. Si monta sus avec sa belle et noble compaignée de tres-bons gens d'armes, tous de nom et d'eslite, et tres-desireux de bien besongner et d'accroistre leur renommée. De Rhodes se partit en belle ordonnance. Et comme il alloit par mer, rencontrerent une grosse navé de sarrasins, laquelle tantost ils combatirent tant que elle fut prise, et grossement y gaignerent. Si alla tant par plusieurs journées qu'il arriva devant Lescandelour droict à un dimanche, à l'heure de none.

Adonc preint à adviser la dicte ville, laquelle sied en partie sus la marine : et y a une grosse tour qui garde le havre, et puis va s'estendant au hault d'une montaigne où sied au chef un fort et hault chastel qui garde la ville, laquelle est partie en deux parties; puis au bas est de l'autre costé la terre plaine venant sur la marine, où il y a moult beau pays et grands manoirs et jardinaiges. Adonc saillirent hors des nefs les bonnes gens d'armes par belle ordonnance, comme le saige mareschal leur avoit ordonné. Et quand ils eurent gaigné terre, et feurent tous assemblez sur la plaine, adonc feit le mareschal plusieurs chevaliers nouveaux, dont d'aucuns me souvient des noms, et non de tous : c'est à sçavoir Le Barrois, le fils du seigneur de La Choletiere, qui nepveu estoit du dict mareschal; le seigneur de Chasteauneuf en Provence, messire Menaut, Chacagnes, messire Louys de Montigian, qui y mourut; et grand nombre d'autres. Et y leverent bannieres plusieurs autres vaillans chevaliers et escuyers, tous de grande volonté de bien faire. Si se trouverent sur ceste place huict cent chevaliers et escuyers tous duits à la guerre, et gens de grande eslite, vaillans et renommez de nom et d'armes; et pouvoient estre en tout environ trois mille combatans, tous tres-ardens et courageux de faire prouesses et vaillantises pour l'exaucement de la foy chrestienne; et pour accroistre leurs renommées. Et entre eulx estoit le tres-vaillant mareschal comme preux chevetaine qui les mettoit en ordonnance, et par ses bons et chevaleureux enhortemens les admonestoit qu'ils se portassent comme vaillans : car il avoit esperance en Dieu, en Nostre Dame et en sainct George, que ils feroient bonne journée. Ha! qu'il faisoit bel veoir ceste belle compaignée, en laquelle estoient assemblées tant de bannieres de renommée : c'est à sçavoir la banniere de Nostre Dame; celle du mareschal, celle du seigneur Dacher, celle du seigneur de Chasteaumorant, celle du seigneur de Chasteaubrun nommé messire Guillaume de Nillac, la banniere du seigneur de Chasteauneuf, celle du seigneur de Puyos, et autres que nommer ne sçay!

## CHAPITRE XVI.

*Cy dit comment le mareschal assaillit Lescandelour par belle ordonnance.*

Le mareschal ordonna son assault en trois parties : c'est à sçavoir commeit le vaillant seigneur de Chasteaumorant à tout belle compaignée à combatre du costé de la marine; son mareschal appellé messire Louys de Culan, à tout cent hommes d'armes, cent arbalestriers et cent varlets, meit pour garder un pas par où secours pouvoit venir en la ville; et luy, avec le seigneur de Chasteaubrun et l'autre partie de ses gens, assaillirent du costé de la porte. Quand toute l'ordonnance feust faicte, qui feut comme à heure de none, adonc, pour commencer l'assault, prirent trompettes à sonner si hault que tout en retentissoit. Lors commencerent à assaillir de toutes parts, et ceulx de dedans à eulx defendre par grand vigueur; et ainsi ne finirent de donner et de recevoir des coups, tant qu'il y en eut de morts et de navrez grand foison d'un costé et d'autre.

Moult trouva grand force et grand defence du costé de la marine le seigneur de Chasteaumorant : car la tour qui gardoit le havre estoit fort garnie de trait et de gens d'armes qui moult bien la defendoient, et espoissément lançoient à eulx. Mais vous veissiez nos gens comme preux, par grand vigueur, nonobstant toute defence, agrapper contremont ces murs et dresser eschelles, et là estriver l'un contre l'autre à monter sus des premiers; et à qui mieulx mieulx s'alloient là esprouver. Si feut combatu en eschelle par grande hardiesse et moult vaillamment : mais trop feurent leurs eschelles courtes, pour laquelle cause conveint ainssi demeurer celle journée.

Le bon messire Louys de Culan qui gardoit le pas, comme dict est, n'y travailla mie en vain. Car tant s'y peina à tout l'estendart du mareschal, et la bonne compaignée qu'il avoit, que nonobstant que il y eust fort combatu, et qu'il y trouvast qui bien luy deffendist, si gaigna-il le pas malgré tous les ennemis : dont il doibt grand honneur avoir. Car tant est celuy pas forte place, que le bon roy de Cypre, qui autresfois à le prendre s'estoit travaillé, oncques n'en peut venir à chef. Si fut profitable la prise : car par ce eussent affamé la ville, si encores y feussent demeurez. Et ainsi dura cest assault, où assez eurent nos gens bien exploicté jusques à tant que la nuict veint qui les departit.

Le lendemain derechef prirent à assaillir, et par deux fois l'assault donnerent par moult grand fierté, et moult aussi trouverent qui bien se defendit; mais toutesfois tant se peina le vaillant Chasteaumorant à toute sa gent, que le havre à tout le bas de la ville feut prins, et entrerent au port malgré la deffence de la tour. Là estoient les boutiques des marchandises, que ils appellent magasins, bien garnies de toutes marchandises : car moult est celle ville marchande. Tout prirent ce que emporter peurent; et au navire qui y estoit, c'est à sçavoir quatre fustes, deux galées, une galiote et deux naves, bouterent le feu, et tout ardirent.

## CHAPITRE XVII.

*Les escarmouches que faisoient tous les jours les gens du mareschal aux sarrasins; et comment ils les desconfirent et chasserent.*

Au temps que ceste chose adveint, le seigneur de Lescandelour avoit guerre contre un sien frere, et tenoit les champs à tout grand ost à cinq journées de là. Mais quand il oüit dire la venuë de nos gens, tantost veint vers eulx, et tant s'approcha en intention de les combatre, que véoir les peut. Mais la grande hardiesse et le maintien que il veid au vaillant chevetaine, et en sa chevaleureuse compaignée, luy osta la hardiesse de venir lever le siege. Et pour ce se logea à demy mille de l'ost, et le contresiegea : car trop le redoubtoit. Mais toutesfois quand son point cuidoit veoir, venoit escarmoucher nos gens comme à costé. Mais à qui se venoient-ils joüer? car ils ne faillirent mie à estre bien receus. Si y avoit souvent grande et fiere escarmouche : mais tousjours y laissoient les sarrasins ou plume, ou aisle, et bien y estoient batus. Le mareschal desiroit moult les combatre, mais ils ne l'attendoient mie : ains s'enfuyoient, et s'alloient retirer et refraischir és jardinaiges drus et espais qui coste la ville sont.

Il voulut moult trouver voye s'il eust peu de les faire saillir de là, et les attraper dehors. Pour laquelle chose s'advisa d'une telle cautele. Il ordonna que l'on tirast de nuict quatre vingt chévaulx d'une nave, et iceulx feit cacher dedans les tentes. Quand ce veint au lendemain, le mareschal feit aller à l'escarmouche une partie de ses gens, et leur ordonna que ils feissent semblant d'avoir peur, si fuissent, et tout de gré se laissassent rebouter (1). Et ils le feirent, et pareillement le soir, devant l'avoient faict. Laquelle chose moult accreust le cœur aux sarrasins, tellement qu'ils veindrent avec nos gens jusques à la banniere de Nostre Dame, puis s'en retournerent. Mais pour la chaleur du soleil, qui hault estoit, s'allerent rebouter és dicts jardinaiges pour eulx refraischir, en intention de retourner à l'escarmouche apres la chaleur du jour.

Quand le saige mareschal les veid là fichez, et que ils n'entendoient que à eulx ventroüiller (2) par l'herbe fresche és ombraiges, adonc feit tirer hors les dicts chevaulx et gens bien armez dessus, les lances és poings, et les ordonna en deux parties; dont il prit l'une avec

---

(1) *Rebouter*: repousser. — (2) *Ventrouiller*: s'étendre, se vautrer sur.

soy, et l'autre commeit au seigneur de Chasteaumorant ; avec ce ordonna une bataille de gens de pied legerement armez, d'archers et de varlets. Et quand cest arroy (1) eust tout faict, lequel il avoit de longue main bien appointé, adonc tout à coup alla d'une part environnant les dicts jardinaiges, et Chasteaumorant de l'autre. Et les gens à pied se ficherent dedans si appertement, que les sarrasins qui desarmez s'estoyent ne peurent avoir espace de reprendre leurs harnois. Si se ficherent nos gens entre eulx, et tous les occirent de traict et à bonnes espées. Adonc qui veid esbahis ceste chiennaille grand ris en peust avoir : car ils ne sçavoient se mectre en defence, n'y n'osoient saillir dehors, pour ceulx à cheval que ils voyoient. Non pourtant se meirent plusieurs à la fuite, qui de nos gens feurent receus aux pointes des lances. Et ainsi feurent tous occis, excepté aucuns qui à force de course de chevaulx eschapperent, et se tapirent en quelques destours.

Et par ce le seigneur de Lescandelour à tout son ost feust si espouventé, pour la grande perte qu'il avoit faicte, et des plus grands et vaillans de sa compaignée, que il s'enfuit és montaignes; et depuis n'osa descendre ne se monstrer vers nos gens. Et le preux et vaillant mareschal, apres celle desconfiture, rassembla ses gens, et ne voulut mie que longuement suivissent les fuitifs; ains meit les siens en belle ordonnance et en belle bataille : car il ne sçavoit si le seigneur de Lescandelour rassembleroit sa gent pour luy revenir courir sus, par grande ire et desdaing. Si se pourveut de deffence avisément, et avoit ainsi ordonné ses batailles. Il estoit

(1) *Arroy* : disposition.

en plains champs à tout une bataille; et le seigneur de Chasteaumorant en une autre, pour secourir les aultres, si mestier en avoient. Et puis l'ost estoit à tout la banniere de Nostre Dame, qui gardoit le pas de l'entrée de la ville. Et en ceste maniere et ordonnance attendit le mareschal longue piece. Mais assez pouvoit attendre, car les sarrasins n'avoient intention ny volonté fors de fuir. Et ainsi se passa celle journée.

Le lendemain au matin le mareschal ordonna une belle compaignée de gens d'armes pour aller gaigner une montaigne où les sarrasins s'estoyent retirez : mais si tost que les ennemis les sentirent venir, ils s'enfuirent d'autre part, et se ficherent és bois. Adonc nos gens descendirent en la plaine, et gasterent tout le pays à l'environ, où il y avoit de moult beaux palais, de grands manoirs et beaux jardinaiges; par tout bouterent le feu, et tout allerent gastant. Quand le seigneur de Lescandelour veid que nos gens ne faisoient semblant de eulx desloger, il envoya ses messaigers devers le mareschal, et luy manda en se complaignant que moult estoit esmerveillé pourquoy il luy faisoit si grand guerre, veu que oncques il n'avoit porté dommaige à luy ne à nul des siens, ne mesmement aux Genevois, parquoy ils deussent ce faire; et que s'il luy plaisoit avoir paix avec luy, que à tousjoursmais seroit son amy, et aux Genevois aussi, en tout le service que il pourroit faire; et que il presentoit luy, sa puissance et seigneurie, pour estre avec luy contre le roy de Cypre, et contre qui il luy plairoit.

Apres ces nouvelles, le saige mareschal, qui toutes choses desiroit faire au mieux, advisa que il ne sçavoit s'il auroit guerre au roy de Cypre; et que s'il y avoit guerre, celle contrée estoit bonne et assez pres pour eulx refraischir, et pour avoir vivres. Si eut de ceste chose advis avec son conseil, où il fut deliberé que le meilleur estoit de faire paix, puis que si humblement le requeroit. Et ainsi le feirent; et tantost apres le mareschal, qui quatorze jours avoit demeuré au lieu, se retira à tout son ost en ses galées.

## CHAPITRE XVIII.

*Comment la paix fut faicte entre le roy de Cypre et le mareschal; et comment il voulut aller devant Alexandrie.*

QUAND le mareschal se retira en ses galées, luy veindrent nouvelles que paix estoit faicte entre luy, les Genevois et le roy de Cypre, si la maniere des convenances luy plaisoit. Si appella son conseil, et feut veu que les conditions des dictes convenances estoyent toutes telles que ils demandoient. Si agrea la paix, de laquelle avoir fut assez joyeux, afin de mettre à effect le bon desir qu'il avoit de porter dommaige aux mescreans; et fut son intention d'aller en Egypte devant Alexandrie.

Adonc manda querir tous ses patrons de naves et de galées. Si leur dict l'intention qu'il avoit, et ce qu'il voyoit à faire, si vouloit que partie du navire allast devant. Les dicts patrons luy respondirent que à partir de là pour prendre leur adresse tout droict en Alexandrie, le vent leur estoit trop contraire : par-

quoy ils ne pourroient nullement prendre le port d'A-
lexandrie; mais leur convenoit retourner à Rhodes,
et de là prendre l'adresse du vent. De laquelle chose
faire leur en donna le mareschal licence. Et luy à tout
ses galées s'en retourna vers Cypre, pour certifier et
confirmer la paix, telle que le grand maistre de Rhodes
l'avoit bastie et faicte avec le roy de Cypre. Si alla
tant qu'il arriva à un port de galées qui s'appelle Pan-
dée, où le dict grand maistre de Rhodes et le conseil
du roy de Cypre l'attendoient. Et fut là jurée et confirmée la dicte paix. Et quand ce feut faict, par la
priere du dict grand maistre, et aussi des gens du roy
de Cypre, il alla plus oultre, où le roy de Cypre et luy
se trouverent ensemble. Et luy veint le dict Roy au
devant, lequel le receut à tres-grand honneur et chere,
et le mena en ses chasteaux et citez, où il avoit faict
grand appareil pour sa venuë. Si voulut donner de
tres-grands dons au mareschal, et vingt-cinq mille ducats comptant. Mais il ne les voulut oncques prendre,
ains l'en remercia grandement, en disant que il ne
l'avoit point desservy, et qu'il n'en avoit pas besoin,
car le roy de France son souverain seigneur luy donnoit assez. Mais s'il luy plaisoit l'aider de ses gens
d'armes, et des souldoyers qu'il avoit en son pays, et
de ses galées luy voulust prester pour aller avec luy
sur les mescreans, que ce prendroit-il volontiers, et
grand gré luy en sçauroit. Et le Roy luy respondit que
ce feroit-il volontiers. Si luy bailla deux de ses galées
chargées de gens d'armes, combien que l'une s'enfuit:
car c'estoient coursaires.

Là avoit esté le mareschal quatre jours. Si ne voulut
plus sejourner, adonc preint congé du Roy, et s'en-

tredonnerent de leurs joyaulx. Si entra à toute sa gent en ses galées, en intention d'aller droict en Alexandrie. Tost feurent en mer; mais n'eurent pas grandement erré, comme les mariniers tiroient à tourner environ l'isle de Cypre, pour tenir leur chemin en Alexandrie, apres les naves que le mareschal y avoit devant envoyées, qu'il commença un vent contraire si tres-grand, que pour sens et puissance que mettre y sceussent, ne pouvoient avant aller, combien que de tout leur pouvoir s'en efforçassent et estrivassent. Ne leur dura pas petit cest estrif [1], ains y feurent trois jours entiers; et si n'avoient mie à aller plus de six milles à estre en l'adresse du vent qui les conduisit droict en Alexandrie.

Quand les mariniers veirent que de toute leur puissance ne pouvoient avant aller, dirent au mareschal que oncques en leur vie telle chose n'avoient veu; et quant estoit d'eulx, ils pensoient que c'estoit miracle de Dieu, qui ne vouloit mie pour aulcun grand bien, ou pour le sauvement de luy et de ses gens, que il allast celle part : car, selon qu'il leur sembloit, ce vent n'estoit taillé de cesser d'un grand temps. Si eut en conseil que il laissast ceste voye, et allast aultre part. Adonc eut advis d'aller en Syrie devant Tripoli : car là seroit ce voyage bel et bon, et si avoit en poupe vent propice. Si voulut là aller, nonobstant que les Genevois lui conseillassent de s'en retourner à Gennes, et disoient que il avoit assez faict. Mais ce ne voulut-il mie faire. Si alla tant que il arriva à Famagouste : mais pour celle fois gueres n'y arresta. Si prit là une galée, et le lendemain au matin arriva devant Tripoli.

---

[1] *Estrif* : obstacle, combat.

## CHAPITRE XIX.

*Comment les Venitiens avoient faict sçavoir par les terres des sarrasins que le mareschal alloit sur eulx; et comment le dict mareschal alla devant Tripoli.*

Or nous convient retourner à la narration que cy devant ay dicte et representée de la haine couverte d'entre les Venitiens et les Genevois. Pour laquelle, comme devant est dict, par l'envie que avoient les dicts Venitiens contre les Genevois, moult se voulurent peiner s'ils eussent peu de desadvancer leur prosperité : mais que si cautement feust que on ne l'apperceust. Et par trouver voye de leur tollir leur bon gouverneur, par le sens et valeur duquel montoit leur gloire de mieulx en mieulx, leur sembloit bien que plus grand meschef et desadvancement ne leur pouvoient faire. Mais toutesfois de leur courir sus ouvertement n'osoient, encores que ils feussent trop plus de gens. Et pour attaindre à leur intention, avoient cerché une aultre tres-faulse voye, et par ce n'y cuidoient mie faillir.

Mais ce que Dieu garde est bien gardé. Car ils avoient envoyé leurs messaigers par toutes les terres des sarrasins sur la marine de là environ, tant en Egypte, comme en Syrie, et par tout aultre part, pour annoncer et faire sçavoir la venuë du mareschal, et dire que ils feussent sur leur garde : car il alloit sur eulx à grand ost. Et qu'il soit vray que la venuë du mareschal feirent sçavoir les Venitiens aux sarrasins, feut certainement sceu, comme il sera cy apres dict, et comment ce fut. Si en paroissoient bien les enseignes, là endroict et autre part, que advisez en avoient esté, et de longue main. Car tout le port et le rivaige de Tripoli estoit couvert de sarrasins, qui tous armez là l'attendoient à recevoir aux pointes des lances. Laquelle chose ne peult estre que là eust telle assemblée, si avant le coup n'en eussent esté advisez : car ils estoyent en moult bel arroy de combatre, par grands batailles à cheval et à pied. Et y avoit des gens du Tamburlan bien environ six cent chevaulx, armez et couverts tant richement de fin veloux et drap d'or, et de tous habillemens riches, que oncques homme ne veid en bataille ne en faict d'armes plus belle chose; et ceulx qui dessus estoyent estoyent armez de beaux paremens, et monstroient semblant d'estre gens de grand vigueur, et avoir desir de combatre, et sembloient estre personnes de grand honneur et de grand estat.

Quand le preux et vaillant mareschal veid celle assemblée, laquelle chose en piece n'eust pensé, feut moult esmerveillé : mais non mie pourtant esbahy ne espouvanté. Ains dict à visaige hardy que pourtant ne lairroit à descendre, à l'ayde de Dieu, nonobstant que son conseil luy feist la chose moult doubteuse, pource que peu de gens estoyent contre tant de sarrasins : mais il dict que pourtant ne lairroient. Adonc le mareschal envoya Montjoye le herault par les galées dire à tous qu'ils s'appareillassent de descendre à terre par belle ordonnance, comme il leur avoit ordonné. Apres ce, tantost et vistement feit le dict mareschal ferir des proues à terre. Si preindrent haultement trompettes à sonner; et les arbalestriers, qui tous feurent rangez sur les galées, preindrent druëment à tirer pour faire retirer les sarrasins, en sorte que nos gens peussent arriver. Et semblablement tiroient vers les nostres leurs archers: mais leur trait ne feut mie pareil, ne de telle force. O Dieu! comme on pourroit là veoir bonne gent à l'espreuve, et comment l'effect de leurs hardis couraiges comme de lyons se demonstroit! Et vrayement dict l'on bien vray: « Selon seigneur « maisgnée duite (1). » Car leur bon conduiseur par ses biensfaicts leur accroissoit le cœur, leur donnoit hardiesse, et leur ostoit toute peur.

Adonc veissiez commencer dur estrif contre ceulx qui les premiers descendoient, et contre eulx venoient les sarrasins pour defendre le port, et les repousser à pointes de lances. Mais là veid-on hardiment saillir ces gens d'armes en l'eaüe, et entrer jusques au col pour aider à leurs compaignons. Ha Dieu! que on doibt bien priser, aimer et honnorer si noble gent, qui leurs corps et leurs vies exposent pour le bien de la chrestienté, et bien doibt-on prier Dieu pour eulx et pour leurs semblables! car quand ils sont bons et font leur debvoir, c'est le sauvement d'un pays contre tous ennemis. Et certes on ne peult trop honnorer ne faire de bien à un vaillant homme d'armes; car moult en est le mestier perilleux. Et de tant que plus y a de peine et de difficulté, de tant en est-il plus digne de grand honneur et de grande remuneration. Ainsi comme vous voyez fut là grand estrif: car les sarrasins fort se deffendoient, et les chrestiens par grand vigueur les assail-

(1) *Selon seigneur maisgnée duite:* proverbe qui signifie: *le sort d'une armée dépend du chef qui la commande.*

loient. Si vous asseure que là peust-on veoir faire maintes belles armes, main à main, et maint tour de bataille. Et là veid-on qui feut hardy, et qui bien s'y esprouva, et qui pris d'armes deust avoir. Car n'y convenoit mie petite force au port gaigner contre telle defense, où estoyent bien six sarrasins contre un chrestien. Si y souffrirent moult nos gens, et moult en y eut de morts et de blessez. Et non pourtant la bonne fiance que ils avoient en Dieu et Nostre Dame, et la vaillantise et prouesse de leur bon conduiseur qui là n'estoit mie oiseux, ains estoit fiché és plus drus coups, et là faisoit tant d'armes comme homme plus faire peut, leur donnoit force et couraige. Pour laquelle chose, à l'ayde de Dieu, tant s'y peinerent, et tant y ferirent et travaillerent, que malgré tous les sarrasins preindrent terre, et gaignerent le port et la force du trait des arbalestriers, et des canons qu'ils leur lançoient de dedans les galées, feit les sarrasins retirer. Si se reculerent assez loing du port, et allerent prendre place pour donner la bataille à nos gens.

## CHAPITRE XX.

*La belle ordonnance du mareschal en ses batailles ; et comment il desconfit les sarrasins.*

Adonc les sarrasins arrangerent leurs gens en belle bataille, et en tres-belle ordonnance. Les gens de cheval, comme j'ay dict dessus, se meirent deçà et delà és deux aisles de la bataille de pied : et là se teindrent de pied coy. Le vaillant mareschal de France feit un petit prendre haleine à ses gens; car moult avoient souffert de peine à gaigner le port. Si les feit boire un coup, et eulx refraischir : car grand chauld faisoit; et puis les admonesta que ils feussent bonnes gens : car il avoit esperance, en Dieu et en la vierge Marie, que ils auroient bonne journée. Si se meit en ordonnance, et en belle bataille. Et ainsi le petit pas, tous joints et serrez ensemble, les lances sur les cols, allerent vers les sarrasins, qui au champ les attendoient. Quand ils feurent approchez, trompettes preindrent à faire grand bruit; adonc commencea le trait grand et fier d'un costé et d'autre. Mais nos gens pour leur trait ne laisserent que ils ne leur allassent courir sus fierement, et de hardy couraige, par telle vertu que tous les sarrasins espouventerent. Ha! qu'est-ce que de vaillante gent? Un en vault mille, et mille faillis n'en vaillent un bon. Et vrayement est-il bien vray ce que dict Valere en parlant du faict des Romains, que cinq cent bons hommes peuvent et suffisent, telle fois advient, contre dix mille. Et que petite quantité de bonne gent puisse forçoyer aulcunesfois contre grand foison, appert par ces vaillantes gens icy, par ce que il s'en ensuivit. Car dés l'assembler monstrerent-ils leur fierté, quand oncques ne s'esbahirent pour la quantité d'ennemis qu'ils voyoient contre eulx, qui si peu de gens estoyent.

Si coururent sus aux sarrasins par grand vertu, et leur bon duc et conduiseur estoit entre sa gent qui leur donnoit exemple de ce que faire debvoient, et les ennemis d'aultre part ne s'y faignoient (1). Si fut dure et aspre la bataille, où maints perdirent la vie

(1) *Ne s'y faignoient* : ne s'y ménageoient pas.

de chascun costé. Mais trop avoient sarrasins du pire : car la hardiesse et force de nos gens, et le grand trait des arbalestriers, les abatoit morts druëment; et ainsi dura grand piece. Mais que vous dirois-je des armes que chascun feist, ne des coups que donna un chascun? Trop ma matiere en eslongneroye. Mais pour ramentevoir en bref, sans faillir tant bien et tant vaillamment le feist le preux mareschal, que mieux ne peust. Aussi feit le grand maistre de Rhodes, nommé messire Philebert de Nouillac; messire Remond de Lesture, prieur de Thoulouze; messire Pierre de Boffremont, chevalier de Rhodes; et toute la compaignée du dict grand maistre. Si feit Chasteaumorant au cœur vaillant et fier, l'hermite de La Faye, qui de voyager ne feut onc recreant [1]; messire Louys de Culan, mareschal de l'ost; et maints autres bons et vaillans chevaliers, dont pour cause de briefveté je tais les noms. Des escuyers, Tercelet de Cheles, Jean de Nenny, Richard Monteille, Guillaume de Tollegny et Huguenin son frere, Guillemin de Labesse, le bastard de Rebergues, Jean Dony, Regnauld de Camberonne, Le Barrois, et plusieurs autres vaillans escuyers, tous tant y feirent à la force de leurs bras et à la vigueur de leurs couraiges, que à tousjours mais eulx et tous ceulx qui là de leur compaignée se trouverent, en doibvent à tousjours estre honnorez. Et à brief parler, l'effect de leur loüange appert à l'œuvre. Car ceulx qui n'estoient pas plus d'environ deux mille combatans se trouverent en ceste bataille tenir pied et estail à plus de quinze

---

[1] *Ne feut onc recreant :* ne se lassa jamais.

mille sarrasins. Voire par telle vertu, que nonobstant leurs beaux chevaulx richement parez, et ceulx qui dessus estoyent bien armez, qui estoyent en nombre bien sept cent, qui de toute leur force mie ne s'y faignirent de rompre nos gens et leur bataille, si ne peurent-ils souffrir le fais tant du traict des arbalestriers, comme des coups des bons chrestiens; ains leur conveint desplacer et se retirer, tant que petit à petit prirent à eulx departir et laisser la bataille. Mais ce ne fut mie sans leur tres-grand donimaige, car moult en y eut de morts et d'affolez. Et ainsi se departirent les sarrasins, qui partir peut. Et nos gens moult ne les suivirent, ains se teindrent là tout coys. Et les ennemis, tant par force comme par cautele, s'esloignerent de la marine : car ils cuiderent que les chrestiens les suivissent, et penserent que quand ils seroient loing de leur navire, ils se mettroient entre eulx et le navire : et ainsi les enclotroient.

Mais le saige mareschal, à qui rien d'armes ne convenoit apprendre, fut tout advisé de leur cautele: pour ce ne les voulut suivre. Mais ores oyez grande hardiesse de chevalier, et courageuse volonté de vaillant chevetaine. Quand les sarrasins feurent eslongnez, il meit derechef ses batailles en ordonnance, et defendit sur peine de perdre la vie que nul ne feust tant hardy de retourner en galée, ne de deguerpir la place. Si feit son navire tirer arriere, et dit que sans faillir il combatroit derechef les sarrasins. De ce propos ne peut estre desmeu, nonobstant que plusieurs luy conseillassent que plus n'en feist : car assez y avoit acquis honneur, ce leur sembloit. Mais à ce ne voulut-il entendre.

Si feut ordonnée son avant-garde, puis sa grosse bataille, et apres l'arriere-garde; et aux chevetains bien commeit ce qu'ils debvoient faire, si les pria et enhorta de eulx y bien porter. Quand les sarrasins veirent le saige appareil, et la grande hardiesse du vaillant chevetaine et de sa gent, ils doubterent, et grand semblant en feirent : car ils se partirent de là où ils estoyent, et allerent prendre place coste les jardins de Tripoli, qui moult sont drus et espais, afin que si besoing eussent de fuir, se fichassent dedans. Là ordonnerent en leur bataille les gens à pied, et és deux aisles les gens de cheval. Le mareschal envoya l'avant-garde premierement assembler, et la conduisit messire Louys de Culan son mareschal, et il la suivoit de pres à tout sa bataille. Quand ils feurent approchez des sarrasins, de beau traict les saluërent, et au reciproque les sarrasins eulx, et puis vistement les allerent assaillir, et iceulx fort se defendirent : mais nos gens de pres les requirent, et si fort les presserent que ils prirent à chanceler. Quand ceulx de cheval veirent les leurs qui se prenoient à reculer, ils se departirent, et cuiderent venir enclorre la bataille du mareschal; mais ceulx de l'arriere-garde par tel randon (1) les prirent à servir de bon traict, que oncques enfoncer ne les peurent. Adonc leur courut sus le fier mareschal à tout sa bataille, et main à main prirent à combatre. Et là y eut assez d'hommes et chevaulx abatus, qui depuis ne releverent. Si feurent toutes les batailles assemblées, où il y eut fiere meslée, et des morts et des navrez largement de tous costez. Mais à quoy plus long compte vous en ferois-

---

(1) *Randon* : promptitude, impétuosité.

je? A tant alla la chose, que plus n'eurent pouvoir les sarrasins de tenir estail, ne de souffrir; et fuir les conveint pour garentir leurs vies. Si leur feirent les jardins bon mestier, esquels desconfits se ficherent ceulx qui eschapper peurent. Si guerpirent la place, et fuit qui peut : mais maint en y eut qui si pres feurent pris, qu'espace n'eurent de fuir : ains y laisserent les vies, et ainsi se cacherent là les fuitifs de la bataille et le demeurant des morts.

Le mareschal, qui ainsi les voyoit là fuir à garant, à peu qu'il n'enrageoit dont iceulx luy eschappoient; et tant estoit sur eulx acharné, qu'apres eulx és jardins ficher se vouloit. Mais ceulx qui l'aimoient le prierent pour Dieu que il ne le feist : car trop y sont les lieux divers et destournez, parquoy s'ils y fichoient jamais pied n'en retourneroit. Si s'arresta là, et se teint au champ grand piece pour attendre et veoir si de nulle part sarrasins fauldroient pour le combatre, et si ceulx qui fuis estoient se rassembleroient : mais de ce n'avoient-ils garde, car nul n'en avoit vouloir. Et quand assez eut attendu, et que chascun luy disoit qu'il s'en retournast en son navire, et qu'il avoit eu belle journée, s'en reveint en belle ordonnance l'avant-garde devant, et la bataille apres, et puis l'arriere-garde. Et en tel arroy et en loüant Dieu se bouta en son navire.

## CHAPITRE XXI.

*Cy dit comment on sceut certainement que les Venitiens avoient faict sçavoir aux sarrasins la venuë du mareschal; et comment il print Botun et Barut.*

Ne feut mie encores saoulé de grever les sarrasins le vaillant mareschal, quoy que on luy dist que à grand honneur retourner s'en pouvoit, car bien avoit exploicté. Mais de ce ne feut pas d'accord. Si se partit de Tripoli, comme dict est, et au partir de là il oüit nouvelles que une nave de sarrasins estoit au chemin de Barut. Si commeit tantost pour y aller le seigneur de Chasteaumorant, et avec luy de bons gens d'armes, à tout deux galées. Si allerent tant que ils veinrent assembler aux sarrasins, et si dure escrime leur livrerent que tous les occirent, et prirent la nave : puis liés (1) et joyeux s'en retournerent. Le mareschal s'en alla à Boton, qui est une grosse ville champestre, qui tost feut pillée, et les sarrasins qui y feurent trouvez tous mis à mort, et par tout mis le feu; et de là teint son chemin droict à Barut.

Et à revenir à ce que devant j'ay dict, comment certainement on sceut que les Venitiens avoient notifié et faict sçavoir aux sarrasins la venuë du mareschal, adveint que ainsi comme il approchoit la dicte ville de Barut, il veid partir du port un vaisseau appellé Gripperie, lequel s'en cuidoit fuir vistement

(1) *Liés :* gais.

avant que le mareschal arrivast, et ne pensoit que nul s'en donnast garde : et pour mieulx cuider eschapper sans que on l'apperceust, prit le large de la mer, et fuyant s'en alloit. Mais le mareschal qui l'apperceut envoya apres tantost une galée, qui tost le prit. Si l'amena devers le mareschal, lequel s'enquit quelles gens y avoit, et sceut que c'estoient Venitiens. Si feit venir devant soy le principal de ce vaisseau, et moult l'interrogea, tant par amour que par menaces, pour quelle cause ainsi s'enfuyoit. Et à brief parler, quoy que il le celast au premier, tant feit le mareschal, sans luy faire mal ne grief, que il confessa et recongneut que sans faillir il n'avoit cessé d'aller par mer par grande diligence, pour annoncer en toutes les terres et contrées des sarrasins de là environ, c'est à sçavoir de Syrie et d'Egypte, et de ces marches, la venuë du mareschal, et qu'ils s'apprestassent contre luy : car il leur venoit courir sus à grande armée ; et que ce avoit-il annoncé à Barut, et par tout aultre part. Si passoit par là pour veoir comment ils avoient exploicté. Ceste chose racompta iceluy au mareschal, et ce luy tesmoignerent ses compaignons, et que à ce faire estoient commis de par la seigneurie de Venise.

De ceste tres-grande mauvaistié, laquelle jamais n'eust cuidé, feut moult esmerveillé le mareschal, et feut en grande deliberation si ceulx qui venoient de bastir ce mauvais œuvre il feroit lancer en la mer. Toutesfois delibera que non ; car ils luy avoient racompté debonnairement, et aussi le meffaict n'estoit mie si grand à eulx comme à ceulx qui envoyé les y avoient. Si ouvra adonc de la tres-grand franchise de son noble cœur, comme celuy qui n'en daigna faire compte, et les laissa aller. Laquelle chose peu d'autres eussent faict : mais ne vouloit nullement que par luy ne à son occasion fut meu debat entre les Venitiens et les Genevois. Si teint son chemin droict à Barut. Mais si tost ne fut arrivé, que bien s'apperceut de l'ouvraige que les Venitiens avoient basty : car devant luy voyoit tout le port couvert de sarrasins arrangez en bataille, pour luy defendre le saillir hors. Mais de ce n'eurent-ils mie le pouvoir : car tantost le hardy combatant comme lyon feit de grand randon ferir de proüe en terre, et les arbalestriers tirer druëment à celle chiennaille qui là brayoient comme enragez; et si bien les servirent de traict que plusieurs en larderent. Si leur conveint se retirer malgré leurs dents, et les nostres saillirent hors encouragez de leur courir sus par grand vertu. Mais quand les sarrasins veirent leur ordonnance, ne les oserent attendre, ains s'enfuirent, et nos gens feurent là tous ordonnez pour donner la bataille : mais ne trouverent à qui parler.

Si alla le mareschal devant Barut, et feit assaillir la ville par telle force que les sarrasins qui dedans estoyent feurent espouvantez, si que plusieurs d'eulx s'enfuirent par autre costé; et ceulx qui dedans demeurerent la defendirent de tout leur pouvoir. Toutesfois à la fin par force feut prise, et mis à l'espée les sarrasins qu'ils y trouverent, et tout fourragé et pillé ce qu'il y avoit : mais gueres n'y trouverent, pource que advisez en avoyent esté, parquoy la ville estoit vuide de tous biens et de toute marchandise, que ils avoient retirez et mussez és bois et és montaignes, comme il feut rapporté au mareschal. Si feit le feu bouter par tout, et au navire qui estoit au port; et ce faict, se retira en ses galées.

## CHAPITRE XXII.

*Cy dit comment le mareschal alla devant Sayete, et la grande hardiesse et vaillance de luy contre les sarrasins.*

Après ce se partit de Barut le mareschal, et teint son chemin en Egypte pour aller devant Sayete, en intention de la prendre s'il eust peu. Et quand il feut approché du port, tout ainsi que és autres lieux avoit faict, le trouva bien fourny de sarrasins, qui en belle bataille l'attendoient : mais n'estoient mie en petite quantité; car plus de douze mille en y avoit, tant à pied que à cheval. Mais de ce ne feit cas le saige mareschal, qui sa fiance avoit toute en Dieu; ains feit ferir en terre, et saluer les sarrasins de bons viretons [1] et de bombardes, si souvent et menu, que oncques ne trouverent si mortelle rencontre. Si en y eut là tant de morts, que tout le gravier en feut couvert. Et tant estoyent iceulx de grande volonté contre nos gens, que trop envis [2] se desplaçoient. Mais toutesfois force leur feut de fuir, ou mal eust esté pour leurs peaulx : car si là se feussent longuement tenus, leur troupeau feust de moult appetissé. Si leur conveint reculer à toutes fins. Nos gens ne dormirent mie, ains saillirent contre eulx par grande hardiesse

---

[1] *Viretons*: traits d'arbalète. — [2] *Envis*: malgré eux.

à qui mieulx mieulx, et comme sangliers se fichoient en la marine jusques au ventre pour leur courir sus. Et feut tout le premier qui y saillit le bon escuyer Jean de Ony cy dessus nommé, qui par son bien faire bon exemple donna aux autres ; et les sarrasins, qui grand couraige avoient contre eulx, se travailloient de les repoulser.

Mais oyez la grande fortune contre nos gens, qui leur doibt tourner à grand los et pris. Car droict à celle heure se leva un vent si grand et si contraire, qu'il n'estoit mie en la puissance de eulx que toutes les galées peussent arriver, ne tout le navire, pour aller aider à ceulx qui combatoient : dont les combatans eurent grand honneur. Parquoy telle fois estoit que la grand presse et quantité des Sarrasins si fort les chargeoit, que à peu leur convenoit rentrer en la marine. Mais adonc revenoit à grand tas le traict des galées de bombardes et de viretons, qui abatoient à tas les plus huppez. Ainsi dura cest estrif par longue piece. Mais que vous en dirois-je ? A la parfin tant vaillamment s'y portèrent nos gens, et tant bien le feirent, que à tres-grand peine le port prirent, mais avant moult y souffrirent.

Ha quel honneur à une poignée de gens, qui n'estoient pas plus de cinq cent contre telle multitude ! Le vaillant chevalier Leonidas, à tout trois cent chevaliers sans plus, deffeit l'ost de Xerxes le grand roy de Perse, quand il le preit à despourveu en ses pavillons. Car jamais n'eust pensé que iceluy Leonidas à si peu de gens eust eu telle hardiesse ; et les histoires en font grand compte et à bon droict. Mais pourquoy ne dirons-nous abysme de hardiesse et de proüesse estre en celuy vaillant mareschal, et en sa noble compaignée, qui ne prit pas les sarrasins despourveus en leurs pavillons; mais luy feut trouvé despourveu de gent, mais non pas de force et de hardiesse, contre si grande multitude de gent, voire en tel faict comme de prendre port si mal à son advantaige. Et toutesfois il vainquit, et si il ne pouvoit avoir secours des siens : car la mer deveint si grosse que les galées ne pouvoient approcher de terre, comme dict est.

Mais ores oyez derechef la vigueur de la tres-grande hardiesse de son couraige, lequel ne s'espouventa pas de se trouver avec si peu de gent contre tant d'ennemis; ains, tout ainsi que si ils eussent esté dix mille, alla prendre place en plaine terre devant la bataille des sarrasins, qui s'estoyent retirez de la marine tous arrangez comme pour combatre; mais si pres d'eulx s'alla mettre, que les sarrasins tiroient de belle visée de leurs arcs dedans la bataille de nos gens. Et ainsi demeura en celle place de pied coy en despit d'eulx l'espace de cinq heures, en attendant que la mer feust accoisée, et qu'il eut toute sa gent afin de combatre les dicts sarrasins, et assaillir la ville, ainsi qu'il avoit proposé; dont moult estoit troublé de l'empeschement que le vent faisoit à arriver son navire. Mais nonobstant toutes ces choses là, se tenoit de tel semblant que oncques sarrasins n'oserent venir contre luy de plain eslans. Et plusieurs fois s'essayerent de rompre la bataille au front de devant, et aucunes fois aux bouts et aux costez; mais pour la tres-belle et saige ordonnance que le mareschal tenoit, tant en arbalestriers qui estoyent environ deux cent, et és gens d'armes qui gueres plus n'estoyent, qui tous se tenoient joincts et serrez ensemble comme un mur, n'eurent oncques les sarrasins la hardiesse de venir enfoncer; et tant comme ils en approchoient, c'estoit à leur grande confusion : car maints en y eut d'occis et d'affollez du traict et du ject des lances. Et ainsi comme vous oyez, le mareschal se teint là tant que ja approchoit la nuict. Et quand il veid que la mer ne s'appaisoit point, parquoy il peust avoir sa gent, dont moult grandement luy pesa d'ainsi faillir à parfournir son intention, en partit en tres-belle ordonnance, et rentra en son navire. Et jugez entre vous, qui ce oyez, si il doibt de ceste valeur et grande hardiesse grand honneur avoir, d'oser tenir pied contre tant d'ennemis, pour le semblant duquel et fiere contenance, et la grande resolution dont ils le voyoient, nonobstant que ils feussent en grand nombre, les espouvantoit, et ostoit cœur et hardiesse. Mais il n'est pas de doubte que si aulcun signe de recreandise ou de peur y eussent veu, luy eussent couru sus, ne jamais pied n'en feust eschappé.

## CHAPITRE XXIII.

*Cy dit comment le mareschal alla devant la Liche; et les embusches que les sarrasins avoient faictes pour le surprendre.*

LE mareschal se partit adonc, et tant erra par mer, nonobstant le grand vent qu'il faisoit, qu'il veint devant une grosse ville qui sied comme à une lieüe de la mer, nommée La Liche; mais quand il veint devant le port, ne trouva pas en sa compaignée le quart de ses galées : car le grand vent qu'il avoit faict la nuict les avoit esloignées et separées les unes des autres, et desvoyées de leur chemin; et pour les grands feux que les sarrasins faisoient sur la marine en faisant grand guet, ne pouvoient choisir l'adresse des galées qui devant alloient. Si demeura là tout le jour le mareschal, et ne vouloit descendre sans tous ses gens : car grande partie de ceulx qu'il avoit avec luy estoient malades et blessez; et y feut jusques à basses vespres, en attendant son navire, dont moult luy ennuyoit : car il ne voyoit mie sur le port plus de trois mille sarrasins, et d'eulx cuidoit-il bien venir à chef. Et adonc arriva son navire; mais il estoit trop tard pour descendre. Ha Dieu! comment est vray le proverbe qui dict : Ce que Dieu garde est bien gardé; et l'Escriture saincte qui dict : Si Dieu est pour nous, qui sera contre nous? Car manifestement on peult veoir en ceste occasion que Dieu vouloit garder le mareschal comme son cher serviteur, et sa compaignée aussi, par ce qui a apparu ainsi, comme compter orrez.

Le mareschal, qui avoit esperance le lendemain au matin besongner, feit mettre en une galée messire Jean d'Outremarin, genevois, et messire Choleton, pour bien adviser deux tours qui siéent sur le port de Liche, en espoir de les assaillir le lendemain; et se tira un peu loing, comme Dieu de sa grace l'en advisa. Quand les sarrasins veirent que il se retiroit, ils cuiderent que il se departist; adonc manifestement descouvrirent leur embusche, et saillirent hors de deux parts, c'est à sçavoir de derriere une montaigne et d'un bois qui estoit entre la ville et le port, bien trente mille sarrasins, et à pied et à cheval, qui tous veinrent sur la marine crians et brayans comme diables d'enfer. Et quand le mareschal et sa compaignée les veirent en telle quantité, loüerent Nostre Seigneur de la grace que il leur avoit faicte, dont l'advanture estoit advenuë parquoy le jour n'estoyent descendus; et le reputerent comme à miracle de Nostre Seigneur, qui de sa grace les avoit voulu sauver.

## CHAPITRE XXIV.

*Comment le mareschal, pour ce que ja se tiroit vers l'hyver, s'en voulut retourner à Gennes.*

DE La Liche se partit le mareschal, car bien veid que impossible seroit à si peu de gens qu'il avoit de forçoyer tant d'ennemis, veu que encores moult estoyent les siens foibles, et que moult en y avoit de malades et blessez. Si s'en retourna derechef en Cypre à Famagouste, pour laquelle cité avoit esté le debat d'entre le roy de Cypre et les Genevois, comme dict est, ausquels elle demeura paisiblement. Et pour ce feut necessité qu'il la visitast. Si oüit de leurs causes et questions, et determina de leurs querelles au mieulx qu'il peut, selon le temps qu'il y arresta, qui ne fut pas plus de huict ou dix jours. Si establit officiers, et leur donna ordonnances de gouverner, et bien leur chargea que bonne justice feissent.

Puis veint à Rhodes, où le grand maistre du dict lieu moult l'honnora et festoya ; et là sejourna environ dix ou douze jours. En celuy espace de temps nue il sejourna, il ordonna que trois de ses naves feussent apprestées ; et là dessus feit monter tous les malades et blessez de sa compaignée, dont il y en avoit grand foison, tant chevaliers et escuyers, comme arbalestriers, varlets et mariniers. Tant que, pour la grande quantité des dicts malades, conveint que le mareschal reteint petite compaignée pour luy : car il meit le plus de ses gens d'armes sur les dictes trois naves, pour les conduire et gouverner. Si estoit demeuré si mal armé, que avec ce que il avoit peu de gens, à peine avoit-il de douze à quatorze cent arbalestriers. Des dictes trois naves les deux se partirent aussi tost comme luy, dont il ne se peut ayder ; et l'autre sejourna à Rhodes un mois, et puis à son retour perit en Sicile : dont dommaige feut et pitié, pour les bonnes gens qui dessus estoyent.

Et ainsi se partit le mareschal du dict grand maistre ; et par le conseil de ses gens, qui moult l'en admonestoient, delibera de s'en retourner à Gennes, sans plus faire pour celle saison : car ja tiroit vers le temps que la mer souvent s'engrosse, pour cause de la mutation des vents, c'est à sçavoir de l'hyver. Si se meit en mer à si petite compaignée, comme dict est. Tant alla sans mal ne sans encombrier, que il veint jusques en la Morée. Et quand il feut là venu, cuidant paisiblement s'en venir le demeurant de son chemin, quand il feut au port que on dict le cap Sainct Ange, adonc luy veinrent deux des naves qu'il avoit laissées à Rhodes, moult bien garnies de bonnes gens

5.

d'armés et d'arbalestriers à grand foison, desquels il ne preit nuls, pour ce que il n'esperoit point en avoir à faire.

## CHAPITRE XXV.

*Comment les Venitiens, pour avoir achoison de faire ce qu'ils feirent apres, se alloient plaignans du mareschal de la prise de Barut.*

Or me convient derechef tourner au faict et à la matiere des Venitiens, pour conclurre et terminer ce que j'ay dict devant : c'est à sçavoir en quelle maniere creva l'enfleure de l'envie portée en leurs couraiges jà par long temps, et le venin qui en saillit laid et abominable. Quand les Venitiens veirent que tout ce qu'ils avoient basty vers les sarrasins contre le mareschal ne leur avoit rien valu, determinerent entre eulx que comment qu'il feust, tandis que ils avoient lieu et commodité, s'ils pouvoient viendroient à leur intention. Car s'il arrivoit à Gennes, à peine jamais y aviendroient, si d'advanture n'estoit que si à point le trouvassent, veu que il estoit moult petitement accompaigné, parce qu'il avoit envoyé grande partie des galées et du navire de son armée, et que il n'avoit soupçon de nul encombrier; et de tout ce se prenoient-ils moult bien garde, comme ceulx qui autre chose ne guetoient que de sçavoir tout son dessein, pour leur poinct mieulx adviser.

Mais par cautele, pour plus couvrir leur mussée

volonté, voulurent trouver aulcune achoison et couleur de cause raisonnable; et vont semer voix et paroles par maniere de plaintes à plusieurs gens, que ils voyoient bien que le mareschal vouloit prendre debat à eulx, et que bien leur avoit monstré en la prise de Barut, auquel lieu leur avoit faict trop grand dommaige en leurs marchandises à grand foison que là avoient, et sans leur faire à sçavoir l'allée: de laquelle chose trop se tenoient mal contents d'ainsi estre desrobez et pillez, et le leur avoir perdu. Tant allerent ces paroles, que par aucuns des amis et bienveüillans du mareschal luy feurent rapportées là où il estoit en la Morée, et que bon seroit qu'il se gardast d'eulx: car il estoit à doubter que ils ne l'aimoient mie.

De ceste chose feut moult esmerveillé le mareschal; si respondit que il ne pouvoit nullement croire ne penser que ce feust vray que ils luy voulussent mal, ne que ils se plaignissent de luy. Car oncques en sa vie ne leur avoit meffaict; ains les avoit traictez en tous lieux où trouvez les avoit, aussi amiablement ou plus comme les propres Genevois, comme ceulx que il reputoit ses amis: et aussi pour tousjours tenir et nourrir paix entre eulx et les Genevois, et que aussi les Venitiens par tout où ils le trouvoient luy monstroient tant de signes d'amour qu'il s'en tenoit tres tenu à eulx. Et quant du faict de Barut, ne pourroit croire que malcontents s'en teinssent: car ils sçavoient bien que plus d'un an devant il avoit envoyé defier le Souldan, pour ce qu'il avoit pris des marchans genevois qui estoyent au Kaire, à Damas et en Alexandrie, et les avoit rançonnez contre son sauf-conduit. Laquelle chose il avoit mandée aux dicts Venitiens, et faict sçavoir, afin qu'ils tirassent leurs biens et marchandises hors du pays, bien dix mois avant que il partist de Gennes; et que ce ne pouvoit estre que ils eussent de leurs marchandises en la dicte ville de Barut : car toute la trouverent vuide. Et d'autre part, tant comme il y fut, ne devant ne apres, ne trouva Venitien ne autre de par eulx qui luy notifiast ne dist que il y eust rien du leur. Car s'il eust sceu que ils y eussent rien eu, ne mesmément autres chrestiens, ja à leurs choses n'eust souffert toucher : car pour grever chrestiens n'estoit mie allé, mais seulement aux ennemis de la foy. Et encores s'il estoit ainsi que ils s'en teinssent mal contents (et ils luy faisoient à sçavoir que és choses prises il y eust eu du leur), sans faillir tout leur feroit rendre; et icelle response leur feroit si aulcune clameur ou plainte luy en venoit, de laquelle chose encores de leur part n'avoit oüy nouvelles. Et quant est que il eust volonté de prendre debat à eulx, ou que eulx se voulussent prendre à luy, s'il en eust eu quelque pensée, il n'eust pas renvoyé quatre de ses galées et autres galiotes de son armée; veu que ses gens estoyent tous foibles encores, et que moult il avoit perdu de ses arbalestriers. Si ne faisoit mie semblant de vouloir nul grever, ne que il eust doubte aussi que nul le grevast. Car s'il l'eust pensé, aultrement se feust garny : car bien en avoit eu le temps et commodité; mais s'en alloit son chemin simplement, comme celuy qui à nul ne vouloit nuire, et pensoit semblablement que nul nuire ne luy vouloit.

Ces choses respondit le mareschal à ceulx qui luy

en parloient. Et tantost arriva au port que on dict le port des Cailles, et là veint coucher. Si adveint en celle nuict, un peu avant le jour, que il arriva un petit vaisseau que on nomme brigantin, et estoit venitien; et cuidoient ceulx qui dedans estoient que ce feussent les galées des Venitiens : car elles n'estoyent pas loing de là, comme oüir pourrez. Celuy apportoit plusieurs lettres de par les Venitiens au capitaine de leurs galées, et à autres de sa compaignée; et feurent ces lectres par ignorance baillées és mains du patron des galées du mareschal, les cuidant celuy auquel elles avoyent esté recommandées bailler en la main du capitaine venitien. Mais quand il s'advisa et apperceut que il n'estoit pas là où il cuidoit, si feut tant esbahy que il ne sçavoit que dire ne que faire. Quand le patron le veid esbahy, il luy demanda où il cuidoit estre. Il dict que aux galées des Venitiens : mais il voyoid bien que non estoit. Et adonc le dict patron porta les lettres et mena le messaiger au mareschal, lequel un petit l'interrogea : mais quand il le veid tant espouvanté, adonc de sa tres-grande liberalité, noblesse de cœur et franchise, et afin que les Venitiens ne peussent trouver nulle cause de eulx plaindre de luy, luy dist debonnairement : « Mon amy, « n'ayez doubte; vous estes entre vos amis, et raurez « vos lettres toutes telles que les avez baillé. » Adonc les luy rendit toutes telles que elles estoyent liées en un fardeau; et luy dit que s'il luy failloit rien, que il le dist, et que il le recommandast au capitaine et à sa compaignée; et ainsi s'en partit.

Quand il feut jour, le mareschal se remeit en son chemin, et celle journée ne trouva advanture qui face à compter: Si veint gesir devant la ville de Modon, de coste une isle qui est appellée l'isle de Sapience. Quand il feut là, il feit jetter le fer, et ancrer celle part. Tantost que ce feust faict, veint une espie des Venitiens en une barque où il y avoit cinq ou six hommes; lesquels, pour sçavoir la route du mareschal, et veoir s'il se doubtoit de rien, et en quel arroy il estoit, demanderent quelles gens c'estoyent. Et il leur feut respondu que c'estoit le mareschal et les Genevois; et l'on leur demanda des nouvelles, et s'ils vouloient aulcune chose que le mareschal peust. Ils dirent que grand mercy, et que nulles nouvelles ne sçavoient. Si les feit-on boire, et à tant se partirent.

## CHAPITRE XXVI.

*Comment les Venitiens assaillirent le mareschal, et la fiere bataille qui y feut. Et comment le champ et la victoire luy en demeura.*

Le dimanche septiesme jour d'octobre, bien matin, se partit le mareschal du port de Sapience devant Modon, et se meit en voye pour tenir son chemin droict à Gennes. Mais ores estoit temps que plus ne feust cachée la felonne volonté des Venitiens, qu'ils avoyent tant gardée celément. Or leur semble veoir temps et lieu de la mettre à effect: car assez despourveu le pouvoient prendre; et eulx au contraire estoyent bien garnis, et de leur faict adyisez. Si n'eust pas le mareschal erré environ deux milles, quand il veid partir de derriere l'isle de Sapience le capitaine des Venitiens accompaigné de onze galées, lequel alla tout droict à Modon, et là preit deux grosses galées de marchandises qui estoyent dedans le port, toutes chargées de gens d'armes jusques au nombre de mille hommes, et avec ce bien dixhuict ou vingt vaisseaux tous chargez de gens d'armes et d'arbalestriers (1); et à tout cela, et leurs onze galées que auparavant avoyent tres-bien armées et chargées de gens d'armes et d'arbalestriers, apres le mareschal tirerent tant comme ils peurent: et feurent mis en tres-belle ordonnance, comme pour donner la bataille. Et avec ce par terre faisoient aller selon la marine grande foison de gens d'armes à pied

---

(1) *De gens d'armes et d'arbalestriers* : les deux généraux s'attribuèrent la victoire. On sera probablement curieux de voir la relation de cette bataille, adressée au doge par Zeno, qui commandoit les Vénitiens. Cette relation est tirée de Marin Sanuto, et citée dans le livre onzième de l'Histoire de Venise, par M. le comte Daru.

« Sérénissime prince, j'ai à rendre compte à votre seigneurie du« cale que le 6 de ce mois j'appris que la flotte du maréchal Bouci« caut étoit mouillée à Sapienza. Je m'en approchai le soir avec vos « onze galères, et deux gros bâtimens qui m'avoient joint la veille. « Celles des Génois avoient leurs feux allumés, ne nous croyant pas si « près. Au point du jour, elles gagnèrent le large : je les suivis, pre« nant les devans avec mes meilleurs vaisseaux; mais d'assez loin, car « je laissois entre elles et moi un intervalle d'environ huit milles. Dès « que les Génois m'aperçurent, ils revirèrent de bord. Ma première « pensée fut que le maréchal vouloit me parler; mais quand je vis que « toute son escadre suivoit ce mouvement, et qu'elle faisoit des efforts « pour me joindre, je ne doutai plus de sa véritable intention. Je « donnai le signal; on fit force de voiles et de rames pour l'attaquer. « Le combat s'engagea très-vivement, et dura quatre heures avec une « grande perte des deux côtés : mais Dieu et la protection de saint « Marc nous donnèrent la victoire; l'ennemi fut contraint de prenet à cheval, afin que le mareschal et sa compaignée ne peussent eschapper par nulle voye, au cas que par peur ou par quelque advanture pour se sauver vers terre se retirast.

Le mareschal, qui voyoid de loing toute celle ordonnance, n'avoit pourtant contre eulx nul soupçon, ains cuidoit que ils se departissent en telle forme du pays de delà, pour eulx en venir droict à Venise : car jamais n'eust peu penser que sans le defier, ou luy faire à sçavoir, luy veinssent par telle voye courir sus et l'assaillir. Si exploicterent tant leur erre les Venitiens, que en peu d'heures feurent moult approchez. Adonc les gens du mareschal, qui en tel arroy venir les veirent, luy dirent que sans faillir les Venitiens venoient

« dre la fuite avec huit galères, en laissant trois en notre pouvoir.
« Si tout notre monde eût fait son devoir, aucune n'auroit échappé.
« Si Dieu permet que je rentre à Venise, je prierai votre seigneurie
« d'ordonner une information contre ceux dont la mauvaise con-
« duite a sauvé les ennemis. Je n'ai rien à dire de la mienne. Le ma-
« réchal de Bouçicaut m'a attaqué avec sa galère, sur laquelle il y
« avoit près de trois cents hommes. Pendant plus d'une heure, j'ai
« eu à défendre ma capitane contre cette galère et deux autres.
« L'ennemi est venu à l'abordage ; nous avons eu à combattre corps
« à corps sur notre propre pont : nous avons été assez heureux
« pour le repousser. Une seule de nos galères, celle de Léonard Mo-
« menigo, est venue à notre secours, et nous a dégagés, en chargeant
« les ennemis avec beaucoup de vigueur. La capitane génoise étoit
« déjà hors de combat ; elle s'est retirée, pouvant à peine faire ma-
« nœuvrer vingt avirons. Si elle eût été poursuivie, elle tomboit
« entre nos mains ; mais on n'a obéi à aucun de mes signaux, et je
« ne pouvois moi-même entreprendre cette chasse, n'ayant pas à
« mon bord trente hommes en état de combattre. *Si nous n'avions*
« *eu affaire qu'à des Génois*, la victoire auroit été bien plus com-
« plette. »

Cette dernière phrase est le plus bel éloge que Seno pouvoit faire des Français et de Boucicaut.

contre eulx en trop mauvaise contenance d'amis : car ils estoyent tres-grand nombre de gens armez en toute ordonnance de bataille, les arbalestriers tous prests de tirer, et les gens d'armes les lances droictes, et toutes choses apprestées comme il appartient pour assembler et pour combatre. Et pour Dieu qu'il y advisast, si que de son opinion ne feust mie deceu : par quoy se trouvast surpris, desarmé et despourveu.

Quand le mareschal veid la maniere, et que c'estoit à certes (1), adonc n'eut-il en luy que courroucer. Si feit hastivement ses gens armer, si peu qu'il en avoit : car mal en estoit garny. Et trop luy pesoit de ce que deux jours devant avoit congedié deux des naves de son armée toutes chargées de gens d'armes et d'arbalestriers ; et s'il eust cuidé ceste advanture, bien s'en feust gardé : mais jamais ne l'eust pensé. Et à tout ce avoyent bien pris garde les Venitiens, et pource le surprirent à leur advantaige. Si meit ses gens tantost en ordonnance, et ses arbalestriers, si peu qu'ils estoyent; et tantost feit tourner vers les Venitiens les proües de ses galées, et tout appareiller pour assembler, si besoing estoit. Toutesfois il feit expresse defence que nul ne feist semblant de tirer à eulx bombarde, ne autre traict : car encores ne pouvoit du tout croire que en mauvaise intention contre luy veinssent ; et ne sçavoit si ils venoient pour parler à luy pour aucune restitution du faict de Barut, si comme on luy avoit dict que ils s'en tenoient mal contents, ou pour autre chose. Si ne

---

(1) *A certes :* tout de bon.

vouloit nullement contre eulx commencer debat.

Quand ils feurent assez approchez, adonc s'arresterent tout coys, pour eulx du tout mettre en arroy de combatre, comme il affiert en mer; et leurs voïsles prirent à ployer, à ce que elles ne leur nuisissent : et à toutes leurs choses bien appointer. Semblablement estoit arresté le mareschal avec tous les siens, pour les mettre en arroy tout au mieulx que faire se pouvoit. Et adonc veid bien que c'estoit à certes. Si pria moult et enhorta ses gens que ils se defendissent vigoureusement : car il avoit esperance en Dieu que ainsi comme autresfois leur avoit aydé, à ce besoing ne leur fauldroit point; et ainsi le manda en toutes ses galées.

Quand les Venitiens feurent bien mis en arroy, adonc prirent à naviger à effort tant comme ils peurent vers le mareschal; et luy, qui oncques ne s'esbahit, semblablement veint de randon vers eulx. Si s'escrierent iceulx Venitiens, en disant : Bataille! bataille! et avec ce saluërent les nostres de bonnes bombardes, et commencerent les premiers. Mais nos gens ne leur gauchirent mie, ains lancerent vers eulx de bombardes et de traict sans nulle espargne. Si preirent à approcher; ainsi tirans les uns aux autres si druëment que plus ne pouvoit estre, tant que si pres feurent que ils veinrent au pousser des lances, et que les galées s'entrejoignirent. Lors commença la bataille dure et aspre, et mortelle, et à bonne lance les uns contre les autres; dont maints y perdirent la vie. Apres les lances s'entrecoururent sus main à main à dagues, et à haches et espées. Et là veissiez nos gens fort envahis et durement assaillis; mais leur grand vaillance, qui autres fois et en tant de lieux s'estoit grandement demonstrée, ne fut mie adonc amortie; ains tant vigoureusement se defendirent, que oncques gens mieulx ne le feirent. Si n'estoit mie le jeu esgal quant à la quantité de gens : car pour un, quatre y en eut des ennemis, et presques le double de navire. Si eurent les nostres moult à souffrir, pour la foison de gens d'armes et traict qui feut contre eulx. Mais comme ils se combatoient par grand vertu, ce n'estoit merveilles s'il y en eut moult d'occis et de navrez; et maints en verserent le jour en la marine noüer tous armez avec les poissons. Et les veissiez saillir apertement, et courir par grand vertu aux galées et au navire de leurs adversaires, nonobstant que moult les grevassent les deux grosses galées qui les surmontoient de haulteur, qui trop leur nuisoit. Mais ire et desdaing de ce que se voyoient ainsi surpris accroissoient leurs forces et leurs couraiges ; parquoy à merveilles s'advanturerent pour eulx venger, si faisoient là merveilles de leurs corps. Helas! et si esgaulx feussent de nombre, comme tost feust la chose par eulx expediée! Mais trop estoit grande l'assemblée de leurs ennemis, et y avoit moult bons gens d'armes souldoyers : car les Venitiens, qui bien congnoissoient la vaillance et proüesse du mareschal et de sa compaignée, avoient pris gens d'eslite, tous les meilleurs que finer (1) peussent.

Longuement dura ceste bataille par la vigueur de nos gens, que les autres taschoient à desconfire : mais il ne leur feut mie léger à faire; car trop y trouverent

---

(1) *Finer :* trouver.

grande resistance. Si feurent toutes les galées entremeslées, qui main à main se combatifent si durement, que grande cruaulté estoit de veoir deux parties qui oncques meffaict n'avoient les uns aux autres, que telle occision feust entre eulx. Car aussi mortellement s'entre-envahissoient, comme si ce feust pour la vengeance de pere ou de mere morts, ou de perte perpetuelle. Et le tout par l'iniquité et l'envie de l'une des parties, comme dict est. Ha! faulse envie, que tu as basty de males œuvres, et maints as livré à honte! Mais ce ne feras-tu mie de ce vaillant mareschal pour ceste fois, ne jamais, si Dieu plaist : car Dieu l'a en sa garde. Entre les aultres que vous diroye du dict preux combatant, et de ceulx de la galée où son corps estoit, qui fut accouplée à celle du capitaine des Venitiens? car Dieu sçait comment luy et les siens vaillamment le feirent : luy, pour conforter ses bons combattans, et eulx par son exemple, et pour garder et defendre leur bon chevetaine et seigneur. Ce n'estoit sinon merveilles à veoir, et leurs ennemis aussi moult les requerroient : car, comme dict est, gens estoyent en armes tres-esleus et esprouvez. Mais nonobstant ce, ceulx de la dicte galée du mareschal, comme loups affamez ou enragez, sailloient en celle du capitaine si druëment, et couroient parmy, faisans les traces de leurs coups, que si tost n'eust esté secouruë, moult petit eust eu de durée. Mais les dictes deux galées grandes et hautes, qui aux deux lez (1) la targerent (2), feirent au mareschal et aux siens trop d'encombrier : car de là sus lançoient les ennemis à eulx, qui moult en oc-

---

(1) *Lez* : côtés. — (2) *La targerent* : l'arrêtèrent.

cirent. Et à brief parler, à quoy plus long compte vous tiendroye?

Bien l'espace de quatre heures dura ceste meslée, qui moult est grand merveille comment ce peut estre que tant durast. Ainsi, comme oüir pouvez, feut moult dure ceste bataille, où le mareschal et sa gent si vaillamment se porterent, comme dict est, que en fin le champ leur demeura. Mais à dire toutes les vaillantises que chascun endroict soy y feist, long seroit à racompter. Et pour l'honneur d'eulx et de leurs lignées, et pour exemple de bien faire à ceulx qui nommer les oiront, est bien raison que les noms soyent ramenteus en cest endroict des principaulx qui vaillamment s'y gouvernerent.

Le premier que par droict nommer debvons est leur vaillant chevetaine le bon mareschal, par la force duquel hardiesse et sçavoir en eurent l'honneur. Là feut aussi le bon Chasteaumorant, qui de bien faire ne s'y faignit, comme il y parust à luy et à ses ennemis; messire Louys de Culan, messire Jean Dome, messire Robinet Fretel, messire Jean Le Loup; et des escuyers Guichart de Mage, Robert de Tholigny, Regnauld Descambronne, Richard Monteille, Jean de Montrenart, Charlot de Fontaines, Odart de La Chassaigne et Jean de Ony, lequel en ceste bataille entre les aultres y feit tant de sa part, que il emporta, au dict des amis et des ennemis, à merveilles grand los. Et s'il y besongna, bien y parut à son corps, lequel, nonobstant que il feust bien armé, feut navré de plusieurs playes comme mortelles. Et avec les dessus dicts nommez, plusieurs autres, qui long seroit à racompter, tres-vaillamment s'y porterent, et generalement tous les François, et plusieurs Genevois et autres.

Et à la parfin les ennemis, qui ja estoyent lassez, et qui veirent que nonobstant tout leur effort et toutes leurs cauteles, pour neant s'efforçoient de desconfire le preux combatant, et que trop y perdoient des leurs, moult se voulurent retirer: s'ils eussent aulcunement peu à leur honneur, et en gaignant ou recouvrant quelque chose de leur perte. Adonc tant s'efforcerent que ils encloüirent entre eulx trois des galées du mareschal qui sur eulx trop s'estoyent advanturées, et des aultres les separerent; et icelles trois tant pourmenerent que prises les emmenerent, et laisserent le champ au vaillant combatant, à tout le demeurant de sa gent, qui grand honneur en doibt avoir. Toutesfois toutes ne s'en allerent les galées des ennemis : car malgré eulx en reteint une. Et les autres, comme vaincus, laisserent la place, et fuyant s'en allerent retirer et ficher en leur ville de Modon, dolens et marris dont avoyent failly à leur intention. Et le mareschal et les siens de la place ne se bougerent, jusques à ce que ils en eurent perdu la veüe.

## CHAPITRE XXVII.

*Comment le mareschal s'en alla à Gennes, irrité contre les Venitiens; et des prisonniers qui feurent emmenez d'un costé et d'autre.*

Ainsi, comme vous oyez, demeura le champ de la bataille au preux mareschal, à tout le demeurant de sa gent; et les Venitiens, comme vaincus, se retirerent et le laisserent. Mais tant demeura dolent et indigné de ceste adventure, dont jamais ne se feust donné de garde, et de ce que ainsi avoit esté pris au despourveu, et aussi de la perte que il avoit faicte de sa gent, que nul ne pourroit dire comment son cœur feut gros et enflé contre les Venitiens. Mais ceste trahison cuida-il bien venger. Si dict que à ce ne fauldroit-il point, si Dieu luy donnoit vie.

Si se partit à tant de la place, et environ soy rassembla ses gens et ses galées, au mieulx qu'il peut. Mais bien vous promets que ils ne sembloient mie gens venans de feste ou danse : car à merveilles estoyent lassez, navrez et desrompus, et n'estoit mie de merveilles. Si les reconforta et visita par grand amour et pitié le bon mareschal : et non pourtant quatre jours apres la bataille dessus dicte, comme le mareschal tenoit son chemin droict à Gennes, rencontra deux naves de Venitiens. Sur icelles voulut en partie venger son ire : si les feit tantost assaillir si durement que gueres ne durerent, ains feurent tost prises, et les emmena avec luy à Gennes. Si estoyent les dictes naves bien garnies de biens et de bons prisonniers, lesquels il reteint jusques à ce que les Venitiens luy rendirent les siens. Mais avec ce moult luy estoit le cœur dolent de ses bien-aimez gentils-hommes qui feurent emmenez prisonniers, où moult avoit de vaillans gens, dont le principal d'eulx estoit le vaillant et bon chevalier Chasteaumorant, qui le jour avoit souffert et moult faict d'armes; et avec luy trente quatre chevaliers et escuyers, tous gens d'eslite, de grand honneur et renommée, et autres plusieurs bons et notables Genevois et autres, qui feurent pris és deux autres galées. Aussi y avoit grand foison de gentils-hommes de renommée et de grand honneur en la galée qui par nos gens feut prise, comme dict est. Et que tels feussent, y parut quand veint au faict de leurs rançons et delivrances, si comme oüir pourrez.

Et ainsi arriva le mareschal à Gennes, où il feut à si grand honneur et joye receu de tous les plus grands, et generalement de tout le peuple, que onques seigneur ne feut receu à plus grand feste. Mais à tant vous lairrons du mareschal, et dirons du seigneur de Chasteaumorant et des autres prisonniers que on menoit à Venise.

## CHAPITRE XXVIII.

*De la pitié des prisonniers françois.*

QUAND Chasteaumorant avec la compaignée des autres prisonniers feurent arrivez à Venise, adonc on les ficha en bonne forte prison; et selon la coustume en tel cas, je croy qu'ils n'eurent mie toutes leurs aises: car dur giste et petit repas, et du mal assez, leur faisoit compaignée. Helas! si n'en eussent-ils mie eu mestier: car navrez, malades et blessez, plusieurs d'eulx estoient. Et si oncques eurent eu aise, joye et repos, adonc en eurent-ils souffreté: mais ainsi sont souvent servis ceulx qui honneur quierent et pourchassent, et bien doibvent estre hault eslevez les bons qui si chere chose vont poursuivans. Or feurent ainsi là à grand tourment et meschef de cœur, de corps et de pensée: car bien sçavoient que le mareschal estoit tant indigné contre les Venitiens, et à bon droict, que pour rien n'eust laissé de leur faire guerre et de s'en venger. Si ne sceurent que faire, ny quel conseil prendre: car bien feurent informez des coustumes des dicts Venitiens, c'est à sçavoir que au faict de leurs guerres jamais les prisonniers que ils prennent ne sont delivrez, jusques à ce que la guerre soit faillie, qui peult aucunes fois durer tout l'aage d'un homme. Si pouvez penser, vous qui ce oyez, en quel soucy ces bons gentils-hommes debvoient estre.

Le bon Châsteaumorant, le saige au cœur constant, en qui ne default vertu que bon, vaillant et preux doibve avoir, lequel pour male fortune ne se trouble, ne pour la bonne moult ne s'esjoüist, feut entre eulx comme leur chef. Si les reconfortoit par ses bons admonestemens, et leur mettoit Dieu en memoire, comme celuy qui l'aime, sert et craint; et leur disoit que à luy retournassent et y eussent fiance, et que sans faillir point perir ne les lairroit: et avec ce, que ils eussent cœurs de gentils-hommes forts et

6.

endurcis, et qui pour rien ne se doibvent douloir, ne delaisser bonne esperance, ne cheoir en desconfort. Et ainsi souvent les reconfortoit, et iceulx prenoient grande consolation.

Mais ne croyez mie que le bon vaillant mareschal oubliast ses bons amis pourtant s'il ne les voyoit, et s'ils estoyent enchartrez, comme souvent sont oubliez des princes (dont est pitié) ceulx qui sont à cause de leurs guerres pris et destruits. Nenny certes. Mais au plus tost qu'il peut les envoya reconforter de faict et de paroles. Car argent assez et largement leur envoya, et manda que de rien n'eussent melancolie : car il ne leur fauldroit jour de sa vie; dont ils feurent moult reconfortez.

## CHAPITRE XXIX.

*Comment les prisonniers mettoient peine, par leurs lettres vers les seigneurs de France, que le mareschal ne feist guerre contre les Venitiens, afin que leur delivrance n'en feust empeschée.*

Tout ainsi qu'il est de coustume que toute personne qui se trouve en aulcune maladie ou desolation cerche volontiers sa salvation et santé, et cerche diligemment voye de la trouver; iceulx par plusieurs fois vers Chasteaumorant à conseil se meirent, pour adviser qu'ils pourroient faire pour estre tirez hors de celle caige. Si en disoit chascun son bon advis, et sembloit aux aulcuns que bon seroit d'escrire piteusement de leur estat à leur bon maistre le mareschal ; que pour Dieu il eust pitié de ses bien-aimez gentils-hommes, et que il voulust aulcunement fleschir à son grand et hault couraige, nonobstant la grande injure faicte à luy par les Venitiens. Parquoy, pour compassion d'eulx qui en seroyent destruicts et morts par adventure par longue dure prison ou aultrement, se voulust deporter d'entreprendre la guerre. Les autres disoient que bon seroit que ils escripvissent aux princes de France, en les suppliant humblement pour Dieu que ils voulussent mettre paix et accord entre le mareschal et les Venitiens, ou sinon ils estoyent perdus. Ces deux voyes leur semblerent bonnes : mais non pourtant les plus advisez doubterent que la grande ire, propos et volonté du mareschal de faire guerre aux Venitiens ne peust estre desmüe, ne pour pitié d'eulx, ne pour quelconque priere de prince, ne aultrement, si n'estoit seulement par une voye : c'est à sçavoir par le seul commandement de son souverain seigneur le roy de France, à qui de rien ne vouldroit desobeir. Bien le sçavoient ; et s'ils pouvoient advenir par leurs prieres et piteuses requestes que le Roy luy mandast expressément par ses lettres, par ce point seroient guairis.

Tel appointement leur sembla bon, et à celle conclusion se teinrent, et d'ainsi faire le conclurent ; et mesmement avec ce que ils se ayderoient des autres deux voyes dessus dictes. Adonc les veissiez tous ensemble escrire lettres au mareschal pour ceste requeste : dont l'un ramentevoit l'amour que autres fois avoit trouvé en luy ; l'autre, comment il avoit veu sa grande pieté demonstrer par divers cas ; l'autre assignoit raison que ainsi il le debvoit faire pour eschever plus grand mal; l'autre, qu'il feroit aumosne et grand bonté de souffrir pour les reschapper de mort; et ainsi diversement tant piteusement à luy se recommandoient, comme ceulx que grand desir menoit, que quand les lettres veindrent és mains du mareschal, il ne feust oncques en la puissance de son noble couraige que les larmes ne luy couvrissent la face, pour la pitié et amour qu'il avoit à ses bons amis. Mais pourtant ne se pouvoit desmouvoir de non vouloir la guerre, pour laquelle s'apprestoit tant et hastivement commé il pouvoit. Mais les pauvres prisonniers reconfortoit par ses messaigers, et feit parler aux Venitiens de les mettre à rançon aux guises de France : mais rien n'y valut, car ils dirent que ce n'estoit pas leur usance.

Adonc veissiez les pauvres prisonniers escrire en France aux seigneurs ausquels ils estoyent de service : car les aucuns estoyent au Roy, les autres au duc de Berry, autres au duc d'Orleans, ou de Bourgongne, ou de Bourbon, et ainsi à plusieurs; et chascun supplioit humblement son seigneur et maistre que pour Dieu ne les voulust oublier, ne laisser là pourrir en prison. Lesquelles requestes meurent les seigneurs à grand pitié, si qu'ils escrivirent hastivement au mareschal de ceste chose; et feirent tant que le Roy luy escrivit que il n'en feist plus jusques à ce que il auroit deliberé en son conseil ce qu'il vouldroit qu'il en feust faict.

De ceste defence feut moult dolent le mareschal; mais ne voulut desobeir, si se souffrit à tant pour celle fois. Et en ces entrefaictes se entremeirent aucuns bons moyens de traicter paix et delaisser la guerre, et singulierement pour cause des dicts prisonniers. Long feut le traicté de ceste paix, car le mareschal jura qu'il n'y seroit veu ny oüy; mais puis qu'il plaisoit au Roy et à nosseigneurs, il consentoit bien que les Genevois accordassent selon leur bon plaisir, et il ne leur contrediroit. Si feut à la parfin paix faicte entre eulx, dont les Venitiens eurent grand joye ( car ils n'en estoyent mie sans soucy et peur) : à condition que prisonniers pour prisonniers seroyent rendus, et qu'il n'en y eust plus. Et ainsi feut accordé et faict. Et à tant feurent delivrez nos prisonniers, qui feurent huict mois entiers és prisons des Venitiens. Mais comme par divine volonté les choses viennent aulcunes fois pour le mieulx, on doibt Dieu loüer de celle prinse : car elle escheva la guerre, dont grand mal et meschef s'en feust ensuivy.

## CHAPITRE XXX.

*Comment les Venitiens s'envoyerent excuser envers le Roy de ce que ils avoyent faict.*

APRES ces choses, les Venitiens, qui doubterent la malegrâce du roy de France et des princes françois pour l'achoison de ce qu'ils avoient faict, et dont les François avoient tenus prisonniers, pour eulx excuser envoyerent leurs ambassadeurs devers le Roy, qui portoient lettres de la seigneurie de Venise avec leur creance. Par ces lettres et ambassadeurs se envoyoient moult excuser de ce faict, disans que le mareschal leur avoit faict trop grand tort et dommaige à Barut, et pris leurs biens et marchandises. Et avec ce, quand ils s'en venoient vers luy pour luy dire et remonstrer amiablement, et prier que restitution leur feist de leurs biens, que il leur courut sus, et premier les assaillit. Et eulx, comme contraints, se meirent en defense : pour laquelle chose Dieu leur avoit donné la victoire, si comme il apparust. Et pource ne leur debvoit sçavoir le Roy, ni nosseigneurs, nul mauvais gré. Telles choses et assez d'autres mensongeres pour leur excuse dirent au Roy et à nosseigneurs : mais n'en feurent pourtant creus, ne grand foy on n'y adjousta. Et ainsi s'en allerent à petite chère, et à froide responce.

Le mareschal, qui par ses amis de par deçà entendit ceste nouvelle, lesquels luy avoyent envoyé la coppie des lettres que on avoit apportées au Roy, en feut tant fasché que plus ne se peut; et lors luy sembla bien avoir achoison de mouvoir noise et debat comme il desiroit aux Venitiens. Et pour celle cause, et pour monstrer leur tort et mensonge, leur escrivit les lettres qui cy apres s'ensuivent, ausquels les Venitiens n'oserent oncques faire response. Et vrayement comme en armes il demonstroit sa vaillance, et au gouvernement sa prudence, pareillement en escriture apparoissoit son sçavoir au contenu d'icelles, lesquelles par luy sans autre feurent dictées, si bien et en si bel et notable style comme on peut veoir, et comme nul clerc rhetoricien pourroit faire, selon le langaige plain et bien ordonné de quoy on doibt user au devis du faict d'armes. Si pouvons conclure, par ce qu'il nous appert, iceluy mareschal estre és graces comprises en sens et faicts vaillans tout remply.

## CHAPITRE XXXI.

*Cy ensuit la teneur des lettres que le mareschal envoya aux Venitiens.*

« Au nom de Dieu qui toutes choses a faictes, et qui congnoist toutes personnes, et qui sur toutes choses aime verité et hait mensonge, je, Jean Le Maingre, dict Boucicaut, mareschal de France et gouverneur de Gennes, à vous Michel Steno duc de Venise, et Carle Zeni citoyen d'icelle cité, fais à sçavoir que j'ay receu la coppie d'unes lettres que vous Michel Steno avez envoyées en France au Roy mon souverain seigneur, escrites à Venise le penultiesme jour du mois d'octobre dernier passé. Du contenu desquelles, si ce ne feust l'usance et coustume de vous, et vos predecesseurs tenans le lieu que vous tenez, je me donnerois grand merveille, pource qu'elles sont toutes fondées sur mensonge, sans y avoir mis nul mot de verité; et ausquelles j'eusse faict pieça response, si n'eust esté pour doubte d'empescher la delivrance des François et Genevois, que contre droict et raison avez detenus prisonniers. Et pour ce maintenant la vous fais, et respons aux articles contenus en icelles en la maniere qui s'ensuit.

« Et premierement à ce que en vos dictes lettres est contenu que au mois d'aoust dernier passé, environ le dixiesme jour, je, courant par la marine de Syrie avec les Genevois, ay desrobé les biens et marchandises de vos Venitiens estans à Barut, et qu'il ne profita point que par vos Venitiens m'eust esté dict les dicts biens et marchandises estre leurs, et d'autres Venitiens, et que en oultre ay prins aultres vos naves : je vous respons que il est vray que quand les ambassadeurs que j'avois envoyez devers le roy de Cypre eurent faict la paix, et je me trouvay en Cypre avec l'armée que adonc avoye, non voulant perdre la saison, regardant le tort et oultraige que le Souldan avoit faict aux marchans et biens des Genevois, et au commun de la cité de Gennes (laquelle cité j'ay en garde et gouvernement pour le Roy mon souverain seigneur), et que à bonne et juste cause j'estoye tenu de faire guerre et dommaige au dict Souldan et à ses pays et subjects; ayant volonté d'aller en Alexandrie, et pour le temps et vent contraire ne pouvant accomplir le desir que j'avois, je deliberay d'aller és parties de Syrie, où je les trouvay bien advisez de la venuë de moy et de mon armée, par les lettres et messaigers que vos Venitiens leur avoyent envoyé, qui estoit contre Dieu, contre loyauté, et contre tout ce que bon chrestien doibt faire.

« Et environ le jour que en vos dictes lettres est contenu, veins descendre au dict lieu de Barut, ou pres. Paravant ma quelle descente voyant une griperie partant du port, envoyai une de mes dictes galées apres elle; et feut prise et emmenée la dicte griperie, laquelle estoit de vos Venitiens, qui par l'ordonnance de vostre conseil de Nicocie estoit allée plusieurs jours avoit au dict lieu de Barut, pour faire à sçavoir aux sarrasins la venuë de moy et de ma dicte compaignée. Et neantmoins peu de temps apres que je l'eus faict prendre, pour monstrer amitié envers vous plus que tenu n'y estoye, feis delivrer la dicte gripperie et les hommes qui dessus estoyent; sans leur faire nul dommaige en l'avoir, ne en leurs personnes (de laquelle chose je fais grande conscience); et que tous les Venitiens et gens qui estoyent dessus ne feis pendre ou jecter en la mer, pource que l'œuvre que ils avoyent faicte et faisoient estoit traistresse à Dieu et à la chrestienté.

« Et quant aux biens et marchandises qui au dict lieu de Barut feurent trouvez, il est bien à penser et doibt-on croire fermement que puis que vos Venitiens y avoient faict sçavoir ma venuë, comme dict est, qu'ils avoient bien pourveu à lever les biens et marchandises que ils y avoient. Et bien est vray que moy estant à la terre comme en terre d'ennemis, abandonnay à prendre ce qui s'y pourroit trouver : laquelle prise feut petite, pour ce que il s'y trouva peu. Apres laquelle prise et demeure faicte en la ville l'espace et temps que le cas le requiert, ayant faict bouter feux par la dicte ville, me retiray en mes galées, sans ce que moy estant en la dicte terre, ne moy retiré en mes dictes galées, feust pour lors à moy venu homme quelconque Venitien, ne autre pour eulx, me demander nulle restitution de biens, ne de proye qui y eust esté prise, comme mensongeusement l'avez escrit. Car Dieu sçait si elle m'eust esté demandée, que de bon cœur et de bonne volonté eusse faict restituer ce que de raison eust esté; pource que je n'avois intention ne volonté de porter dommaige à vos Venitiens, ne autres chrestiens : mais tant seulement au dict Souldan, ses pays et subjects, ausquels j'avoye la guerre.

« Et à ce que vous adjoustez que tantost apres la prise de Barut j'ay pris autres vos naves ; si ne feust, comme dict est dessus, vostre usance accoustumée d'escrire et dire mensonges plus que nulles autres gens et nations qui soyent, je me donnerois grand merveille : car vous mesmes sçavez bien et pouvez bien sçavoir que le contraire de ce que avez escript est la vérité. Et toutesfois si j'eusse voulu, j'en pouvois assez prendre : car à Lescandelour, à Famagouste, à Rhodes, tant à mon aller comme à mon retour, et en plusieurs autres lieux sur la marine, tant à la coste de Syrie comme ailleurs, j'ay assez trouvé de vos naves et autres vos navires en grand nombre, lesquels estoyent bien en ma puissance d'en faire ce que je vouloye : mais par tout où je les ay trouvées je les ay traictées aussi bien ou mieulx que si ce feussent navires de Genevois.

« Et quant à ce que en vos dictes lettres est contenu que environ le septiesme jour d'octobre dernier passé, moy, accompaigné de onze galées, me trouvay autour de Modon, et que là vous, Carle Zeni, capitaine des galées des Venitiens, deliberastes de vous monstrer amiablement à moy et à mes galées, pour vous complaindre et requerir satisfaction des choses qui par moy et ceulx de ma dicte compaignée avoyent esté ostées à Barut et ailleurs aux marchans venitiens, et que lors moy et mes galées tournasmes les proües encontre vous, et les vostres monstrans et tenans maniere d'ennemis ; et que vous ce voyant, comme contrainct et ne pouvant autrement faire, feistes le semblable vous et vos galées encontre moy et les miennes, et tant que par mon default et coulpe feust dure bataille entre les parties, en laquelle bataille feurent prises trois de mes galées, et les autres se meirent à la fuite : je vous respons en la maniere qui s'ensuit. Il est vray que au retour de mon voyage je m'en veins vers Rhodes, duquel lieu de Rhodes je partis avec onze galées pour venir en ma compaignée. Et ces miennes galées, pour le long voyage que faict avoye, où j'avoye eu et laissé plusieurs de mes gens morts, blessez et malades, estoyent tres-mal armées, tant de mariniers comme de compaignons, arbalestriers, et encores moins de gens d'armes. De laquelle chose, pour les mieux armer ne appareiller, nonobstant que bien l'eusse peu faire de gens, comme vous sçavez qu'il y en avoit beaucoup et de bons au dict lieu de Rhodes, je ne me soucioye, pource que je n'avoye soupçon en mon retour de vous ne d'autres chrestiens, que je tenois tous amis; et par especial de vos Venitiens, pour les belles bourdes polies et paroles mensongeres que vous Carle Zeni m'aviez dictes et par plusieurs fois mandées, combien que je sceusse bien que és dictes parties de Modon vous estiez avec les galées des Venitiens.

« Ainsi doncques, accompaigné des dictes onze galées, m'en veins mon chemin pour venir droict arriver au dict lieu de Modon, devant lequel lieu, c'est à sçavoir en l'isle de Sapience, moy et mes dictes galées jectasmes le fer le sabmedy sixiesme jour du dict mois d'octobre, cuidans estre en lieu d'amis, et pour donner à chascun congnoissance de la volonté et intention ferme que j'avoye de non offenser nulle de vos galées, ne naves, ne autres choses venitiennes; et que si j'eusse eu autre volonté et intention, je l'eusse bien peu faire. Il est vray que peu de jours avant que j'arrivasse au dict lieu de Sapience, j'avois licentié deux galées de Scio qui estoyent en ma compaignée, une galée et une galiote du seigneur de Metelin, une galée et une galiote de Pera, une galée du seigneur Desne, une autre de mes galées que j'avois envoyée en Alexandrie, et deux ou trois galiotes. Toutes lesquelles galées et galiotes, si j'eusse eu envers vous autre volonté que bonne, j'eusse amenées avec moy: car il ne le me failloit que commander. Et en oultre, le jour avant que je arrivasse au dict lieu de Sapience, moy estant au cap Sainct Angel, me veinrent trouver deux des naves de mon armée bien fournies de gens d'armes et arbalestriers; en l'une desquelles estoyent bien huict cent hommes armez ou plus. Lesquels gens d'armes et arbalestriers, si j'eusse voulu, je pouvoye prendre et lever, et les departir sur mes dictés galées à ma volonté. Et d'autre part, en ce mesme lieu, pres du dict cap Sainct Ange, veint un vostre brigantin ou griperie de Candie, un peu devant le jour, arriver à mes galées, cuidant que feussent les vostres; lequel apportoit plusieurs lettres à vous Carle Zeni, et à ceulx de vostre compaignée.

« Le porteur desquelles estant sur ma galée, et icelles lettres baillées en la main de mon patron, me demanda mon dict patron que je vouloye qu'il en feist; auquel je respondis que je vouloye qu'il les luy rendist sans les ouvrir, et que je ne vouloye point que à luy ne autres Venitiens quelsconques, ne à leurs biens, feust aulcunement faict tort ou desplaisir, et qu'il le licentiast courtoisement. Et ainsi feut faict. Et encores celle mesme nuict que j'arrivay au dict port de Sapience, peu apres ma venuë, veint une vostre barque, aux gens de laquelle moy faisant parler par aucuns des miens, et demander des nouvelles, feut par eulx respondu que vous Carle Zeni estiez à tout onze galées à Portogon, et que deux grosses galées estoyent à Modon, avec plusieurs autres navires grans et petits; de l'une desquelles grosses galées celle mesme barque estoit, comme ils dirent. Laquelle barque, apres toute courtoisie à luy offerte, je feis courtoisement licencier.

« Et le lendemain, qui feut le dimanche septiesme jour dessus dict, me partis bien matin du dict port de Sapience avec mes dictes galées, pour m'en venir mon chemin devers Gennes, en volonté de lever au port de Ion eaüe, dont mes dictes galées estoyent mal fournies. Et ainsi comme je feusse allé deux ou trois milles tirant droict au dict lieu du port de Ion pour lever eaüe, comme dessus est dict, vous monstrates vous Carle Zeni à tout onze galées parties du dict lieu de Portogon, et allant vers Modon : en quoy je ne pris nul soupçon. Auquel lieu vous ayant faict comme nulle demeure, vous apparustes derechef, et monstrastes à tout vos dictes onze galées, et à tout les deux grosses dessus dictes qui paravant ne s'estoyent à nous monstrées : en laquelle chose ne preins semblablement soupçon ne pensée aulcune, fors que de veoir amis. Et mes galées, comme dict est dessus, estant petitement armées, et parce pouvans peu exploicter de chemin, moy n'ayant aussi en ce trop grande volonté, pource que lors je m'appensay que vous estiez parti pour prendre vostre chemin droict à Venise, ou que vous aviez volonté de parler ou faire parler à moy, vous qui la trahison et mauvaistié que aviez intention de faire aviez longuement bastie, exploictastes de chemin en telle maniere que en peu d'espace feustes bien prochain de moy et de mes dictes galées. Laquelle vostre venuë je voyant hastive sur moy et sur ma dicte compaignée, et aussi voyant vos dictes onze galées et les deux grosses venans en bataille et ordonnance, chargées, outre ce qu'il est de coustume, de tres-grand nombre de gens d'armes dont les lances, harnois et personnes se pouvoient clairement veoir; ayant aussi faict tous habillemens qu'il convient à guerre et bataille, et mesmement vous Carle Zeni à tout vostre galée estre mis au milieu des dictes deux grosses, pour vostre plus grande seureté; voyant en outre venir avec vous sept ou huict brigantins ou palestarmes de naves fort chargées de gens d'armes et d'arbalestriers, qui ne sembloit pas maniere de venir demander aulcune restitution, comme en vos dictes lettres est escript, mais droicte maniere et manifeste semblance d'ennemis, qui sans parole et sans aucune sommation ou requeste à nous impourveus veniez courir sus : mesmement que par terre, selon la marine, faisiez venir grand nombre de gens d'armes, tant de cheval comme de pied, de laquelle terre nous estions prochains; comme contrainct, et par pure necessité, feis tourner les proües de mes dictes galées contre vous; deffendant premierement que par nulle de mes galées ne feust faict offense à vous ne à aucun des vostres de bombardes, de traict, ne d'autres armeures ou habillemens, ne autrement, en aulcune maniere, jusques à ce que de moy en eussent signe ou commandement. Laquelle deffence feut bien observée. Mais vous qui la volonté traistreuse de long temps aviez en vostre couraige, qui à ce faire aviez mis toute diligence et cure, et pour celle cause aviez pris et mis sur vos dictes treize galées et sur vos brigantins ou palestarmes dessus dicts tres-grand nombre de souldoyers, de gens d'armes et de traict, tant de ceulx de Modon, de Coron, comme de ceulx qui debvoient aller à la garde de Candie, et aussi de ceulx qui estoyent és navires qui pour lors estoyent à Modon, dont il en y avoit tres-grand nombre, comme dessus est dict, en grande ordonnance, avec bombardes, arbalestriers, et autres choses à bataille necessaires, avant que mes dictes galées peussent estre bien en arroy, ne que ce peu de gens que j'avoye peussent estre armez, qui encores ne l'estoyent, pour l'esperance que jusques lors moy et eulx avions eu envers vous d'amitié et non de inimitié, me veinstes courir sus et investir.

« Voyant laquelle chose, je feis signe et commandement à tous les miens que chascun feist à son pouvoir, comme en tel cas appartenoit. Pourquoy tous ceulx qui en ont oüy ou orront parler, et qui à verité adjoustent foy et non à mensonges, peuvent clairement veoir et appercevoir que de vostre très-malicieuse volonté et trahison pourpensée, non pas par contraincte, comme faulsement est contenu en vos dictes lettres, entrastes et esmeutes la bataille, et que moy et les miens par vostre default et coulpe, et non pas par la mienne, entrasmes en icelle bataille comme contraincts et defendeurs. Mesmement que si la bataille dessus dicte j'eusse desirée, je vous feusse plus tost allé trouver à Portlong, où vous n'aviez que onze galées, que je n'eusse vous laisser fortifier des dictes deux grosses, et des brigantins ou palestarmes dessus dicts. Laquelle chose m'estoit assez legere a faire, si j'en eusse eu la volonté.

« Et touchant ce que en vos dictes lettres est escript, que apres la dure bataille entre nous feurent prises trois de mes galées, et les autres se meirent à la fuite : de la dureté de la bataille, je m'en rapporte à ce qu'il en feut, et à ce que vous Carle Zeni, si vous en vouliez dire la verité, en pourriez dire, qui sçavez que deux fois le jour par ma galée la vostre feut couruë et mise comme à desconfiture. Et si la besongne eust esté à partir à nous deux, et que ma galée n'eust eu à autres galées à faire qu'à la vostre, si je l'eusse legerement depeschée : nonobstant vos traistreux pourpensemens et dessein de longue main, tant en grand nombre de gens d'armes, d'arbalestriers, comme autres choses, oultre le nombre et usance accoustumée, comme dessus est dict.

« Et quant aux prises des galées, il est vray que par mes galées feut prise une des vostres, et par vos galées feurent prises trois des miennes. Et se debvroit-on donner grand merveille que vous qui estiez en nombre de gens comme je croy trois fois plus que nous n'estions, et en nombre de navires plus que le double, et qui de faict à pensé aviez appoincté vostre besongne, nous estans impourveus et mal fournis, et non sçaichans ne ayans aulcun soupçon, toutes nos galées par les vostres ne feurent prises. Mais Dieu qui à tard laisse trahisons et mauvaistiez accomplir à ceulx qui les entreprennent, nous garda et defendit, avec la peine que nous y meismes, que vostre orgueilleuse et traistresse intention ne veint à effect.

« Et quant à la fuite que vous avez escripte par mes autres galées avoir esté faicte, je me donne grandement merveille, comme d'une chose où il y avoit tant de gens, et dont la verité peult estre si clairement sceüe, comme de ce vous osez si apertement mentir. Car vous, Carle Zeni, et vos galées, feustes celles qui apres que nous feusmes departis d'ensemble (laquelle departie feut faicte principalement par vous et par grand part de ceulx de vostre compaignée, de tout vostre pouvoir, lors que nous estions les uns devant les autres), honteusement et à grand vergongne, vous allastes retirer en vostre port de Modon, nous tousjours demeurans en nostre place jusques à ce que vous feustes au dict port. Et de nostre place nous ne bougeasmes jusques à tant que, par vostre entrée faicte au dict port, eusmes perdu la veüe de vous. Laquelle chose à vous et à tous ceulx de vostre dicte compaignée doibt estre reprochée à une tres-grande lascheté de couraige et deffaillance d'honneur.

« Et pour venir à la conclusion de ceste mienne lettre, je dis ainsi et le veux maintenir, que au cas que vous Michel Steno auriez donné à Carle Zeni congé, licence ou commandement d'avoir faict ce qu'il a faict encontre moy et ma dicte compaignée, eu esgard à la bonne paix qui estoit entre le commun de Gennes et le vostre, que vous avez faict comme faulx traistre et mauvais, ensemble tous ceulx qui le vous ont conseillé. Et au cas que vous Carle Zeni l'auriez faict sans le congé ou commandement du dict Michel Steno, qui est votre duc et superieur, je dis de vous le semblable que de luy et de tous ceulx qui le conseil vous en auroient donné.

« Et pour ce qu'il est d'usance que tout gentilhomme extraict de franche et noble lignée doibt vouloir mettre à clairté et effect les choses par luy parlées, par especial touchans son honneur, et que moy qui sçay la verité de ceste chose le veüil semblablement faire, pour monstrer la faulte et coulpe à ceulx qui l'ont desservy, et afin que ceste mauvaistié congnuë, chascun se garde doresnavant d'en faire une pareille ou autre, je dis et diray et veüil prouver et maintenir, comme tout noble homme doibt faire, que toutes les choses que vous Michel Steno avez escriptes au Roy mon souverain seigneur, ou que vous et vous aussi Carle Zeni pourriez avoir escriptes à autres, ou dictes touchant ceste matiere, au contraire de ce que en ceste mienne lettre est contenu, qui est la pure verité, sont faulses et mauvaises mensonges; et que faulsement et mauvaisement avez menty, et mentirez toutes les fois que au contraire en escrirez ou direz aulcune chose. Et pour prouver et monstrer que ainsi soit, je vous offre, s'il y a nul de vous deux qui veüille ou ose dire le contraire, de luy monstrer de mon corps contre le sien par bataille, et luy faire confesser et recongnoistre à l'aide de Dieu la verité estre telle comme je la dis. Et si ce party nul de vous deux n'osoit prendre, comme je croy; pour monstrer plus grande preuve de ma bonne raison et verité, me confiant entierement en Dieu, en Nostre Dame et en monseigneur sainct George, je vous offre moy cinquiesme combatre lequel que ce sera de vous deux luy sixiesme, moy dixiesme celuy de vous luy douziesme, moy quinziesme celuy de vous deux luy dixhuictiesme, moy vingtiesme celuy de vous deux vingt-quatriesme, ou moy vingt-cinquiesme celuy de vous deux luy trentiesme ; par ainsi que tous ceulx qui de vostre costé seront soyent tous Venitiens, et que ceulx de mon costé soyent François et Genevois : pource que aux François et Genevois ensemble avez faicte la trahison que faicte avez. Et pour estre teneur de la place et juge de ceste bataille, si de vostre part l'osez faire et accomplir, je seroye content plus que de nul autre que ce feust le Roy mon souverain seigneur, si de sa grace le vouloit faire. Et au cas qu'il ne vouldroit, ou que vous ne le vouldriez accepter, de quelque autre roy chrestien que vouldriez eslire ou choisir, j'en seray content, et semblablement de maint autre moindre que roy. Et si la bataille s'accomplit, comme si fera, si Dieu plaist, si par vous ne default, mon intention est que chascun soit armé de telles armes et harnois comme il est accoustumé de porter communément en guerre et bataille, sans autre malice ou malengin desraisonnable.

« Et si nulle des dictes deux offres ne voulez accepter ne accomplir, pour ce que vostre guerre et vos œuvres avez tousjours plus pratiquées par mer que par terre, je vous offre et suis content que l'un de vous lequel que vouldrez prenne une galée, et moy une autre, veüe premierement la vostre par aucuns des miens à ce de par moy commis, et aussi la mienne par autres des vostres que vouldrez semblablement à ce commettre; afin que les dictes galées soyent semblables, et que icelles galées chascun puisse armer à sa volonté; en tel nombre et quantité de gens comme bon luy semblera: à la charge que tous ceulx d'icelle vostre galée soyent Venitiens, et ceulx de la mienne François et Genevois, pour les causes dessus dictes; et que en certain lieu par nous accordé nous trouvions à toutes nos dictes deux galées, pour combatre jusques à tant que l'une d'icelles par l'autre soit outrée et vaincuë. Toutesfois avant que la dicte bataille se face, je vouldrois avoir bonne seureté que en nulle maniere par vous ne par vostre pourchas, occultement ne paloisement, fors seulement par la galée qui seule à moy se debvroit combatre, et par les gens qui dessus icelle seroyent, ne me soit faict offense; et semblablement je le vous veulx faire.

« Et si l'une de ces trois offres vous est agreable, je vouldroye que l'effet d'icelle que mieulx vouldriez feust brief, pource que tout faict de guerre et de bataille se doibt plus mener par œuvres que par paroles. Et eüe vostre responce, à l'ayde de Dieu, de Nostre Dame et de monseigneur sainct George, en bref je seray prest de l'accomplir. Et pour monstrer que ceste chose vient de ma certaine science et pure volonté, et que j'ay entier vouloir et parfaict desir de l'accomplir à mon loyal pouvoir, j'ay seellé ces lettres du seel de mes armes; faictes et escriptes au palais royal à Gennes, le sixiesme jour de juin 1404. »

FIN DE LA SECONDE PARTIE.

# LE LIVRE
## DES FAICTS
## DU MARESCHAL DE BOUCICAUT.

## TROISIESME PARTIE.

### CHAPITRE PREMIER.

*Cy commence la troisiesme partie de ce livre, laquelle parle des faicts que le mareschal feit depuis le temps que il feut retourné du voyage de Syrie jusques à ores. Premierement parle des seigneurs italiens qui desiroient avoir l'accointance du mareschal, pour les grands biens que ils oyoient dire de luy.*

Apres que ces choses feurent toutes appaisées, et que le mareschal estoit à sejour à Gennes, comme la renommée feust ja grande en toutes parts de ses vertus et biensfaicts, et toute Italie en feust plaine, feurent aulcuns seigneurs du dict pays qui moult l'aimerent, et desirerent son accointance. Entre lesquels feut le seigneur de Padoüe, qui moult estoit de grande bonté, vaillant aux armes, et bien morigené; et pour ce aimoit-il le mareschal; car, comme dict le proverbe commun : Chascun aime son semblable. Et pour le grand amour qu'il luy portoit et le desir qu'il avoit de le veoir, veint vers luy à Gennes, apres ce que par plusieurs fois luy eust escript. Si le receut le mareschal à grant honneur, et moult grant chere luy feit. Laquelle il eut tant agreable, et tant le prisa et aima, que tous les François prit à aimer pour l'amour de luy. Et adonc le bon loyal mareschal, qui tousjours taschoit à accroistre l'honneur et le bien de son souverain seigneur le roy de France, ne musa mie : ains tant saigement se gouverna avec le dict seigneur de Padoüe, que par ses bons admonestemens feit tant qu'il deveint homme du Roy, et recongneut de luy la seigneurie de Padoüe et de Verone, qui sont deux grosses citez, et de tout son pays; et en feit hommaige au Roy en la personne du mareschal, lequel le receut joyeusement.

Semblablement comme avoit faict le seigneur de Padoüe, se tira devers le mareschal, pour la renommée de sa grande bonté, la comtesse de Pise, et son fils messire Gabriel Marie; et de leur volonté et propre mouvement feirent hommaige au Roy, en la personne du mareschal, de la seigneurie de Pise et de tout le comté. Et moult se offrirent à luy faire tout le service que faire luy pourroient, si besoing en avoit; et il les en remercia grandement, et moult les honnora et festoya tant que avec luy feurent. Si doibt bien avoir cher tout roy ou prince tel serviteur, et loyal lieutenant et chevetaine, qui tousjours est en soin d'accroistre, augmenter et multiplier le preu et l'honneur de son seigneur.

## CHAPITRE II.

*Comment le jeune duc de Milan entreprit guerre au mareschal, dont mal luy en ensuivit.*

Environ ce temps adveint que le jeune duc de Milan et son frere le comte de Pavie, apres la mort de leur pere, qui avoit esté le premier duc de Milan, prirent contens aux Genevois, tant que ils les assaillirent de guerre, et avoient à leur solde et en leur ayde Facin Kan, lequel comme assez de gens sçavent a esté long temps et encores est le plus grand chevetaine de gens d'armes, et le plus renommé et craint qui soit, ne ait esté en Italie bonne piece a, et qui meilleures gens soubs soy communément a. Mais nonobstant sa force et hardiesse, et tout ce que il peut faire, ne toute la puissance du duc de Milan, grande grevance ne receurent mie de eulx les Genevois. Car leur bon chevetaine et gouverneur bien les en sceut garder; car n'avoient mie à faire à enfant, mais à celuy qui tout duict et maistre estoit de mener telles danses, et qui peu les craignoit. Si feit assemblée contre eulx tantost le mareschal, et n'attendit mie que ils le veinssent cercher, ains alla sur leur pays, et par telle vigueur prit à faire ce que à guerre appartient que toute leur terre espouventa, et en peu de temps leur porta grand dommaige.

Et pour dire en brief comment la chose feut demenée et puis terminée (car long procés seroit à tout dire et à racompter toutes les envahies et faicts d'entre eulx), ils se trouverent par plusieurs fois main à main ensemble. Mais sans faillir oncques n'assemblerent que ce ne feust tousjours au pire et au grand dommaige du duc de Milan, et qu'il n'y perdist moult de ses gens. Et malgré toute sa deffence le mareschal alla assieger ses chasteaux et forteresses, et par force et de bel assault en preit plusieurs, quoy que ils se defendissent de toute leur puissance, et que par maintes fois Facin Kan veinst sur eulx pour cuider lever le siege : mais tout ce rien ne leur valoit. Pour laquelle chose tant y feit et tant y exploicta le mareschal, que à brief parler le duc de Milan feut tout joyeux de pourchasser la paix, à laquelle moult se peina avant qu'il la peust avoir; car à son grand tort la guerre avoit commencée. Toutesfois à la parfin le mareschal, qui en nul cas n'est trouvé desraisonnable, s'y condescendit. Et ainsi feust faicte la paix entre le duc de Milan et les Genevois, au profict du Roy et à l'honneur du mareschal, et au bien des Genevois.

## CHAPITRE III.

*Comment le mareschal laboura, afin que il peust mettre paix en l'Eglise, que les Genevois se declarassent pour nostre sainct pere le Pape.*

ENTRE les autres biens que le mareschal dont nous parlons a faicts sur terre, ne faict mie à oublier mais à ramentevoir, comme chose à tousjours digne de grand memoire, la grand peine et travail et mise de ses propres deniers, que il a employez pour le bien de la chrestienté au faict de l'Eglise, en laquelle ja par si long temps, dont c'est dommaige et pitié, a eu et encores a douloureux schisme et division, comme chascun sçait. Et qui est celuy en vie aujourd'huy, prince ne autre, qui plus ait travaillé au bien d'union et paix que a le dict mareschal? Certes nul. Et c'est chose notoire. Et pour venir à celle fin, c'est à sçavoir de paix, comme tres-chrestien, prudent et saige, a tenu subtile maniere de ce qu'il luy a semblé que bon feust à faire, comme sçavoir se peut manifestement. Mais afin que le temps advenir ses faicts soyent tousjours cause de bon exemple, il est bon que cy soit representé tout au long.

Il est à sçavoir que apres que le mareschal feut retourné du voyage de Syrie, comme j'ay dict cy devant, quand il se veid un peu à repos, luy qui oncques-temps n'employa en oisiveté, voulut adonc vacquer à mettre à effect le bon desir que tousjours avoit eu en l'esprit. C'estoit de trouver voye comment union et tranquillité peust estre au faict de l'Eglise. Et pour à ce advenir, se pensa que moult grand bien seroit s'il pouvoit tant faire que il peust advenir à deux conclusions. L'une estoit qu'il peust à ce tourner les Genevois, lesquels croyoient en l'antipape de Rome, que ils se declarassent pour nostre Sainct Pere, et luy rendissent obeissance. L'autre conclusion estoit que il se peust tant travailler que nostre dict Sainct Pere, pour le bien de paix en la chrestienté, feust d'accord de ceder toutes les fois que on auroit trouvé voye, ou par force ou par amour, que l'antipape cedast. Si advisa temps et lieu au plus brief que il peut de arraisonner les Genevois de ceste chose. Et un jour assembla à conseil tous les plus saiges et les plus suffisans gentils-hommes, bourgeois et marchands d'entre eulx.

Là leur preint à dire, par moult belles et saiges paroles, que il leur avoit à proposer aulcunes choses, lesquelles le grand amour que il avoit à eulx le mouvoit à ce faire. Si ne voulussent avoir à mal ce que il leur diroit; ains leur pleust le recevoir à la bonne fin et intention qui le mouvoit. Lors commença à dire tout ainsi que le bon pasteur qui a le gouvernement de ses brebis doit avoir soin de prendre garde que elles ne se fourvoyent; luy qui estoit estably, encores qu'il n'en feust digne, pour estre leur garde et gouverneur, avoit grand pitié de ce que par si long temps avoyent esté endormis en l'erreur, et encores y perseveroient, de croire, obeir et adjouster foy à l'antipape de Rome. Mais par advanture c'estoit parce que suffisamment n'avoyent mie le temps passé esté informez de la verité du faict comme on avoit esté en France; et pource les en vouloit informer. Et qu'apres ce qu'il auroit faict son debvoir de les faire certains de la verité, de laquelle chose s'il ne le faisoit il feroit grand conscience, et s'il ne les enhortoit de leur sauvement comme il debvoit, ils feroient neantmoings par eulx, quand tout dict leur auroit, ce que bon leur sembleroit. Car à chose qui touche l'ame et la conscience, on ne doibt homme contraindre par force, ne aussi faire ne le vouldroit : car ce doibt venir de pure franche volonté, ny Dieu ne veult estre servy à force. Et que à tout le moins il en seroit quitte envers Dieu, quand son pouvoir et debvoir auroit faict de leur suffisamment monstrer et dire.

## CHAPITRE IV.

*Comment le mareschal assembla à conseil les plus saiges de Gennes; et les paroles que il leur dit sur le faict de l'Eglise.*

Adonc le mareschal commencea à parler, et prit sa narration dés le commencement du schisme, et dict que comme ceste douloureuse pestilence en l'Eglise, qui ja avoit duré l'espace d'environ trente ans, dont c'estoit grand meschef, commenceast du temps et au vivant du tres-chrestien et saige roy Charles cinquiesme du nom, lequel par les merites de sa juste vie, et la grande vertu et prudence qui en luy estoit, a esté tenu, est et tousjours sera le plus juste prince, le plus saige et de meilleure vie que roy qui feust en France depuis le temps de sainct Louys, ne mesmement autre que on sceust au monde en son vivant, et qui le plus usoit de conseil, sans lequel ne feist quelconque chose. Si fut vray que dés que les premieres eslections eurent esté faictes, qui feurent comme chascun sçait assez pres l'une de l'autre, c'est à sçavoir la premiere à Rome, et puis tantost ensuivant l'autre par deça, le roy Charles eut par plusieurs fois lettres des cardinaux qui luy notifierent toutes ces choses, et les causes des advenemens des faicts par eulx executez. Mais quoy que ils luy certifiassent la seconde eslection estre juste et vraye, et la premiere de nulle valeur, le saige prince ne se teint mie à tant : ains voulut par grand soin s'informer de la maniere de toutes les deux eslections, pour avoir advis et conseil pour lequel des deux il se debvoit declarer. Et pour estre de ceste chose certainement et au clair informé, afin que il ne peust errer, envoya certains preud'hommes prelats de son conseil en Avignon, devers les cardinaux qui adonc là estoyent, pour bien les interroger de la maniere, et pour prendre et avoir les sermens d'eulx que sans faveur diroient la verité du faict, et lequel des deux esleus debvoit estre tenu pour vray Pape.

Si feut ainsi que quand les dicts envoyez de par le Roy eurent faict comme ils deurent leur legation aux cardinaux, adonc les dicts cardinaux tous jurerent l'un apres l'autre sur le corps de Jesus Christ sacré, et prirent sur la charge et damnation de leurs ames de dire verité. Apres prirent à dire que comme ils estoyent à Rome enclos au conclave, en intention d'eslire sans nulle faveur, mais comme Dieu leur administreroit par la voye du Sainct Esprit ; les Romains, par maligne volonté et à grand fureur de peuple, s'assemblerent autour du palais, et preindrent à crier sur eulx par grands menaces que ils vouloient avoir un Romain, ou au moins un Italien. Si les tenoient là assiegez les dicts Romains, qui sans cesser cryoient à leurs oreilles : pour laquelle cause eulx tous troublez d'iceluy tumulte, pour escheuer peril de mort où ils se voyoient, conclurent entre eulx que ils feindroient avoir esleu l'archevesque de Bari, qui estoit Italien. Et ainsi le feirent, et par celle voye les Romains feurent appaisez : mais bien estoit leur intention que au plus tost que ils pourroient se partiroient de là, et laisseroient le dict esleu, qui par force avoit esté mis en la chaire, et non mie par droicte voye. Si ne le reputoient point pour Pape, nonobstant qu'ils luy eussent faict toutes les ceremonies qui y affierent, pource que ce avoit esté par contraincte; et ainsi qu'ils avoient proposé de le laisser le feirent.

Et quand ils feurent venus en Avignon(1), adonc ils se meirent ensemble, et par bonne et saincte deliberation esleurent un autre : lequel ils affermoient sur leur part de paradis, et sur le peril de leurs ames, que celuy estoit droict et vray Pape, et que à iceluy debvoit toute la chrestienté obeir comme au vray pasteur. A toute ceste certification et lettres seellées des seaulx de tous les cardinaux, qui ainsi estre vray le tesmoignoient, s'en retournerent vers le Roy les dicts ambassadeurs, qui luy rapporterent ce qu'ils avoient trouvé. Mais encores ne se teint pour satisfaict le couraige du Roy, et ne luy suffit à tant; ains voulut luy mesme oüir parler aulcuns d'eulx, c'est à sçavoir de ceulx qui estoient reputez pour les plus dignes et les plus saiges preud'hommes cardinaux, et autres prelats, qui és dictes eslections avoyent esté. Si les envoya querir, et feit venir vers luy à ses propres cousts et despens. Et pour les oüir quand venus feurent, il assembla le conseil de tous les prelats, et des plus saiges maistres en theologie de son royaume et d'ailleurs.

Si feurent à celuy conseil moult examinez les dicts

---

(1) L'élection de Clément VII fut faite à Fondi, et non à Avignon.

cardinaux et les prelats de tous les poincts qui pouvoient toucher la conscience sur le dict faict; ausquels ils respondirent sur chascun article si suffisamment, que il n'y eut que dire. Si feut la chose moult bien discutée; comme il affiert à si pesante besogne, et non mie tost ne hastivement : mais prolixement et en long temps, afin que point d'erreur n'y peust estre meussée soubs dissimulation, ne que aucun scrupule peust demeurer en conscience. Toutesfois à la parfin, par le conseil de tous les prelats et des susdicts solemnels maistres en theologie, et de tous les saiges que il peut assembler, feut conclu que, toutes choses regardées et bien discutées, le Roy et toute la chrestienté se debvoient declarer et tenir à la seconde eslection : et ainsi l'affermoient pour verité, et juroient et prenoient sur leurs ames que faire se debvoit.

A laquelle chose à bonne cause le Roy adjousta foy, en disant qu'il n'estoit pas à croire ne vray semblable que tant de preud'hommes se voulussent damner pour la faveur d'un tout seul homme. Et ainsi delibera et manifestement se declara pour la deuxiesme eslection. Laquelle chose il escripvit à tous les autres roys et princes chrestiens ses alliez, comme en Espaigne, en Arragon, en Escosse et ailleurs, lesquels, considerée l'authorité de sa preud'hommie et de son grand sçavoir, adjousterent foy à l'enqueste qu'il en avoit faicte, et pareillement se declarerent.

Toute ceste narration feit le mareschal aux Génevois en iceluy conseil; et plusieurs autres choses à ce propos leur dit, que je laisse pour briefveté. Si feit apres sa conclusion, en disant que par ainsi pouvoient veoir et congnoistre que, sans grande deliberation et advis, ne s'estoyent pas condescendus les François à rendre obeissance à la seconde eslection. Et que s'il leur cheoit au cœur, et sembloit que si digne personne que estoit le saige roy Charles en eust faicte suffisante information et enqueste comme il leur avoit recordé (laquelle chose estoit assez notoire que maintes gens encores vivans sçavoient; et luy mesme certainement le sçavoit, car ce avoit esté de son temps, nonobstant que il feust moult jeune adonc; mais assez de fois l'avoit depuis oüy recorder), que ils se voulussent semblablement declarer pour nostre partie, si leur conscience s'y adonnoit.

Quand le mareschal eut finy sa parole, les Genevois, qui bien et bel avoient noté ce qu'il avoit dict, respondirent que bien l'avoient entendu; mais que la chose leur estoit moult nouvelle, et si touchoit conscience, et ne debvoit estre deliberée sans grand advis : si penseroient sus, et puis luy en respondroient; et il dict que ce luy plaisoit bien : et à tant se departirent. Mais depuis par plusieurs fois en feurent assemblez ensemble, et tant que à dire en brief, à la parfin, de leur tres-bonne volonté et sain consentement, comme Dieu pour le bien de chrestienté le voulut, se declarerent pour nostre partie, et rendirent vraye obeissance au Pape. De laquelle chose le mareschal feut moult joyeux, et en remercia Nostre Seigneur. Et ainsi en veint à chef par son grand sçavoir et prudence : car c'estoit la nation de toute Italie qui depuis le schisme plus soustenoit en faicts et dicts le party de l'antipape. De quoy tous les saiges et les clercs de la seigneurie de Gennes dient et tesmoignent que ils sçavent de vray que si tous les roys, princes et clercs du monde les eussent de ce enhortez, suppliez et requis, que ja n'y feussent advenus pour sermons, ne dons, ne offres que leur sceussent avoir faict. Si doibt estre reputée ceste chose, comme ils dient et il est vray, entre les grands faicts du dict mareschal, comme miraculeuse. Car par de là ils tiennent que c'est la plus grand merveille et le plus grand faict d'en estre venu à chef, que de chose qui adveint au pays d'Italie passé a deux cent ans.

## CHAPITRE V.

*Comment le mareschal tendoit que l'Eglise feust en union, et soubs l'obeissance d'un seul Pape esleu par concile general.*

Or estoit venu le mareschal à l'une des conclusions que long temps avoit desirée à attaindre, qui estoit de rendre les Genevois obeissans à nostre Pape, comme dict est devant. Si voulut tendre, s'il pouvoit, à l'autre conclusion qu'il desiroit.

Il est à sçavoir que il avoit bien en memoire et estoit informé comme le dict roy Charles, avant que il trespassast, comme bon et juste roy et tres-chrestien, qui avoit sur toute chose à cœur le faict de l'Eglise, voyant que il ne pouvoit mettre toute chrestienté en l'obeissance d'un seul Pape, comme elle doibt estre, et que grand meschef estoit de telle division entre chrestiens, advisa et considera que bon seroit, pour appaiser ce maudit schisme, que concile general feust faict de tous les prelats de chrestienté ou de la plus grand partie assemblez en aucune part, où au mieulx seroit regardé : et que là feust deliberé et ordonné que tous les deux esleus cedassent; et que si par amour ne le vouloient faire, que à tout l'ayde et le port des princes terriens, qui tous en feussent d'accord, on les y contraignist par force. Et que quand ce seroit faict, adonc bien et dignement feust un seul esleu par voye du Sainct Esprit, comme faire se doibt. Telle estoit l'intention du bon Roy, qui l'eust traicté à chef; mais la mort l'en desadvancea, au grand dommaige et prejudice de toute la chrestienté, et singulierement de son royaume.

Ceste chose sçavoit le mareschal, et aussi comment le Roy qui à present regne, fils et successeur d'iceluy, et nosseigneurs les princes de France, ont tousjours depuis pretendu à celle voye, pour venir au faict d'union. Et pource que bien luy sembloit que ce chemin tenir estoit juste, ne par autre ne pouvoit estre mise paix en l'Eglise, à son pouvoir vouloit travailler que ceste chose peust estre terminée, et traictée à chef de paix. Et c'estoit la cause principale et singuliere qui l'avoit meu à tant desirer et travailler que les Genevois se declarassent pour nostre Sainct Pere : car son intention estoit que quand il auroit tant faict à l'aide de Dieu, comme il feit, que les Genevois feussent obeissans au Pape, que adonc par l'ayde de eulx qui est moult grande, et par les autres d'Italie, aulcuns se pourroient pareillement convertir.

De laquelle chose se voulut travailler, comme il feit apres du seigneur de Padoüe et de celuy de Pise, dont cy dessus est parlé, et d'autres dont mention sera cy apres faicte, que il iroit courir sus aux Romains, si besoing estoit : au cas qu'ils ne vouldroient souffrir que l'antipape cedast, ou qu'il ne le voulust faire. Plus feit encores le mareschal. Car comme dict est cy devant, pour sa grande renommée et bonté il attiroit plusieurs nobles hommes à son amour : dont il adveint que mesmement un des plus principaulx cardinaulx qui feust à Rome de la partie de l'antipape, appellé le cardinal de Flisco, l'aima tant et prisa que il desira son accointance, et luy escrivit plusieurs lectres, et le mareschal à luy; dont à la parfin tant bien y ouvra le mareschal, que il se soubstrahit de l'antipape, et s'en partit, et laissa bien la valeur de seize mille francs de benefices que il tenoit, si rendit obeissance à nostre Pape.

Mais à parler de l'autre conclusion où il tendoit, pour venir par ces deux à une seule fin, c'est à sçavoir de union, par la premiere il entra en l'autre : car nostre Sainct Pere luy sceut merveilleusement bon gré de ce qu'il avoit mené les Genevois, qui plus luy souloient estre contraires que gens du monde, à son obeissance. Si l'en beneist moult, et pria pour luy. Mais encores feit plus pour luy le mareschal : car, pour tousjours le tirer à plus grand amour, luy presta en ses affaires de grands deniers, et luy feit maint secours à ses propres despens. Et tant alla la chose que le Pape alla vers luy; et le mareschal luy feut à l'encontre, et le receut à tres-grande reverence et honneur, comme il debvoit faire. Et lors, quand il le teint à sejour avec luy, le prist à enhorter que, pour le bien et la paix de l'Eglise, et de toute chrestienté, il voulust estre d'accord, comme il avoit autresfois promis à nosseigneurs de France, de ceder toutes les fois que on auroit tant faict, ou par force ou par amour (à laquelle chose il travailleroit de toute sa force et puissance), que celuy de Rome cedast, et que requis en seroit.

De ceste chose timonna le mareschal tant le Pape, que il luy promeit et jura que ainsi feroit-il sans faulte. Et ainsi parveint le dict mareschal à ses deux conclusions ; dont si grand bien en est ensuivy que les Romains, qui ont bien veu et sceu son intention, ont si redoubté et redoubtent sa vaillance, force et puissance, que après la mort du dernier leur antipape trespassé, voulurent eulx mesmes et requirent de leur bonne volonté, sans contrainte, c'est à sçavoir les cardinaulx de delà, par le consentement de ceulx de la cité, que un que ils esleurent cederoit et delaisseroit la chaire toutes les fois que le nostre ainsi le feroit, afin que par saincte et juste voye un seul pasteur feust esleu. Toutesfois ceste saincte volonté de ceder et de pretendre à union, qui est venuë à nos adversaires, c'est à sçavoir aux cardinaulx de Rome, je tiens que ce soit œuvre du Sainct Esprit, qui a pitié de son espouse la saincte Eglise, qui tant est desolée, si la veult mettre en paix. Laquelle chose, si Dieu plaist, briefvement sera, et non par quelconque autre œuvre d'homme mortel. Combien que nous avons couleur de penser que le mareschal, comme dict est, en soit cause, par ce que oncques mais, fors que lors que ils sceurent son intention, ne s'y voulurent consentir. Si peut bien estre que ce y a valu. Si ne sera au plaisir de Dieu nul besoing de mouvoir guerre, et aurons vraye union, que Dieu nous octroye par sa grace. Et combien que le faulx hypocrite que les cardinaux de la partie de delà esleurent dernierement se monstrast au premier bonne et saincte personne ( car il voüa et promeit de faict devant tous que il cederoit tantost et sans delay toutes les fois que le nostre le feroit, et ainsi le certifia par ses lettres à tous les roys et princes chrestiens ), toutesfois ce ne feut fors que hypocrisie et feintise : car sa volonté estoit toute plaine de fallace, comme à la fin y parut, et comme je diray cy apres.

## CHAPITRE VI.

*Cy commence à parler comment les Pisains se rebellerent contre leur seigneur; et comment le mareschal se peina d'y mettre paix.*

Pource que tout ne se peut dire ensemble, convient racompter les matieres l'une apres l'autre, combien que plusieurs des choses dont nous parlons soyent advenües en un mesme temps. Si est vray que en l'an 1405 les Pisains se rebellerent contre leur seigneur, et le chasserent de la seigneurie de Pise, selon la generale coustume qui est au pays de delà de non eulx tenir longuement soubs une seigneurie, quand ils se trouvent les plus forts. Donc quand iceluy seigneur se veid ainsi debouter de son heritaige par ses mauvais subjects, pour ce que il sentoit que il n'avoit mie assez de gens et force pour les remettre en subjection, se va retirer vers le mareschal, comme à lieutenant du roy de France son souverain seigneur, à qui il avoit faict hommaige de son dict heritaige, luy requerir ayde au nom du Roy, comme seigneur doibt au besoing secourir son vassal qui le requiert à son ayde.

Quand le mareschal entendit ceste chose, moult luy en pesa. Si luy respondit que avant que on allast sur eulx par voye de faict et de punition, que luy mesme se mettroit en toute peine pour les remettre en accord et en bon amour : car si par armes destruisoit son pays, le dommaige luy en demeureroit. Pour ce ne luy conseilloit : si iroit parler à eulx.

Et adonc se partit de Gennes, et alla en un lieu qui est assez près de Pise, que on appelle Portovenere. Si feit sçavoir aux Pisains qu'il estoit là venu pour parler à eulx. Adonc veindrent vers luy les principaulx d'entre eulx, et grand peuple en leur compaignée. Lors leur prit à dire le mareschal, par amiables paroles, que il estoit bien courroucé de ce que ainsi s'estoyent rendus desobeissans et rebelles à leur seigneur, qui tant leur avoit esté et estoit bon et amiable, et qui si cherement luy et sa mere madame Agnes les avoit aimez et gardez soigneusement de tous encombriers à leur pouvoir, comme bon seigneur doibt faire ses subjects; et encores avoit volonté de leur faire de mieulx en mieulx. Si se voulussent adviser et venir vers luy à misericorde et à mercy, et luy amender ceste grande offense; et il feroit tant vers luy que il les prendroit à mercy, et leur pardonneroit son maltalent. Car pour mettre paix entre eulx estoit-il là venu.

En ceste maniere les prescha le mareschal, et moult leur dict de belles paroles. Et quand il eut dict, ils respondirent à brief parler qu'ils n'en feroient rien, et que plus ne vouloient de sa seigneurie : mais que ils le supplioient que luy mesme voulust estre leur seigneur, et accepter et prendre la seigneurie de Pise et de tout le comté. Car luy seul avoient agréable, et non autre : car ils sçavoient bien que par luy seroyent gardez, portez et defendus; et que si prendre les vouloit, ils luy obeiroient doucement, et loyauté, honneur, et amour luy porteroient si loyaument comme bons et loyaulx subjects doibvent faire à leur seigneur. Si ne voulust mie refuser cest offre, que de bon cœur luy faisoient.

Le mareschal respondit que jamais telle pensée ne leur veinst au cœur : car ce n'estoit mie l'usaige des François d'user de tels tours, et ne le feroit pour mourir. Mais les prioit que ils le voulussent croire, et retournassent vers leur seigneur, et feussent bons subjects et vrais obeissans; et que il leur promettoit que si ainsi le faisoient il seroit leur amy, et leur aideroit, et les porteroit contre tout homme, tout en la maniere que s'ils feussent à luy proprement, et mesmement contre leur seigneur, s'il luy venoit à congnoissance que il voulust sur eulx user d'aulcun tort. Que plus en diroye? Les Pisains respondirent que pour neant en parloit, et que jamais messire Gabriel ne seroit leur seigneur, pour chose qui peust advenir; et que ainçois tous se laisseroient destrancher (1). Mais puis que luy mesme ne vouloit estre leur seigneur, et les prendre à subjects, ils le prioient que il allast à un chastel qui sied sur la mer, que on appelle Ligourne, et là est le port de Pise; et que là iroient à luy, et se donneroient au roy de France tout en la maniere que avoient faict les Genevois.

(1) *Destrancher* : couper par morceaux.

## CHAPITRE VII.

*Comment les Pisains feirent entendre au mareschal par feintise que ils vouloient estre en l'obeissance du roy de France, et devenir ses hommes; et la mauvaistié qu'ils feirent.*

Quand le mareschal veid que pour prieres, ne sermon, ne belles paroles qu'il sceust dire aux Pisains, ne pour offre que il leur feist, ne se vouloient desister de la mauvaise volonté que ils avoient vers leur seigneur, et que remede n'y pouvoit mettre, ny aucun accord, il se partit de là, et manda vers luy le dict messire Gabriel, et luy dit tout ce qu'il avoit trouvé vers eulx, et comment absolument luy avoient respondu que plus ne s'attendist d'avoir la seigneurie de Pise : car ja n'y aviendroit.

De ceste responce feut moult dolent messire Gabriel, et le mareschal luy dit qu'il regardast ce qu'il vouloit faire de ceste chose; et que puis que ainsi estoit que il n'y avoit remede que jamais il en joüist, et ils se vouloient donner au roy de France, que mieulx vauldroit que le Roy les eust que autre seigneur estranger, consideré que luy mesme luy en avoit faict hommaige. Toutesfois, que il ne vouloit mie que on peust dire que le Roy voulust s'attribuer les terres et seigneuries de ses vassaulx, feaulx et subjects. Et pource, si de sa bonne volonté et accord se demettoit de la seigneurie de Pise et de tout le comté és mains du Roy, et luy transportoit son droict, que il le feroit recompenser de aultant de terre et de seigneurie, et de revenu, autre part. Et de ce que il se chargeoit de ceste chose, feut d'accord et bien content messire Gabriel.

Et parce le mareschal alla au chastel de Ligourne, comme les Pisains luy avoyent dict, en intention que là veinssent à luy pour eulx donner au Roy, et qu'il en receust d'eulx les hommaiges. Mais eulx, qui oncques ne l'eurent en pensée, et qui ne taschoient que à mauvaistié, et toute trahison et decevance, comme apres bien le monstrerent, avoient pris autre conseil ; et luy dirent, quand ils feurent devers luy, que avant que ils se donnassent au Roy, ils vouloient que les gens de messire Gabriel, qui estoyent en une forte place de la cité de Pise que on nommoit la citadèle, vuidassent, et que le mareschal l'eust en sa main ; et que lors ils feroient ce qu'ils avoient dict. Et ainsi luy promeirent et jurerent de faire, sans nulle decevance.

Et le mareschal encores leur agrea ceste chose, et en feit tantost aller les gens qui tenoient la dicte citadele, et la feit garnir des siens ; desquels feut chef messire Guillaume de Muillon. Mais pour ce que les vivres y estoyent ja comme faillis, il feit charger une galée et une grand barque de tous vivres. Et avec ce, pour plus renforcer la garnison de la forteresse, envoya avec son propre nepveu Le Barrois, et la plus grand part des gentils-hommes de son hostel, et aussi foison de gentils-hommes et de citadins de Gennes : et menoient avec eulx une grand partie des meubles et des habillemens du corps du mareschal, qui y pensoit aller; et deux mille escus en or que il envoyoit aux gens de messire Gabriel, afin qu'ils se teinssent pour contents et bien payez, et plus volontiers delivrassent la place, ne plaindre ne se peussent. Et ainsi se partit du port la dicte galée et la barque, et cuidoient aller en terre d'amis, et de nul encombrier ne se donnoient garde.

Mais quand ils se feurent boutez en la riviere de Pise, et ja feurént arrivez pres de la citadele, les desloyaux Pisains, qui bien les avoyent advisez, s'assemblerent : mais ce fut coyement, qu'ils ne les apperceussent, et se meirent en embusche. Et quand nos gens eurent pris port, et feurent tous descendus en terre, sans avoir quelconque doubte de nul, ainçois cuidoient que si les estrangers les venoient assaillir, que les Pisains qu'ils reputoient amis, et à qui oncques n'avoyent mesfaict, les veinssent ayder, il alla tout aultrement : car ils leur veindrent courir sus plus de six mille. Et acourut là tout le peuple à grand cry et à grand fureur, disant grandes vilenies du roy de France, du mareschal et des François, et comme chiens enragez les environnerent; dont nos gens se trouverent moult esbahis, car en piece ne l'eussent pensé. Si prirent, batirent, navrerent et tuerent aucuns, et menerent en obscure et vilaine prison. La galée et la barque pillerent; et pour plus les injurier prirent la banniere du roy de France qui sur la galée estoit, et l'allerent traisnant au long des boües, et marcherent et cracherent sus, disans, comme dessus est dict, tres-grandes vilenies du Roy et des François. Et en faisant ce vilain exploict, venoient par devant la dicte citadele à tout grande procession de peuple, pour faire despit aux gens du mareschal, tant François que Genevois, qui là dedans estoyent, que ils alloient menaceant, ét disant que ainsi feroient-ils d'eulx. Si faict icy à noter leur grande trahison et mauvaistié : car oncques le mareschal ne les siens ne leur avoyent meffaict, ains leur avoit faict maints biens. Car les Florentins, si tost que ils avoient sceu que ils estoyent en division avec leur seigneur, leur voulurent courir sus, et il les en avoit gardez ja par deux fois; et les desloyaux plains d'ingratitude le sçavoient bien, et comment tousjours avoit tendu à leur bien : si luy en rendoient mauvais guerdon.

## CHAPITRE VIII.

*Comment le mareschal se travailloit tousjours que ceulx de Pise se donnassent au roy de France.*

QUAND les desloyaux Pisains eurent faict cest exploict, ils doubterent l'ire du mareschal, et que il leur voulust courir sus pour les destruire, comme bien l'avoyent desservy, et que faire le vouloit. Mais pour dissimuler et couvrir leur mauvaistié, et pour en faire encores une plus grande, envoyerent des principaulx d'entre eulx en ambassade devers luy : lesquels luy dirent que pour Dieu il ne se voulust mie courroucer contre eulx; et que ce qui avoit esté faict oultrageusement et à leur grand tort, que ce avoit faict le menu peuple sans le consentement des principaux, et qu'ils estoyent tous prests de luy en faire telle satisfaction et amende qu'il sçauroit demander, et que ils estoient bien d'accord de eulx donner au Roy, comme ils avoient promis.

Le mareschal, qui ainsi les oüit parler, ne voulut mie user envers eulx de grand rigueur, pour ce que il tendoit tousjours que il peust tant faire que il les teint subjects du Roy. Si leur dict que voirement tant avoyent meffaict que plus ne pouvoient, et plus luy pesoit de ce que le Roy avoient injurié, que de luy ne de ses gens : mais que au fort tout leur seroit pardonné ; mais que ils se donnassent au Roy, ainsi que promis avoyent. Et ils dirent que si feroient-ils sans faillir. Si retourneroient par son bon congé devers les autres citoyens de Pise leur dire la benignité qu'ils avoient trouvée en luy, et qu'ils veinssent là pour du tout confirmer la chose : mais que pour Dieu ils le prioient que pendant ce traicté il ne voulust aulcunement proceder rigoureusement contre eulx. Et il leur promeit que non feroit-il.

Et à tant partirent les desloyaulx, qui tout ce ne faisoient que pour le tenir en paroles, pour tandis mettre à fin le desloyal exploict où ils tendoient. Car au temps que ce traicté duroit, de toute leur puissance assailloient la citadele, de jour et de nuict, d'engins de traict, et de canons. Et plus grande mauvaistié feirent : car chascun jour, à force d'engins, jectoient en la forteresse plus de cent cacques plains des ordures de la ville, de poisons, de charongnes pourries, et de toutes punaisies. Si feirent grands fossez entre eulx et la citadele, et la separerent de la ville. Et pource que elle sied à un des bouts de la cité, comme faict le chastel de la bastille Sainct-

Anthoine à Paris, ils les enfermerent du costé des champs, à fossez et bastilles que ils fortifierent, afin que ils ne peussent avoir secours. Et ainsi les assiegerent de toutes parts, et s'efforçoient sans cesser de les prendre par force. Mais ce n'estoit mie legere chose; car moult est la place forte. Et avec toutes ces choses, bien faisoient garder tous les passaiges, afin que le mareschal n'en peust avoir nulles nouvelles.

Plus grande trahison voulurent encores bastir et faire : car ils envoyerent leurs ambassadeurs à Florence, garnis de belles lettres de puissance de pouvoir donner à la dicte seigneurie de Florence quatre chasteaux, lesquels ils vouldroient prendre et choisir en leur seigneurie de Pise, et avec ce les affranchir de toutes les marchandises que ils feroient jamais en leur seigneurie; mais que ils voulussent aller à toute leur puissance avec eulx mettre le siege devant le chastel de Ligourne, où le mareschal estoit, et leur seigneur messire Gabriel avec luy; et faire tant que ils feussent pris et livrez à eulx. Mais à ceste chose ne voulurent point les Florentins se consentir.

Et en ces entrefaictes que ils bastissoient ceste chose, les ambassadeurs de Pise retournerent devers le mareschal, afin que il ne s'apperceust de rien de ce que ils faisoient; afin que ils peussent, tandis que ils le tiendroient en paroles, prendre la citadele, et aussi trouver voye, s'ils pouvoient, de l'assieger à Ligourne. Si luy dirent que les Pisains estoyent tousjours bien d'accord de eulx donner au Roy comme ils avoyent promis : mais ils vouloient que ainçois qu'ils s'y donnassent, que le mareschal leur baillast et delivrast trois chasteaux en leurs mains, c'est à sçavoir la citadele, le chastel de Ligourne, et celuy de Librefaicte, que tenoit encores messire Gabriel en sa main. Et le mareschal leur respondit adonc : « Que « voulez-vous faire de la citadele ? » Et ils respondirent : « Nous la voulons raser par terre, et tenir les « autres deux chasteaux en nos mains. — Quelle sei- « gneurie, ce dict le mareschal, aura doncques le Roy « sur vous, ne quel pouvoir auroit-il de justicier les « mauvais et de les punir ? — Nous ne voulons, ce « dirent-ils, que il y ait autre seigneurie fors que le « nom d'en estre seigneur. — Peu de chose, ce dict « le mareschal, seroit au Roy celuy tiltre; mais don- « nez-vous y comme ceulx de Gennes ont faict, ou « ainsi que vous vous donnastes à messire Girard de « Plombin, duquel le duc de Milan eust depuis la sei- « gneurie et le tiltre. » Adonc respondirent les Pisains une fois pour toutes que rien n'en feroient, et à tant se departirent.

Si veid bien et aperceut le mareschal que leur faict n'estoit fors toute tromperie, et que pour le mener à la longue l'avoient ja tenu en paroles l'espace de vingt deux jours. Et messire Gabriel, qui voyoit que tout ce n'estoit que decevance, prit à traicter avec les Florentins de leur vendre Pise et tout son droict du comté. Mais le mareschal, qui tousjours y avoit la dent, encores se voulut mettre en son debvoir de s'essayer avant que aux Florentins aulcune vendition en feust faicte. Si envoya six des plus notables de la ville de Gennes devers eulx, pour leur remonstrer et dire qu'ils ne se voulussent pas eulx-mesmes destruire : car leur seigneur estoit en paroles de les vendre aux Florentins, lesquels ils sçavoient bien que point ne les aimoient, et qui mal les traicteroient. Si se advisassent bien, et se donnassent au Roy comme ils avoyent promis, et grand bien et profit leur en viendroit : si vivroient en paix et à seur.

Tandis que ces ambassadeurs estoient allez à Pise, les Florentins envoyerent au mareschal la coppie des lettres du pouvoir que les Pisains avoient baillées aux ambassadeurs de Pise, pour faire tant avec les Florentins que ils allassent assieger le mareschal à Ligourne, comme dict est. Et ce mesme jour eust messaige et nouvelles de son nepveu Le Barrois et des autres prisonniers, comme vilainement estoyent traictez, et que on les avoit mis à rançon ; et que pour Dieu, nonobstant que la rançon feust assez grande, que il les voulust delivrer de celle chartre : car ils estoyent à grande souffreté et peril de leurs corps. De ceste chose feut moult dolent le mareschal, et bien luy estoit manifeste la grande trahison et mauvaistié des Pisains. Et si ne feust que il avoit ja mandé en France au Roy et à son conseil que ceulx de Pise s'estoyent donnez à luy, il n'eust pour rien tant attendu de leur courir sus, et de leur monstrer leur trahison et mauvaistié. Mais il aimoit plus tost souffrir que les envieux, dont bien sçavoit que assez en avoit en France et ailleurs, peussent dire que le Roy eust par son arrogance perdu sa seigneurie. Si ordonna tantost de la delivrance des prisonniers. Et les messaigers genevois, qui feurent envoyez à Pise, n'y feirent rien ; ains leur respondirent les Pisains telles paroles : « De tout ce que vous nous requerez nous ne « ferons rien ; et ne nous en parlez plus, mais faictes

« mieulx : ostez la seigneurie à vostre Roy, et tuez
« Boucicaut et tous ses François, et vivez en republi-
« que comme nous, et soyons tous unis comme freres
« vous et nous; et vous ne ferez que saiges. » Ceste
responce rapporterent les dicts ambassadeurs, qui
autre chose n'en peurent tirer.

## CHAPITRE IX.

*Comment le mareschal dit et manda aux Pisains que s'ils ne se donnoient au Roy, leur seigneur les vendroit aux Florentins.*

Le seigneur de Pise, qui veid que il n'y avoit plus d'attente que les Pisains se consentissent à vouloir estre subjects du Roy, prist adonc fort et ferme à continüer son traicté avec les Florentins de la vendition de Pise : c'est à sçavoir de leur transporter son droict entierement. Si pourparlerent tant ceste chose, que ils feurent d'accord ensemble pour quatre cent mil florins que les Florentins debvoient bailler à messire Gabriel. Mais toutesfois les Florentins vouloient tout avant œuvre que le mareschal consentist, jurast et agreast cest accord; ou autrement marché nul. Si le veint dire messire Gabriel au mareschal, et luy requist que il luy rendist la citadele que il tenoit encores, laquelle il luy avoit juré et promis de luy rendre sans contredict, au cas qu'il ne seroit d'accord avec les Pisains; si ne le pouvoit ny debvoit refuser.

Le mareschal respondit que il luy tiendroit sans

faillir ce qu'il luy avoit promis ; ja n'en doubtast. Mais quand estoit de accorder les convenances qu'il avoit faictes avec les Florentins de la vendition de Pise, jour de sa vie il ne seroit d'accord que le Roy perdist sa seigneurie, dont luy mesme lui avoit une fois faict hommaige, et estoit entré en sa foy. Et que il vouloit veoir les lettres de l'accord et des convenances qu'il avoit faictes avec les Florentins, et il dit que volontiers les luy bailleroit. Et quand le mareschal les teint, et que bien les eut visitées, il en envoya la coppie à Pise, et manda aux Pisains que nonobstant toutes les trahisons et mauvaistiez que ils luy avoyent faictes et voulu faire, si avoit-il grand pitié du grand meschef qui leur estoit à advenir, et de leur destruction, où eulx-mesmes par leur follie se fichoient. Et que pour eulx adviser leur envoyoit la coppie du traicté qui estoit ja tout consommé et parfaict entre leur seigneur et les Florentins, auquel il ne s'estoit pas encores voulu consentir : afin que Dieu ny le monde ne le peust accuser que il n'eust suffisamment faict son debvoir de les bien adviser avant que ils feussent destruits. Si les admonestoit derechef que ils se donnassent au Roy comme ils avoient promis, et il les jetteroit hors de celle tribulation, et les mettroit en paix ; et que ceste fois pour toutes leur disoit : car plus ne pouvoit dilayer ne empescher la dicte vendition ; et que si alors ne l'accordoient, deux jours après passez, jamais plus n'y pourroient advenir. Car il luy convenoit consentir la chose, et promis avoit à leur seigneur que il s'y consentiroit, au cas que ils ne se vouldroient donner au Roy : si le tenoit de si pres de sa promesse, que plus reculer ne pouvoit. Si feussent certains que quand il l'auroit consenty, juré et promis, que jour de sa vie n'iroit au contraire : si deliberassent à ceste fois ce que faire en vouldroient. A ceste chose respondirent les Pisains que brief et court rien n'en feroient, et que plus on ne leur en parlast.

## CHAPITRE X.

*L'accord qui fut faict entre le mareschal et les Florentins, du faict de Pise.*

ADONC voulut parfaire messire Gabriel son traicté avec les Florentins : mais le mareschal s'y opposa, et dict que il ne consentiroit point que autres eussent la seigneurie de l'heritaige dont une fois avoit esté faict hommaige au Roy; et que plustost il feroit bonne guerre aux Pisains, et les conquerroit par force. Quand messire Gabriel veid ce, il se conseilla avec les Florentins. Si conclurent un tel appointement ensemble, que afin qu'il s'y consentist, les dicts Florentins deviendroient hommes et feaulx du Roy de la seigneurie de Pise, tout en la maniere que l'estoit messire Gabriel. Et quand ainsi l'eurent appointé, ils le veindrent dire au mareschal, lequel leur respondit que quelque chose que il accordast, ils feussent seurs que jour de sa vie ne consentiroit que le chastel de Ligourne issist hors de ses mains, ne allast en seigneurie estrangere : car ce seroit au prejudice des Genevois, desquels il debvoit garder et accroistre les jurisdiction et puissance: Mais au surplus il y penseroit, et le lendemain retournassent.

Adonc va dire messire Gabriel, qui là estoit, que deslors desja vouloit et se consentoit, et belles lettres luy en feroit, que quelque marché que il feist avec les Florentins ou à aultre, que le dict chastel de Ligourne feust nuëment et absolument au mareschal : car tant avoit pour luy travaillé et faict de bien, que assez l'avoit desservy. Et iceulx respondirent que pour celle cause il n'y auroit debat entre eulx. Celle nuict pensa le mareschal à ceste chose, et advisa que au fort, par celle maniere que ils luy avoient offert, le Roy n'y perdoit rien, ains y gaigneroit : car il auroit pour une puissance et seigneurie deux, c'est à sçavoir Pise, voulsissent les Pisains ou non ; et les Florentins avec, qui moult est grande puissance, qui seroyent par cest accord hommes du Roy. Si delibera que il s'y accorderoit, mais que ils voulussent encores luy conceder et octroyer aulcunes choses que il leur requerroit. Esquelles requestes le bon chrestien n'oublioit point sa mere saincte Eglise, de laquelle tousjours et sans cesser en avoit à cœur la paix et union, comme dict est devant.

Le lendemain, quand ils feurent retournez vers luy, il leur dict que à ce dequoy ils luy avoyent parlé s'accorderoit assez : c'est à sçavoir que les Florentins teinssent Pise, la citadele et toutes les appartenances du comté, excepté le dict chastel de Ligourne, et que ils en feissent hommaige au Roy, et deveinssent ses hommes liges ; mais que ils voulussent accorder, promettre, jurer, et eulx obliger que à tousjours et à jamais ne feroient marchandise sur mer, fors sur les naves et vaisseaux de Gennes et des Genevois. *Item*, que un mois apres que ils auroient gaigné la seigneurie par force ou autrement, ils se declareroient pour nostre sainct pere le Pape, et feurent chargez d'y faire obeir les dicts Pisains. *Item*, que six mois apres la dicte conqueste, si l'esleu de Rome estoit encores en son erreur, et y voulust perseverer, que ils feussent obligez de luy faire guerre avec les François et Genevois, si mestier estoit, et si on les en requeroit; et manifestement se monstrassent ses ennemis. *Item*, que posé que ils luy accordassent toutes ces choses, que il vouloit que la maniere de leur accord et traicté feust envoyée en France au Roy et au conseil, sans lequel assentement il ne vouloit point passer la chose, ne que ce feust du tout à sa charge; et que ce debvoient-ils bien vouloir : car si la chose estoit passée par le Roy et par son conseil, plus grande seureté à tousjours seroit pour eulx ; et que s'ils se vouloient tenir à cest accord, que il se faisoit fort de leur en faire avoir lettres passées et seellées du Roy et de son conseil, et de nosseigneurs de France.

Quand le mareschal eust tout dict, les ambassadeurs de Florence dirent que ils iroient sçavoir la volonté sur ces choses de leur seigneurie, et puis retourneroient luy dire la responce. A brief parler, ils retournerent à tout lettres de puissance de pouvoir passer le dict accord, que ils agreoient entierement. Si fut là messire Gabriel, et bien cent des plus suffisans gentils-hommes et citadins de Gennes, que le mareschal y avoit faict venir : car il vouloit que ils feussent presens, et que la chose feust faicte par leur accord et bon vouloir. Si fut adonc la chose du tout accordée, jurée et promise à tenir entre eulx, sans jamais aller à l'encontre ; et belles lettres passées, seellées et certifiées au gré des parties.

## CHAPITRE XI.

*Comment le mareschal envoya par escript au roy de France, à nosseigneurs et au conseil, l'accord qu'il avoit faict avec les Florentins du faict de Pise; lequel le Roy et nosseigneurs agréerent par leurs lettres. Et comment depuis, par feintise, les Pisains se voulurent donner au duc de Bourgongne.*

Le dict accord faict et passé, tantost le mareschal l'escrivit au Roy, à son conseil et à nosseigneurs les ducs, et manda par escript toutes les clauses et la maniere des convenances, en suppliant au Roy que au cas que par son conseil seroit veu que le dict accord luy feust bon, proficiable et honnorable, et que nos dicts seigneurs l'eussent agreable, que il luy pleust le ratifier et confirmer par ses lettres, seellées et passées par son conseil, presens ses dicts oncles, desquels il requeroit aussi avoir les certifications et verifiement par leurs seaulx autentiques : à celle fin que la chose feust stable et ferme à tousjours, et sans que jamais nulle des parties repentir se peust, ne desdire le dict accord.

Quand ces nouvelles feurent venues au Roy, fut en conseil regardée la chose. Si fut par le Roy, par nos dicts seigneurs et tous les saiges, moult loué le mareschal de sa prudence et de son sçavoir, qui si saige maniere avoit tenuë, que il avoit amené au Roy deux seigneuries pour une; qui moult pouvoit estre chose valable à ce royaulme, grand honneur et grand bien pour l'Eglise, et profict pour la seigneurie de Gennes. Et pour toutes ces choses, et les autres biens que le dict mareschal avoit achevez et achevoit chascun jour par son grand sçavoir, moult le louèrent, et grand gré luy en sceurent, et ainsi l'agréerent. Si confirma le Roy la chose par ses lettres patentes; tout en la maniere que le mareschal l'avoit accordé; et nosseigneurs pareillement, qui tous jurerent de n'aller jamais à l'encontre, et ainsi le certifierent par leurs seellez. Et feurent les dictes lectres de certification envoyées au mareschal, qui tantost les bailla aux Florentins, qui grand joye en eurent, et pour contents s'en teindrent. Toutes ces choses faictes, tantost et sans delay les Florentins envoyerent le *vidimus* des lettres de leur achapt aux Pisains, et leur manderent que ils obeissent à leur seigneurie, comme faire le debvoient, comme apparoir leur pouvoit; ou ils leur meneroient guerre, et par force les conquerroient. Si leur seroient de tant plus durs, comme plus rebelles les auroient trouvez.

Les Pisains de tout ce ne feirent compte, ains respondirent que rien n'en feroient; et que qui guerre leur feroit, bien et bel se defendroient, et qu'ils ne craignoient ame. Adonc fort et ferme les Florentins les assaillirent et coururent sus, et en peu de jours moult les endommaigerent. Et de faict assiegerent Pise; et les Pisains moult bien se defendirent, si que n'estoit mie legere chose à les conquerir. Quand la guerre eut duré ja plus d'un an, les Pisains, qui bien voyoient que au dernier tenir ne se pourroient contre la force des Florentins et de leurs aydes, voulurent, pour avoir secours, user de cauteles et malices que autresfois avoient faict. Si envoyerent leurs messaigers à Lancelot [1], qui se dict roy de Naples, et luy manderent qu'ils se donneroient à luy; mais que il les veint secourir à grande armée, et lever le siege qui les tenoit enclos. Il respondit que si feroit-il sans faulte. Et par l'esperance que il leur donna, se teindrent plus forts. Mais ce fut en vain : car autre occupation le destourna; si qu'il n'y peut venir ny envoyer. Et tousjours alloit affoiblissant la force des Pisains, et estoit merveilles comment tenir se pouvoient; car plus de deux ans avoient ja souffert celle pestilence, où on leur livroit souvent de durs assaults. Si preindrent moult à diminuer : car la famine de dedans fort les destraignoit, et la guerre de dehors mal les menoit. Si ne sçavoient quel tour prendre : car ils disoient que plustost se donneroient aux sarrasins, si faire le pouvoient; ou que tous plustost mourroient, que ils se rendissent aux Florentins. Si voulurent derechef user de leurs cauteles, en esperance de saillir par celle voye hors du meschef qui les contraignoit.

Adonc envoyerent leurs ambassadeurs en France garnis de belles paroles, et manderent au duc de Bourgongne que ils se donnoient à luy entierement : mais que il les voulust secourir contre les Florentins, et faire tant que le siege feust levé. Le duc n'accepta pas tost ceste chose, veu l'accord devant dict que il avoit

---

(1) *Lancelot* : Ladislas.

agreé, et ne debvoit aller à l'encontre. Parquoy les
dicts ambassadeurs, qui assez sçavoient le tour de leur
baston, se retirerent devers aulcuns des conseillers du
duc d'Orleans frere du Roy, et largement leur promeirent, si tant pouvoient faire, que aulcun remede
feust mis en ceste chose. Dont il s'ensuivit que, par
l'enhortement d'iceulx conseillers, le dict duc d'Orleans et le duc de Bourgongne, cousins germains, se
tirerent devers le Roy, et le prierent que il leur voulust donner licence d'accepter icelle donation, et
leur transporter tel droict qu'il y pouvoit avoir. A bref
parler tant l'en timonnerent, que luy, qui envis rien
n'eust refusé à son frere, et aussi conseillé par aulcuns de ce faire, le va octroyer. Parquoy tantost et
sans delay ils escripvirent à ceulx de Florence que ils
se departissent du siege, et se deportassent de plus
guerroyer les Pisains. Pareillement ils escripvirent au
mareschal que plus ne donnast confort ne ayde aux
Florentins, ains aydast de toute sa puissance à ceulx
de Pise qui à eulx s'estoyent donnez, et feist tant par
force qu'il levast le siege.

Quand le mareschal entendit ceste chose, il feut moult
esmerveillé, veu l'accord qu'ils avoyent agreé, et que
luy mesme avoit juré et promis de non aller à l'encontre. A laquelle chose, comme preud'homme qu'il
est, pour mourir ne se voulut parjurer, ne aller
contre son seellé. Si respondit que ce ne pouvoit-il pas
faire, sauf son honneur. Si n'estoit pas legere chose de
forçoyer contre si grand puissance comme estoit celle
des Florentins : car moult y conviendroit grand foison de gens d'armes, dont mal estoit garny pour
l'heure, et grande finance d'argent pour telle chose

entreprendre. Si conviendroit que par especial à ces deux choses pourveussent, s'ils vouloient la chose encommencer, pour en venir à leur intention. De leurs lettres les Florentins ne teindrent compte, ny ne se deporterent de la guerre, ains procederent de plus en plus, nonobstant que plusieurs capitaines et François se departissent du siege et de l'ayde des Florentins, pour non encourir le maltalent de nos dicts seigneurs. Et à brief parler tant continüerent la guerre, que plus ne se pouvoient les Pisains tenir, qui souvent envoyoient en France requerir secours : mais c'estoit parce que plus n'en pouvoient, et on les secouroit de lettres envoyer aux Florentins que ils se deportassent, ou ils encoureroient leur ire. Mais tout ce rien n'y valoit; ains s'en mocquoient, et disoient que c'estoit jeu d'enfant d'octroyer et puis vouloir retollir, et que ainsi n'iroit mie. Et n'estoit pas grand honneur à la maison de France telle variation, comme d'aller contre ce qui estoit promis et seellé.

Ainsi arguant, tant continüerent la guerre les Florentins, que ils veinrent à chef de leur emprise, et par force preindrent la cité de Pise, et entrerent dedans malgré les Pisains, nonobstant que le Roy, à l'instigation de nos dicts seigneurs, les eust envoyez defier pour celle cause. Si pouvons dire et penser qu'il en est aux Florentins de tenir ou non les convenances du susdict traicté, puis que le Roy avoit revoqué l'accord faict avec eulx; et depuis sont venus à leur intention. Ainsi et par ceste maniere que j'ay racomptée au vray, qui que aultrement le vouldroit dire, fut commencé et terminé le faict de Pise subjuguée par les Florentins.

## CHAPITRE XII.

*Comment nosseigneurs les ducs d'Orléans et celuy de Bourgongne sceurent mauvais gré au mareschal, pource qu'il n'avoit esté en l'ayde des Pisains contre les Florentins.*

De ceste chose ont sceu mauvais gré nos dicts seigneurs d'Orleans et de Bourgongne au mareschal, et eulx et leurs adherans en ont parlé en le blasmant. Et pource, plusieurs gens qui ne sçavent point le faict au long en parlent et ont parlé à l'advanture, comme on faict de maintes choses, sans sçavoir la verité ne les causes de la chose; et ont dict que par son default nos dicts seigneurs ont perdu la seigneurie de Pise, qui seroit une belle chose à avoir pour eulx. Mais vrayement ils veulent tourner à blasme ce de quoy grand honneur luy appartient; et si aultrement eust faict, reproche seroit à luy : car homme qui va contre ce que par deliberé sens et bon loyal conseil a une fois accordé, juré et promis, encourt reproche d'inconstance et deffault de foy. Ce que nos dicts seigneurs en ont dict et faict, et le mauvais gré qu'ils luy en ont sceu, je tiens fermement qu'il n'est venu de leur premier mouvement, mais d'aulcuns flateurs envieux d'entour d'eulx, comme assez de telles gens a en cour communément, qui bien vouldroient trouver maniere s'ils pouvoient de desadvancer la bonne fortune et prosperité du mareschal. Mais, si Dieu plaist, à ce n'adviendront ja : car Dieu gardera son servant, et iceulx descherront en leur iniquité.

Si pouvez veoir et noter, vous qui ce livre lisez en ce pas cy, ou oyez, que homme ne peult estre si parfaict, ne tant de biens faire et dire, qu'il puisse avoir la grace d'un chascun. Et tout ce vient par le vice d'envie qui court sur la terre, qui destourne de son pouvoir que vaillance, preud'hommie, loyauté et bonté n'ait le los et la gloire qui luy affiert : car telle est la nature de l'envieux, que il taschera tousjours de tourner à quelque mauvaise fin ou intention ce que le preud'homme faict pour grand bien et utilité. Mais Jesus Christ, duquel la benoiste vie a toute esté en ce monde pour nostre enseignement, voulut luy mesme, pour donner exemple aux bons d'avoir sur telles choses patience, estre diffamé par les envieux. Comme il appert par l'Evangile, qui dict que les miracles qu'il faisoit par la vertu divine et par la puissance de luy mesme, les faulx envieux ministres de la loy disoient que c'estoit par art du malin esprit et de l'ennemy ; et qu'il estoit mauvais, où il estoit tout parfaict. Si seroit toutesfois mal regardé et grande ingratitude de hayr sans cause ce preud'homme cy le mareschal, par le sens duquel se sont ensuivis tant de biens, qu'il a gardé entre les autres biens qu'il a faicts de destruire si noble cité et pays comme est celuy de Gennes; et non mie seulement gardé de destruction, mais remis en la meilleure convalescence et estat qu'il feust depuis que la dicte cité feut fondée. Et non pourtant n'est mie d'aujourd'huy ne d'hier que la force des envieux ingrats a nuict aux bons : car de ce sont les escriptures toutes plaines.

## CHAPITRE XIII.

*Cy devise par exemples comment les bons sont communément enviez.*

A ce propos racompte Valere de Scipion l'Afriquain le premier, lequel tant augmenta et accréut le bien public des Romains, que il feit Rome dame de Carthage et du pays d'Afrique, qui par long temps avoit guerroyé les Romains, et leur avoit porté tant de dommaige que quasi les avoit tous destruicts : mais, par la vaillance et proüesse du dict Scipion, la fortune retourna tellement sur les Carthaginois, que ils feurent subjuguez et destruicts par les dicts Romains. Mais la grande abondance de vertus qui estoyent en celuy vaillant homme embrasa tellement les envieux contre luy, que ils feirent tant que les Romains ingrats et non recognoissans recompenserent au dernier ses dignes œuvres d'injures et de vilainies : car ils adjousterent plus grande foy aux mesdisans envieux, qui faulsement l'accusoient de choses controuvées, que ils ne regarderent aux grands biens que il leur avoit faicts. Si l'envoyerent en exil en une pauvre cité entre palus et deserts, que on appelloit Linterne; et là usa ce noble homme sa vie qui moult avoit esté honnorable; et tout fut par envie : car il n'est chose qui soit plus griefve à l'envieux mauvais que de veoir devant soy ou de oüir loüer le bon et vertueux.

Mais, à revenir au propos du mareschal, sont aucuns qui dient aujourd'huy que la plus grand partie des Genevois n'aiment mie le mareschal; et bien luy ont cuidé monstrer, par ce que plusieurs fois l'ont les aucuns d'eulx voulu trahir et emprisonner, et que au dernier le bouteront hors : et par ceste raison concluent les dicts mesdisans que ce n'est mie signe qu'il soit bon ne droicturier, et que si convenablement les gouvernoit, tous l'aimeroient. Mais cest argument n'est mie bon ne vray. Car qu'il ne soit aimé de la plus grande partie, ce peult bien estre : car communément en une communauté de gens, plus en y a de mauvais que de bons. Et il n'est rien que les mauvais et les larrons hayent tant comme justice, et ceulx qui la tiennent et font. Mais sans faillir tous les bons de Gennes l'aiment comme leur ame. Et pourquoy ne feroient-ils? car il les a gardez d'estre peris par les mains des mauvais. Et posons que il feust ores de tous hay : si ne s'ensuit-il pas pourtant qu'il soit vitieux ne defaillant, comme on peult prouver par exemples. Ne dict pas Valere et racompte du bon Lycurgus roy de Lacedemone, lequel feut si vaillant homme que les saiges dirent de luy que il avoit mieulx nature divine que humaine, et par son grand sçavoir feit loix et establissemens moult droicturiers, lesquels il bailla aux Lacedemoniens, qui paravant nulles n'en avoient, et vivoient comme bestes ; et les garda et defendit de maints grands inconveniens, et augmenta et accreut moult la seigneurie du pays. Mais nonobstant tous ses biensfaicts et bonnes vertus, et l'amour qu'il avoit eüe et avoit au pays, et ses belles loix tant subtilement trouvées, ne le peurent garantir qu'il ne trouvast ses citoyens si haineux et mal-veüillans à luy, que à la pre-

miere fois le chasserent du palais, et l'autre fois le bouterent hors de la ville comme tous forcenez, et finalement le chasserent du pays. Pour lesquelles choses Valere dict : « Et qui aura doncques fiance aux com-
« munautez des autres citez et pays, quand la cité de
« Lacedemone, qui s'attribuë la souveraine loüange
« d'attrempance (1) et recongnoissance, fut si ingrate
« envers celuy qui tant de biens luy avoit faicts? »

Et à ce propos encores de l'ingratitude des communautez des villes, donnons-en derechef exemple, afin que nul ne s'y fie, ne croye que leurs jugemens soyent droicturiers, et que à juste cause hayent et exilent les hommes. Parle encores Valere de l'ingratitude des Atheniens contre Aristides le tres-sainct et juste homme, duquel il est parlé en toute l'histoire des Grecs pour sa tres-grande bonté : mais le merite que il eut pour ses biensfaicts feut que ils le bouterent hors du pays, pource qu'il estoit trop juste. Dont Valere dict ces paroles : « Aristides, qui meit à la mesure de
« justice tout le pays de Grecé, et qui feut le miroüer
« de continence et de vertu, feut bouté hors d'A-
« thenes, avec lequel s'en alla toute droiture. »

## CHAPITRE XIV.

*Cy preuve par exemples que on ne doibt mie tousjours croire ne adjouster foy en paroles et opinions de peuple.*

Je baille ces exemples pour preuve que les jugemens de communauté de peuple ne sont mie tousjours à ap-

(1) *Attrempance :* modération.

prouver, mais sont souventesfois à reprouver comme desraisonnables. Ce qui est toutesfois contre un proverbe que aucuns dient, qui dict : « Voix de peuple, voix « de Dieu. » Mais je dis que souventesfois est voix de diable : comme apparut quand le peuple ingrat de Hierusalem cria contre Nostre Seigneur Jesus Christ : « Cruci- « fiez-le! crucifiez-le! » Et qu'il soit vray que raison n'y ait au jugement du peuple, Valere le tesmoingne, lequel, entre les autres exemples que il donne à ce propos, dit que un solemnel musicien que on nommoit Antigenidas avoit une fois moult bien introduit un sien disciple en la dicte science de musique ; si joüoit par tres-grand art d'un instrument de bouche. Le maistre feit venir son disciple joüer devant le peuple, afin que son sçavoir feust congneu et apperceu : mais le rude peuple vilain et mal enseigné, qui en telle maistrise ne se congnoissoit, et qui telle mellodie n'avoit appris à oüir, n'en feit compte, ains despriserent son sçavoir. Quand le dict maistre veid ce, il dit à son disciple : « Tourne « toy vers ma face, et chante à moy et aux sciences. » Comme s'il eust voulu dire : « Ces gens cy sont bes- « tiaux, ils ne sont pas dignes d'oüir telles choses. » Et à vray dire, tout ainsi advient-il souventesfois que maints vaillans gens, et bons en proüesse ou en sçavoir, sont et se trouvent en maintes places où leurs faicts et leurs dicts ne sont point congneus ne reputez selon qu'ils ont merité, mais semble que on n'en tienne compte. Mais non pourtant les bons et les saiges qui les voyent bien faire et bien dire, et qui se congnoissent en tels œuvres, ne les prisent pas moins, ains les honnorent et loüent grandement, comme il appartient. Car vertu et vaillance, ou parfaicte science, tant soit-elle foulée, ne laisse pas pourtant d'avoir d'aucuns la loüange que elle doibt avoir, et que en soy mesme la personne qui bien faict ne juge que l'œuvre soit bon.

## CHAPITRE XV.

*Cy dit comment le mareschal, par la vaillance de son couraige, entreprit d'aller prendre Alexandrie. Et des messaigers qu'il envoya pour ceste cause au roy de Cypre.*

En l'an 1407, le bon mareschal, qui ne pense à autre chose fors comment tousjours augmenter et accroistre le bien de la chrestienté et l'honneur de chevalerie, advisant la grand pitié et honte aux chrestiens que les sarrasins soyent seigneurs et subjuguent les nobles terres d'oultre mer, qui deussent estre propres heritaiges des chrestiens, si mauvaistié et lasche couraige ne les destournoit de les aller conquerir, luy va venir une haulte emprise au couraige. C'est à sçavoir que faisable chose seroit et assez legere qui l'oseroit entreprendre, et par bon moyen, que la cité d'Alexandrie, qui tant est noble et de grande renommée, feust prise et ostée des mains des sarrasins : laquelle chose, s'il advenoit, seroit grand honneur aux conquesteurs, et tres-grand profit à toute la chrestienté. Si proposa que en ceste chose mettroit corps, chevance et pouvoir, et une saison y employeroit, et plus long temps si mestier estoit.

En ce temps estoit venu à Gennes un ambassadeur de la part du roy de Cypre, le tres-noble et reverend messire Raymond de Lesture, prieur de Thoulouze et commandeur de Cypre, homme de grand honneur, saige, preud'homme, et expert en toutes choses. Si pensa le mareschal que il se descouvriroit à luy de ceste chose, tant pour en oüir son bon advis, comme pource que il avoit hanté le pays, et grand piece frequenté avec les sarrasins en la dicte ville d'Alexandrie. Si le pourroit adviser d'aucun bon point.

Et comme le mareschal a de coustume de ne rien entreprendre sans premierement y appeller le nom de Dieu et son ayde, alla un jour en pelerinaige à une devote eglise qui est à une lieüe de Gennes, que on appelle Nostre Dame la couronnée, et là manda le prieur de Thoulouze. Et apres la messe qu'il feit dire à grande solemnité, luy descouvrit le dict secret, et toute son intention de ceste chose; de laquelle le dict prieur feut tres-joyeux, et moult l'en reconforta. Et dit que sans faillir, parce que il luy pouvoit estre advis, estoit chose tres-faisable; et que luy mesme volontiers y ayderoit de son corps, de gens et de chevance. Car l'emprise estoit agreable à Dieu, proffitable à la chrestienté, et tres-honnorable à qui s'y employeroit. Si fut de ceste chose encores plus reconforté le mareschal. Et quand toute la maniere de ce faire eut bien advisée, et tout deliberé en son couraige et advisez ceulx qui propices et bons luy sembloient pour descouvrir ceste chose, et envoyer en ambassade là où convenable luy sembloit, comme sera dict cy apres, il les feit appeller, c'est à sçavoir un tres-noble et notable religieux de l'ordre de Sainct Jean, appellé frere Jean de Vienne, et son escuyer Jean de Ony, cy dessus nommé. Et leur dit toute son intention, et leur devisa ce qu'il luy plaisoit que ils feissent. Mais pour ce que memoire ne peult bonnement toutes choses que les oreilles oyent si enclorre en soy que retenir les puisse, affin que rien n'oubliassent de leur commission, leur bailla par bel memoire escripte la maniere que il vouloit que ils teinssent. Laquelle dicte instruction et memoire, affin que rien je n'y adjouste du mien, comme elle veint de luy, celle mesme par articles, comme elle m'a esté baillée, ay incorporée et mise cy endroit, comme il s'ensuit :

« C'est l'instruction de toutes les choses que nous Jean Le Maingre, dict Boucicaut, mareschal de France, avons donné en commission de poursuivre de par nous és lieux cy apres declarez, le septiesme jour du mois d'aoust en l'an de Nostre Seigneur 1407, à vous noble religieux frere Jean de Vienne, commandeur de Belleville, et à vous Jean de Ony, nos tres-feaux et bien aimez.

« Premierement voulons et vous enjoignons que ceste chose teniez secrete sur toute chose, par telle maniere que personne quelconque appercevoir ne le puisse, et à nul soit descouverte, fors au roy de Cypre vers qui vous envoyons, et à aulcun de son conseil; pource que si apperceüe estoit, nous pourroit tourner à destourbier. Et que vous partis de nous, au plaisir de Dieu, avec la charge que nous vous commettons et ordonnons pour accomplir nos desirs, comme ceux en qui specialement nous nous fions, que mettiez toute diligence et peine de à vos pouvoirs l'accomplir, selon la forme et maniere de vostre instruction. Et supposé que vous avons tres-bien informez des besongnes selon nostre volonté, lesquelles sçavons bien que vostre bon sens les aura tres-bien en memoire, et que les mettrez à effect tres-diligemment selon vos pouvoirs; neantmoings pour vostre seureté, et affin que ayez plus parfaicte memoire de nous et de nostre plaine intention, vous baillons par escript ce qu'il nous plaist estre par vous accomply au dict voyage.

« Tout premierement vous en irez à Venise, et là prendrez vostre passaige jusques à Rhodes. Si nous plaist bien que là puissiez demeurer de huict à neuf jours, si bon et expedient vous semble, et visiterez monseigneur le grand maistre de Rhodes, auquel nous recommanderez, et aux autres seigneurs; et de nos nouvelles leur direz, l'estat de par deça, et que la cause de vostre allée est pour aucunes besongnes qui bien nous touchent, c'est à sçavoir pour les joyaux du roy de Cypre, qu'il bailla en gaige aux Genevois au temps que nous feusmes en Cypre, pour recompense de trente mille ducats de despens que les dicts Genevois avoyent faict en l'armée de Famagouste, laquelle ville le Roy cuida usurper et tollir aux dicts Genevois, et par la paix et accord que nous feismes la rendit, et s'obligea à la dicte somme de deniers pour nos frais; et luy dictes la forme et la maniere que nous avons tenuë avec le prieur de Thoulouze, et la somme de deniers que luy avons baillée pour rachepter les dicts joyaux au nom du Roy. Et en cest espace de temps vous pourvoyez de navire pour vous porter en Cypre; et si par advanture ne le trouvez, vous prierez de par nous le dict monseigneur le grand maistre qu'il luy plaise le vous faire avoir.

« Estans partis de Rhodes, quand il plaira à Dieu que soyez en Cypre, tout droict vous en irez à l'hostel de Sainct Jean en Nicosie; et par le lieutenant du prieur de Thoulouze ferez sçavoir au roy de Cypre vostre venuë, et quand luy plaira que luy alliez faire la reverence. Et de luy oüye la responce, et venus en sa presence, nous recommanderez à sa seigneurie, et à messeigneurs ses freres; puis luy baillerez nos lettres de creance. Et quand son bon plaisir sera d'oüyr vostre creance, priez-le de par nous que ce soit si secretement que nul fors que luy entendre le puisse, ne s'en donner de garde. Et vous mesmes soyez bien advisez que si secretement soit que ne puissiez estre entendus.

« Et tout premierement le prierez de par nous tres à certes, que les choses que luy aurez à declarer veüille bien tenir secretes, pour les perils qui s'en ensuivroient, et pour son propre honneur et exaussement. Apres commencerez vostre narration, en disant que la bonne renommée qui en France et par tout le monde court desja de ses grands biensfaicts, des belles envahies qu'il a par plusieurs fois faictes sur les sarrasins, et chascun jour faict, en s'efforceant de les grever (en quoy comme il appert n'espargne corps, vie ne avoir), par tres-grand diligence le faict tenir aujourd'huy un des jeunes princes du monde qui le plus bel commencement a, et qui plus faict à loüer. Parquoy on espere que il veult et a desir d'ensuivre en hault honneur et pris de chevalerie ses tres-nobles predecesseurs, qui tant acquirent de los en terre par les merites de leurs vertus, et des grandes guerres et nobles emprises que ils feirent en leur propres personnes contre les mescreans et ennemis de la foy de Jesus Christ, qu'à tousjours mais avec les vivans sera memoire de leurs grands bontez et vaillance.

« Et pource, nous qui desirons de tout nostre cœur l'honneur et exaussement de son noble estat et seigneurie : pour laquelle chose vouldrions exposer corps et avoir, par plus grande affection que pour prince qui vive, après la personne du roy de France et de nos seigneurs de son sang, pour les dicts grands biens qui sont dicts de son bel et bon gouvernement és terres voisines; et en toute part desirans d'estre cause que tousjours sa belle jeunesse continuë de mieulx en mieulx, avons advisé une haulte et noble emprise digne de memoire à tousjours mais, et de souverain los pour luy, si Dieu par sa grace la donnoit venir à bonne fin, ainsi que elle est bien faisable, si à ce luy plaist entendre. Et pour ceste cause, c'est à sçavoir pour luy annoncer la chose que avons bien discutée en nous mesmes avant que deliberée l'ayons, laquelle nous semble agreable à Dieu et proffitable à toute chrestienté, si Dieu la donne achever, vous avons envoyez devers sa royale Majesté.

« Et adonc vous, envoyez de par nous, descouvrirez au dict roy de Cypre tout le dessein que pris avons sur la prise de la cité d'Alexandrie. Et tousjours bien luy notez et repliquez, si mestier est où il escherra, que pour ce que nous voyons sa bonne volonté, voulons employer nostre propre personne, et celles de nos parens, amis et serviteurs, en sa compaignée, avec nostre chevance. Et que à ce faire nous meuvent quatre principales raisons. La premiere est, pour le pur amour de Nostre Seigneur, voulons nous employer à son service, et le bien et exaussement de chrestienté. La seconde, pour acquerir merite à nostre ame. La tierce, pour ce que nous vouldrions estre cause, comme dict est, que sa force et sa belle jeunesse s'employast à tout bien faire : parquoy los à tousjours luy en demeure. Et la quarte, pour la cause qui doibt esmouvoir tout chevalier et gentilhomme que son corps incessamment employe en la poursuite d'armes, pour acquerir honneur et renommée. Et apres ces choses dictés, pour mieulx animer et accroistre le desir du dict Roy à entendre à ceste chose, luy monstrerez par bonne maniere comment Dieu luy monstre grand signe d'amour, quand il luy mect en main si haulte chose, sans grand coust de sa part, mais le plus aux despens et labeur d'autruy. Et que s'il le refusoit, peur debvroit avoir que Dieu s'en courrouçast, et que aussi jamais nul n'auroit fiance que de grand et hault couraige feust, ne entreprenant. »

## CHAPITRE XVI.

*Encores de ce mesme, de l'instruction que le mareschal bailla à ses ambassadeurs de ce que dire debvoient au roy de Cypre.*

« Apres que vous aurez dict bien et bel ordonnément toutes ces choses au dict roy de Cypre, vous prendrez bien garde au changement de son visaige, mesmement quand vous parlerez à luy : car par ce pourrez adviser si la besongne luy plairra ou non, et par ce pourrez estre plus advisez de parler. Et s'il vous demande comment se pourroit faire ceste entreprise sans qu'il feust sceu, et où seroit prise si grand finance comme il y conviendroit : à ces deux choses vous respondrez, en luy demonstrant comment il pourroit faire son armée en son pays, tenant maniere que ce feust pour la guerre que il a au Souldan, et nous prest au temps et au terme que luy mesme vous diroit. En telle maniere que quand nous luy ferions sçavoir nostre venuë, montast sur mer, se partist, et feist semblant de venir à Rhodes. Et adonc luy serions au devant à Chastel Rouge; et là nous assemblerions, et partirions à tout nostre ost au nom de Dieu toutpuissant, et tiendrions nostre chemin vers Alexandrie. Et aussi feroit bien au faict que il trouvast maniere d'envoyer secretement un Cyprien ou un Armenien demeurer au dict lieu d'Alexandrie, par lequel il sceust toutes nouvelles, et feist à croire à celuy mesme que ce seroit pour la guerre qu'il a au dict Souldan; et ceste voye seroit bonne.

« Et quant à la mise qu'il y conviendroit, luy direz que nous sçavons bien que soustenir ne pourroit si grands charges et despens que feirent ses predecesseurs, par lesquels la dicte cité feut autre fois prise, mesmes de nostre aage : car trop a esté du depuis le pays grevé. Et pour ce, tout ainsi que le voulons ayder de nos personnes et de gens, semblablement nous plaist le faire de nostre chevance. Et affin que il voye et sçaiche que ceste chose avons bien en tous les points advisée, nous semble que pour ce faire telle quantité de gens d'armes suffiroit, toutesfois selon nostre advis, lequel remettons tout en sa bonne ordonnance et discretion. Tout premierement mille hommes d'armes de bonne estoffe, mille varlets armez, mille arbalestriers, deux cent archers, deux cent chevaulx, sans ceulx que nous prendrions par delà. *Item*, de navire cinq grandes naves, deux galées, et deux galées huissieres garnies de vivres pour six mois.

« Apres ces choses dictes, vous luy pourrez dire la despence qu'il convient, laquelle n'est pas grande selon l'effect, et peult monter environ cent trente deux mille florins. Les deux galées et les deux dictes huissieres valent de naule pour mois cinq mille florins, qui monte pour quatre mois vingt mille florins. Les mille arbalestriers valent pour mois cinq mille florins. Les deux cent archers valent pour mois mille florins, qui monte pour quatre mois quatre mille francs. Les mille hommes d'armes avec les mille varlets, et les deux cent chevaux, valent par mois douze mille florins; sont pour quatre mois quarante huict mille florins. *Item*, pour les vivres dix mille florins; et pour l'artillerie et autres habillemens necessaires, dix mille florins. Somme pour toutes choses : cent trente deux mille francs. Laquelle finance conviendroit toute avoir en la ville de Gennes, qui feust preste environ le mois de decembre prochain venant, affin de faire les provisions comme il appartiendroit, nonobstant que toutes ne seroient mie prises à Gennes, mais en plusieurs lieux, affin que la chose ne peust estre imaginée. Et conviendroit que ladicte armée partist de par deça environ le mois d'avril.

« De ceste dicte finance que mettre hors conviendroit, vouldrions de bon cœur payer nostre part; mais veu et consideré que ceste chose viendra tout à l'honneur et renommée du dict Roy, nous semble que bien est droict que à tout le moins en paye la moictié, qui seroit en somme soixante six mille florins. Et encores, au cas qu'il ne pourroit fournir à ceste dicte somme, payast soixante mille. Mais besoing seroit que le plustost que faire se pourroit que on les eust à Gennes : car le mieulx seroit tost que tard. Et encores s'il n'avoit toute la dicte somme preste à temps, que au besoing on le supporteroit, jusques à ce qu'il feust retourné en son pays, jusques à la somme d'environ dix-huict ou vingt mille florins : mais que faulte n'y eust que lors on les trouvast prests. Et sur ce point dire au Roy comment monseigneur de Thoulouze, qui tant l'aime et desire loyaument le bien, l'honneur et exaussement de sa personne, loüe ceste chose plus que autre chose du monde, auquel il pourroit envoyer fiablement la dicte finance; et mesmement si le Roy ne l'avoit, le dict monseigneur de Thoulouze en feroit finance au nom du Roy par deça, ayant de luy le commandement et puissance. Car de ce faire pour l'authorité de luy est suffisant, et de plus grande chose, si mestier estoit. Ainsi et par ceste forme direz au dict roy de Cypre.

« Et s'il repliquoit que il eust aucune doubte d'aucun de son royaume, pourquoy pourroit estre peril pour luy à aller hors, respondre luy pourrez que il mene avec luy tous ceux de qui doubter se pourroit. *Item*, s'il disoit qu'il sçait bien que les Genevois ne l'aiment mie, si se doubteroit de la quantité des Genevois qui viendroient en la dicte armée. Response : que tous les gens d'armes, varlets et archers qui seroyent de France seroyent tous à son commandement et obeissance ; de ce ne feist nulle doubte. Et s'il advenoit que le Roy feust bien d'accord de ceste chose, et que il voulust y mettre plus grande mise du sien, et plus grande quantité de gens d'armes et de navire qu'il n'est devisé : dire luy pourrez que de tant que plus y mettroit, de tant prendroit-il plus en butin ; et raison seroit : car qui plus y mettra, plus prendra. Par ceste maniere, direz toutes les choses sus escriptes au roy de Cypre. Et du surplus que il escherra à dire, si mestier est, nous en attendons à vostre bonne discretion ; et tenons à faict et dict ce que vous en ferez. »

## CHAPITRE XVII.

*Ci devise la grande chere et belle responce que le roy de Cypre feit aux ambassadeurs du mareschal.*

Tel que j'ay devisé fut le Memoire de la commission baillée du mareschal au commandeur de Belleville et à Jean de Ony, envoyez au roy de Cypre pour l'emprise d'aller prendre Alexandrie. Lesquels deux ambassadeurs se partirent de leur seigneur ; et à brief dire tant exploicterent de leur erre, que ils arriverent au dict pays de Cypre, où ils parfournirent bien et bel et saigement leur ambassade, tout en la maniere que commis leur estoit. Si nous convient dire la responce que on leur fist.

Le roy de Cypre, si tost qu'il sceut la venuë des ambassadeurs, tantost les envoya querir, et à tres-grand honneur et chere les receut. Et quand il eut assez demandé de l'estat et santé du mareschal, et de l'estre de Gennes, et qu'il les eut à certains jours oüy parler tout au long, respondit à joyeuse chere en telle maniere, et par moult belles paroles, comment il debvoit bien remercier Dieu, qui si grand grace luy donnoit que si noble et haulte entreprise luy estoit annoncée de si vaillant homme que estoit le mareschal; et que il appercevoit bien la grace, amour et affection que il avoit à luy et à son advancement, et le desir que il avoit que luy qui estoit jeune, et encores de petit sens et vaillance, se peust advancer en pris et los; et que il y paroissoit bien, quand luy mesme en personne, ses amis et son avoir y vouloit employer. Si ne le pouvoit assez loüer ne remercier à la centiesme partie de ce grand benefice, ne jamais faire chose qui y peust suffire. Et que moult avoit grand joye de ceste chose, laquelle estoit notable et de grande entreprise, et pour ce ne se debvoit encommencer sans grand advis et deliberation. Si penseroit sans cesser la voye et la maniere comment seroit le meilleur d'en faire; et tost et en bref leur en rendroit si bonne responce, que son honneur y seroit; et que pour contents s'en tiendroient, et que ils feissent bonne chere, que tres-bien feussent venus; et que si rien leur failloit, que ils prissent le sien comme le leur propre.

Adonc luy demanderent les ambassadeurs si c'estoit son plaisir que un de son conseil qui nommé estoit Perrin le jeune, que il moult aimoit, sceust ceste chose. Car au cas que il luy plairroit, ils luy bailleroient unes lettres que le mareschal luy avoit escript de ceste besongne : car il sçavoit que le Roy l'aimoit moult et se fioit en luy. Si respondit qu'il luy plaisoit tres-bien. Les dictes lettres presentées de la part du mareschal à iceluy, et la chose descouverte, et tous les points monstrez comme au Roy avoient faict, feit semblant que de ceste besongne eust une merveilleuse joye; et sur tout remercioit le mareschal de toute son affection de ce qu'il luy en avoit daigné escripre, et que il luy plaisoit que il le sceust. Si y tiendroit si bien la main, en monstrant au Roy que comment que il feust ne feust refusant à si grand offre, que on s'en apperceveroit bien.

Ne demeura gueres apres que le Roy arraisonna les dicts ambassadeurs, et leur prit à compter l'achoison que il avoit eüe de faire guerre au Souldan; et que avant la guerre il souffroit ses gens marchander, et aller et venir en sa terre et pays paisiblement, jusques à ce que messire Raimond de Lesture, prieur de Thoulouze et commandeur de Cypre, fût detenu en Alexandrie, et mené au Kaire. Pour laquelle detenuë et encombrier il escrivit au dict Souldan que il le voulust delivrer, et moult luy recommanda; desquelles lettres ne feit nul compte, ne rien n'en feit. « Parquoy,
« ce dict le Roy, quand je veis cela, considerant que
« j'avois faict autres fois aux siens de grandes courtoi-
« sies, je fus moult indigné, et poursuivis tant qu'il en
« feut hors, moyennant vingt cinq mille ducats que il
« paya. Et apres, en despit de ce, envoyay deffier le dict
« Souldan, qui peu de compte en teint. Si envoyay
« tantost une galée courir sur le pays du dict Souldan,
« qui moult grand dommaige luy porta, et prit la plus

« belle nave que ils eussent chargée de marchandises.
« Et ainsi pays gastant, et prenant proyes, alla ceste
« galée courir contremont le fleuve du Nil bien quinze
« milles. Parquoy j'apperceus leur lascheté, et depuis
« leur ay porté maint dommaige : dont je remercie nos-
« tre seigneur Dieu, qui a voulu que j'aye eu achoison
« de leur faire guerre; et affin que je les prise et doubte
« moins, m'a donné causè de les congnoistre avant
« que l'emprise que annoncée m'avez me veint entre
« mains. Car je fais moins de compte d'eulx cent mille
« fois que devant ne faisoye, et plus les essaye et moins
« les redoubte : car des plus lasches et plus foibles,
« encores qu'ils soyent grand nombre, les trouve, tant
« que je veois bien que, pour multitude de gens que
« ils soyent, on ne les doibt accomparer à un peu de
« bonnes gens. Si congnois bien que nonobstant que
« soye pecheur, et non digne que Dieu m'aime, qu'il
« veult qu'en moy soit relevée et renouvéllée la re-
« nommée de mes vaillans predecesseurs, qui ceste
« mesme entreprise acheverent, ausquels de tout mon
« cœur je desire ressembler. Et Dieu m'en doint la
« grace ! car quant est du coust et mise, je n'en fais
« compte, ne de quelconque autre peine. »

## CHAPITRE XVIII.

*Cy devise comment le roy de Cypre s'excusa vers les messaigers du mareschal de non aller sur Alexandrie.*

Sur ceste forme et maniere parla au commencement de leur venuë le roy de Cypre aux dicts ambas-

sadeurs du mareschal. Mais avant que gueres de jours passassent apres, il ne se parforçoit pas moult de leur tenir compte de la dicte besongne. Parquoy ils peurent bien appercevoir que autre conseil l'avoit desmeu; et que celuy Perrin dessusdict, à qui les lettres de par le mareschal avoient baillées, n'avoit pas bien tenu ce qu'il leur avoit promis. Si commencerent à solliciter le Roy que response absoluë de son intention leur voulust bailler : car ja avoyent assez demeuré; et ainsi plusieurs fois luy dirent, et luy aucunes fois leur faisoit response qui leur donnoit esperance que il y voulust bien entendre. Mais il disoit que il y convenoit grand regard, pour la chose qui estoit moult pesante. Et autresfois faisoit response assez froide, pour les doubtes que il y mettoit.

Toutesfois tant le solliciterent, que le vingt quatriesme jour d'octobre l'an dessus dict, leur feit absoluë response, qui fut telle. Il dist que sans faillir depuis leur venuë n'avoit cessé de penser à celle besongne, comme à la chose en ce monde à quoy il desiroit plus entendre. Mais que moult luy estoit griefve, et de grand poids pouvoit bien estre, pour sa petite congnoissance : car ce qui seroit par advanture leger à une aultre, et de briefve deliberation à un saige, estoit un grand travail et obscur pensement à luy pour son jeune aage, qui excusoit son petit sens. Et pour ce avoit conclu, nonobstant que il sçavoit bien que son tres-cher et especial amy le mareschal l'avoit imaginé et pensé pour sa tres-grande vaillance, et luy avoit annoncé loyaument pour son bien et advancement, que il n'y entendroit mie pour ceste fois; et que à ce le mouvoient trois principales raisons. L'une estoit le tres-grand peril où il se mettroit de laisser son pays, veu et consideré les Turcs qui luy sont voisins, qui sont gens de grande puissance, qui pourroient tandis courir son pays, et paradvanture l'en desheriter : combien que de ce premier point se departiroit assez legerement. Mais quant au deuxiesme, que il doubte-roit plus la guerre couverte que la guerre ouverte : car il sçavoit bien que luy party de son pays, il y en avoit maints par advanture que on cuideroit qui feussent ses meilleurs amis, lesquels ne se faindroient mie de luy tollir sa seigneurie; et ainsi pourroit perdre le seur pour le non seur. La tierce raison estoit pour le doubte que il avoit des Genevois, qui de long temps l'avoient si mal traicté, comme chascun pouvoit sçavoir; et pis luy eussent faict, ce sçavoit-il bien, si ne feust son bon amy le mareschal qui les en avoit gardé. Et que ainsi ces trois principales raisons avec leurs dependances, c'est à sçavoir le doubte du faict de guerre, dont nul ne peult sçavoir la fin, fors Dieu, ne à qui la victoire en sera, luy font sembler la chose trop perilleuse et doubteuse pour luy. Et veu mesmes que le mareschal ne seroit mie à Gennes, qui garder peust les dicts Genevois de luy porter dommaige; et que ce n'estoit mie par faulte de couraige ne lascheté, ne de petit desir de n'y vouloir entendre, mais seulement pour les susdictes doubtes : car feust le mareschal certain que la chose ne luy partiroit du cœur jour de sa vie, quoy que pour le present n'y entendist. Mais que, au plaisir de Dieu, mettroit toute peine de disposer tellement et de longue main ses besongnes, qu'encores un temps viendroit qu'il y entendroit. Et que il prioit le dict mareschal, en qui il avoit fiance sur tous les hommes du monde, que il ne voulust departir son cœur de ceste chose, ains luy pleust l'ayder à se preparer et ordonner, comme il le pouvoit bien faire : si que eulx deux peussent encores user leurs vies ensemble au service de Nostre Seigneur, et que il luy pleust le reputer et tenir à fils : car quant à luy, il le tenoit pour pere, et par son bon conseil se vouloit gouverner. Et pour conclusion, que il se reputoit tant tenu à luy de ce que tel soin avoit de son bien et advancement, et des grandes offres que il luy faisoit, que jamais meriter, remercier ne guerdonner assez suffisamment ne le pourroit.

Et à tant se teut le Roy, et les dicts ambassadeurs prirent congé de luy, et au plus tost que ils peurent s'en retournerent à Gennes vers le mareschal, et tout luy racompterent ce que trouvé avoyent.

## CHAPITRE XIX.

*Cy parle du faict de l'Eglise, et comment le mareschal voulut empescher le roy Lancelot que il n'allast prendre Rome.*

En la maniere dessus dicte, le bon mareschal a employé son aage et tout son temps en bien faire perseveramment de mieulx en mieulx. De laquelle chose n'est encores lassé, ny ne sera toute sa vie, si comme on peult par raison penser; car le proverbe commun, lequel est vray, dit : « La bonne vie attraict la bonne fin. » Si ne pourroye racompter toutes les choses belles et notables en faicts et dicts que il a faictes, et continuellement et par chascun jour et heure faict et sont par luy terminées : car tant en y a que c'est un abysme. Si me passe seulement de dire grossement et en general ses principales emprises, et les advantures qui luy adviennent et où il se treuve, afin de continuer mon propos, qui est de monstrer sa grande vaillance, pour ce que ce peult estre un exemple à tout noble chevaleureux qui oüir le pourra, d'estre bon en faicts et en mœurs.

Si ay racompté cy dessus comment, entre les autres bons desirs et nobles faicts que il avoit en volonté, estoit son intention, et est par grande affection, de travailler à la paix de saincte Eglise : lequel desir nulle heure ne depart de son bon couraige, comme il le monstre par effect, comme celuy qui ne cesse à son pouvoir, et tousjours a faict. Mais la faulse convoitise attisée et enflambée par l'ennemy d'enfer és cœurs d'aucuns prelats de l'Eglise, aveuglez par detestable et mauvaise detraction, et par male ambition et desordonnée avarice, ne souffre, quelque peine que le dict bon mareschal et les autres bons y mettent, terminer si tost la chose, ne tirer à bon effect.

O faulse convoitise, gouffre d'enfer insatiable, comment as-tu puissance de tellement aveugler le cœur de l'homme, que nonobstant que il congnoisse que longuement au monde ne peult vivre, toutesfois tu luy fais perdre comme toute congnoissance de la punition de Dieu? Et ce appert quand mesmement deux vieillards sur leur fosse, assis non deüement en siege papal, ce sçavent-ils bien (qui pour un seul fut estably de Dieu, ne autrement ne peult licitement estre), sont tant embrasez de ceste maudite convoitise, accompaignée d'orgueil, que ils ont plus cher eulx damner, et tout le monde mettre en perplexité et douleur, et estre cause de la damnation de infinies ames, que renoncer à un petit de brief honneur mondain receu induëment, que leur adherens leur font! O profond puis d'enfer, logis de Cain et de Judas, à quoy tardes-tu que tu ne les appelles à toy, et que ceste playe en chrestienté cesse, laquelle tant duré pour les pechez des defaillans chrestiens, Dieu ainsi le consentant?

Mais à venir à nostre propos de monstrer comment le bon preud'homme dont nous parlons, c'est à sçavoir le mareschal, mect toujours toute peine à tirer à fin d'union; pource que toutes choses ne se peuvent dire ensemble, comme dict est, adveint, comme assez de gens le sçavent, que nostre pape d'Avignon et celuy esleu de Rome (tant y avoit travaillé le bon mareschal et plusieurs autres bons seigneurs) feurent tous deux d'accord ou feignirent estre (car feintise voirement estoit ce, comme il y a paru) de ceder. Si avoit chascun d'eulx promis que pour mettre l'Eglise de Dieu en paix il cederoit, à condition que l'autre le voulust semblablement faire. Mais les faulx hypocrites (tels se peuvent-ils par l'effect de leurs œuvres appeller) s'entre entendoient bien : car ceste malicieuse voye ont faict à sçavoir entre eulx, pour se excuser chascun sur son compaignon, disant : « Mais que il cede, je « cederay. » Et semblablement respond l'autre. Et ainsi est la fable du ricochet : car ils ont plus cher avoir ce morceau eulx deux, que un tiers y soit mis, et eulx deposez. Mais c'est le morceau qui les estranglera : Dieu advance l'œuvre. Et ainsi par ceste voye passent et dissimulent le temps, et font muser en vain apres eulx et leurs fallacieuses responses tous les princes du monde.

Et debvoit, lors que le dict accord fut pris, le pape de La Lune, dict d'Avignon, aller en un chastel appellé Portovenere, qui sied au bout de la riviere de Gennes; et celuy de Rome debvoit aller en la ville de Lucques, qui est à une petite journée du dict chastel de Portovenere. Et là debvoient ordonner un certain lieu auquel s'assembleroient pour renoncer au papat, presente l'assemblée des cardinaulx et du concile general, à ce que eslection d'un seul pasteur feust faicte par la voye du Sainct Esprit, comme Dieu l'a ordonné.

Pour conclusion de ceste chose, tant feurent timonnez du mareschal et des autres bons, qui tendoient et tendent au bien de paix tous les deux, que excuser bonnement ne se peurent que ils n'allassent és dicts lieux ordonnez. Mais leur venuë peu profita : car, à le faire brief, la conclusion feut telle que la difficulté du lieu trouver où s'assembler debvoient feut si grande, que ils n'en peurent estre d'accord. Et quand l'un vouloit une chose, l'autre le contredisoit, et eslisoit une autre voye, laquelle semblablement l'autre desnioit. Si s'entendoient bien les faulx damnez : car il n'est pas doubte que entre eulx avoyent faict ceste faulse conspiration pour abuser le monde par telles fallaces, et ainsi feirent semblant de non pouvoir accorder. Et dire les causes de leurs frivoles excuses seroit long procés sans necessité. Mais à dire en bref vrayement, tout ainsi que un diable est plus malicieux que l'autre, et s'entredeçoivent nonobstant qu'ils soyent compaignons, nostre pape de La Lune sceut tenir telle voye et maniere, que de ce desaccord bailla tout le tort à celuy de Rome, au dire de tous, tant d'un costé que d'autre.

Pour laquelle cause les cardinaux de Rome le laisserent, et s'en allerent malgré luy en la cité de Pise, et tant que il ne demeura en toute Italie seigneur ne terre qui le favorisast. Parquoy quand il veid ce, envoya requerir au roy Lancelot de Naples que il le secourust ; laquelle chose volontiers accorda, en intention d'usurper et tirer à soy par celuy moyen et voye la cité de Rome et tout le patrimoine, comme il feit apres, comme il sera dict. Si promeit le dict Lancelot que il luy aideroit de tout son pouvoir partout et contre tous. Dont pour ceste cause tant s'orgueillit le dict pape de Rome, que du tout fut obstiné en son propos de non condescendre à la volonté d'un concile general. Si alla tant ceste susdicte alliance de Lancelot avec l'antipape de Rome, que ils traicterent entre eulx par leurs messaigers, que par certains moyens, comme dict sera, Lancelot prendroit la seigneurie de Rome, par telle condition que quand il l'auroit, luy mesme, à si grande puissance que nul ne luy oseroit contredire, l'iroit querir à Lucques et l'emmeneroit. Et ainsi feut deliberée ceste chose.

## CHAPITRE XX.

*De ce mesme ; et comment Paul Ursin, romain, meit le roy Lancelot à Rome par argent qu'il receut.*

Les nouvelles de la susdicte emprise ; comment le roy Lancelot debvoit favoriser et secourir le pape de

Rome, et comment son intention estoit de se parforcer de prendre la cité de Rome, veindrent aux oreilles du mareschal. De laquelle chose feut durement irrité : car bien luy sembla que ce pourroit estre grand empeschement et empirement de traicté de paix au faict de l'Eglise. Et aussi moult luy pesa que la cité de Rome, qui doibt estre et est le droict patrimoine de l'Eglise, deust par telle tyrannie estre ravie et usurpée, et par especial d'un si mauvais chrestien comme il est, et ennemy du roy de France, et si grand adversaire du roy Louis, cousin germain du dict roy de France. Si sceut comment le dict roy Lancelot alloit ja à toute sa puissance par mer et par terre, pour y mettre le siege. Si feut moult en grande pensée de trouver aulcune voye que ceste chose feust empeschée. Et quand il eut deliberé de ce qui estoit le meilleur à faire, il appella un de ses gentils-hommes que il sçavoit vaillant, saige, bon et diligent, nommé Jean de Ony, duquel est parlé autre fois en ce livre. Si luy dit en ceste maniere :

« Vous vous en irez de tire à Rome, et parlerez
« à Paul Ursin, auquel me recommanderez; et de par
« moy luy direz que luy qui est comme le chef et
« principal de Rome, et qui l'a en gouvernement,
« veüille monstrer par effect à ce grand besoing la
« loyauté, preud'hommie et vaillance qui tousjours a
« esté en luy et en ses nobles et anciens devanciers, si
« que de toute sa puissance et force il monstre la
« feauté et bon amour que il porte, comme il est tenu,
« à la cité de Rome. En telle maniere que il ne veüille
« souffrir que elle soit ainsi contre droict et raison
« baillée, ne soufferte en mains estrangeres, et en sei-
« gneurie de nouvel tyran. Laquelle chose, s'il ad-

« venoit, seroit tres-grandement à l'empirement de
« l'honneur de la cité et des Romains ; et que s'ils ont
« esté et sont grands et de noble couraige, desprisans
« servitude plus que gens du monde, à ceste fois le
« veüillent monstrer. Et que de ce je le prie tant comme
« je puis, et le fais certain et luy promects que s'il se
« tient hardiment, et s'il se deffend par grand vigueur
« contre le dict Lancelot, si y aura grand honneur à
« tousjoursmais, et que je le secoureray à tout grand
« puissance, sans nulle faulte, dedans quinze jours. »

Jean de Ony, à tout ceste commission, s'en alla batant à Rome ; et avec luy, par le commandement du mareschal, un autre escuyer bon et appert, nommé Le Bourt de Larca. Si feit sa legation à Paul Ursin bien et saigement, tout en la forme et maniere que enjoint luy estoit. Et oüyes les paroles, à dire en brief ce que Paul Ursin en feit, il monstra semblant que moult estoit liez de ce que le mareschal luy mandoit, en disant qu'il l'en remercioit de bon cœur ; et que par faulte de couraige, et de mettre toute peine, diligence, corps, avoir et vie, ne demeureroit mie que Lancelot ne trouvast grande resistance ; et que à Rome y avoit assez vivres pour cinq mois, et puissance pour souffrir tant que ils feussent secourus. Si mettroit grand soin que ils se teinssent forts contre le siege. De ainsi faire et tenir loyaument le jura et promeit Paul Ursin à Jean de Ony, et que sans faulte deffendroit la cité hardiment jusques au dict terme, et tousjours à son pouvoir, attendant le dict secours. Et pour mieulx monstrer au mareschal la voye que il debvoit tenir, luy mesme figura de sa propre main la cité de Rome sur un peu de papier, et la cité d'Ostie qui là près sied, et la maniere et place où l'on pourroit combatre par mer le navire du roy Lancelot. Aussi devisa l'ayde que il feroit au mareschal, bailla enseigne comment on le congnoistroit, et dict la maniere comment Lancelot pourroit estre desconfit par terre.

Toutes ces choses certifia à tenir le desloyal Paul Ursin, qui oncques rien n'en teint : car deux jours apres que le dict Jean de Ony partit d'avec luy, il meit luy mesme le roy Lancelot dedans Rome, moyennant vingt-six mille florins que il receut, et deux chasteaux. Et Jean de Ony, qui en piece(1) n'eust pensé ceste mauvaistié, s'en retourna devers le mareschal. Toutesfois il laissa son compaignon à Rome, c'est à sçavoir le susdict Bourt de Larca, pour faire sçavoir toutes nouvelles au mareschal, et pour tousjours solliciter Paul Ursin des susdictes choses. Mais en s'en retournant trouva la venuë du roy Lancelot plus advancée que luy ny le mareschal ne pensoient : car ja estoit le dict Roy à toute sa puissance par terre et par mer au siege devant la cité d'Ostie, qui sied à la rive du Tibre pres de Rome. Et avoit en sa compaignée par terre environ de huict à neuf mille chevaux, et deux cent hommes à pied ; et par mer avoit en navire sept galées subtiles, et deux grosses galées huissieres, et bien soixante dix barques chargées d'habillemens de guerre et de victuailles.

Ces choses veües et sceües, le dict Jean de Ony, qui veid le besoing de tost haster la chose, exploicta tant son erre, que en quatre jours feut de Rome à Portovenere. Auquel lieu trouva le mareschal, qui apres le rapport ne musa mie, ains meit telle diligence en la besongne, que le quatriesme jour d'apres il appresta toute son armée, tant de gens d'armes, comme de naves,

(1) *En piece*: jamais.

d'arbalestriers, de vivres, et de toutes choses à ce necessaires. Et celuy jour monta en galée. Si avoit en sa compaignée huict galées et trois brigantins, les mieux armées et fournies de gens d'armes et d'arbalestriers que on peust veoir. Desquelles dictes galées avoit faict capitaine ceulx de qui les noms s'ensuivent. Luy mesme feut le capitaine de la premiere nave; dom James de Prades de la seconde; Jean de Lune, nepveu du Pape, de la tierce; messire Girard de Cervillon, et le mareschal du Pape, de la quatriesme; de la cinquiesme, frere Raymond de Lesture, prieur de Thoulouze; de la sixiesme, le seigneur de La Fayette; de la septiesme, messire Robert de Milly; et de la huictiesme, Jean de Ony. Si estoyent en ceste compaignée, entre les autres nobles et renommez gens, ceulx dont les noms cy ensuivent: messire Guillaume Muillon, messire Lucas de Flisco, messire Gilles de Pruilly, messire Beraut Du Lac, Guillaume et Hugues de Tholigny, le sire de Montpesat, Robert de Fenis, capitaine de l'un des brigantins; Gilet de Grigny, Chabrulé de Ony, nepveu du susdict Jean de Ony, et plusieurs autres, qui long seroit à dire. A tout ceste belle compaignée se partit le mareschal.

Mais comme Dieu le voulut pour son mieulx, tantost se leva un vent contraire, et un oraige si tres-grand que nullement ne pouvoit aller avant; dont tout vif enrageoit. Et contre le vent par droicte force alla jusques devant Moutron; mais pour neant: car la tempeste s'enforcea si tres-grande, que il luy conveint tourner arriere. Et dura cest oraige par trois jours. De laquelle chose tant estoit dolent le mareschal, que plus ne pouvoit. Et ainsi en attendant tousjours que la tourmente cessast, pour le grand desir que il avoit de parfournir son emprise, ne souffroit que nul de ses gens ississent hors du navire, jusques à tant que le susdict Bourt de Larca, que le dict Jean de Ony avoit laissé à Rome, comme dict est devant, arriva, qui venu estoit à grand haste, et par maints perils. Lequel dict les nouvelles comment Lancelot avoit esté par Paul Ursin mis à Rome, comme dict avons devant.

Laquelle chose moult pesa au mareschal. Mais tous ceulx qui avec luy estoyent regracierent Nostre Seigneur de l'oraige et tourmente qui les avoit empeschez d'aller plus avant : car sans faillir, si jusques là feussent allez, tous eussent esté trahis, morts et peris. Mais Dieu, qui tousjours defend les siens, garda adonc son servant le bon mareschal, qui demeura dolent et courroucé de ce qui advenu estoit. Mais ne defaillit mie pourtant en luy l'ardente volonté de tousjours travailler au bien et paix de saincte Eglise. Ains puisqu'il avoit failly à une de ses voyes, pour venir où il tendoit, c'est à sçavoir d'empescher celuy de Rome que il ne feust favorisé par la puissance de Lancelot ; comme dict est, il prist à penser que il cercheroit voye et maniere de tant faire par toutes les parties d'Italie qui au dict pape de Rome obeissoient, que ils feussent advertis et congneussent les grands maulx et inconveniens qui à cause de l'erreur du dict pape de Rome et aussi de celuy d'Avignon, et par leur obstination, advenoient en la chrestienté. Et à ce tant se peina, que il leur ouvrit les yeux de verité en ceste cause : c'est à sçavoir que bon seroit que un seul pasteur feust esleu par saincte voye, et ces deux maudits deposez. Et semblablement feit tant par ses saiges et bonnes manieres, avec l'ayde de Dieu, vers tous les roys, et les terres et pays qui au dict pape de Rome obeissoient, comme en Angleterre, Alemaigne et ailleurs, et pareillement de celuy d'Avignon, comme France, Arragon, Espaigne et autre part, que tous les princes de la chrestienté et chascune puissance de pays mettroit peine à tendre à l'union, et que plus nul de ces deux ne seroit favorisé ny soustenu en son erreur.

Et ainsi par long travail, non mie tout en un jour, mais en l'espace de plus de trois ans ( car trop y a à faire de ramener infinies opinions et diverses faveurs à une seule), a tant faict par son saige pourchas, que il est venu à ce que il tendoit : c'est que tous les princes de la chrestienté qui leur obeissoient, et toutes les terres et pays, sont aujourd'huy d'accord, et mesmement le roy Lancelot (qui souloit favoriser celuy de Rome, comme dict est), que tous deux cedent, et un vray Pape soit esleu. Et chascun endroict soy y travaille. Et au cas qu'ils y soient contredisans, et ne aillent à la journée qui pour ceste cause est prise à certain jour au mois d'avril en cest an 1408, en la cité de Pise, où le concile general doibt estre assemblé, et eulx mesmes y sont appellez, et ja de toutes parts y vont prelats, et ambassadeurs de tous les princes et pays ( en laquelle chose France a grand honneur, le Roy et les princes d'icelle, avec la noble Université de l'estude de Paris, qui grand peine et par long temps y a mis), ils seront delaissez seuls, comme heretiques damnez, mauvais et detestables, de tous leurs cardinaux, de tous les princes et de toute gent; et leur sera ostée toute puissance, et punis s'ils peuvent estre tenus; et un nouvel esleu par le sainct college, sans contraincte, en maniere deüe, par la voye du Sainct Esprit. Laquelle chose Dieu par sa saincte misericorde veüille terminer briefvement, au bien et paix de toute la chrestienté, comme mestier est : car il n'est nul doubte que à cause de ce schisme sont venus par l'ire de Dieu les maux qui depuis sont venus au monde moult merveilleux. Et en cest estat, et soubs la forme que en brief je devise, est, à cestuy jour dixiesme de mars 1408, le faict de l'Eglise : environ lequel jour doibvent partir pour aller au dict concile les envoyez du roy de France, c'est à sçavoir le patriarche d'Alexandrie et autres notables prelats, et nobles clercs de la dicte Université de Paris, et mainte gent d'authorité. Si en lairray à tant, et diray des autres bien faicts du vaillant chevalier en qui prenons nostre matiere.

## CHAPITRE XXI.

*Cy devise comment le mareschal, en venant par mer de Gennes en Provence, combatit quatre galées de Mores, où grande foison en y eut d'occis.*

Le bon champion de Jesus Christ, c'est à sçavoir le mareschal, qui est de cœur, de volonté et de faict le vray persecuteur des mescreans, eut volonté d'aller en Provence veoir sa belle et bonne femme, et visiter sa terre. Si se partit de Gennes le vingtiesme jour de septembre en l'an 1408, et monta sur la galée de la garde de Gennes. Et ainsi comme il alloit par mer, oüit nouvelles que quatre galées de Mores estoyent en son chemin. De ceste chose demanda advis aux vaillans hommes qui avec luy estoyent, et que il leur sembloit qu'estoit bon à faire. Et ils respondirent que il estoit presques nuict, et que ils conseilloient que il demeurast ceste nuict à Porto Morice, et que il envoyast tout coyement, sçavoir où ils estoyent, et que le lendemain feist ce que bon luy sembleroit : mais que ils le prioient que sa personne descendist à terre, pour eviter tous perils. Car trop grand meschef adviendroit s'il avoit mal ne encombrier; dont Dieu deffendre le voulust.

De tout ce que dict avoyent les creut le dict mareschal, excepté de descendre; et de ce ne les voulut escouter. De là ne se bougea. Si eut environ minuict nouvelles que iceulx sarrasins estoyent en son chemin ancrez au plus pres d'un chastel nommé Rocquebrune, ne semblant faisoient de s'en aller. Oüyes ces nouvelles, quoy que chascun feist la chose moult perilleuse et doubteuse, pour ce que grand foison estoyent, le mareschal dit que pour ces Mores ne laisseroit son chemin, et se tourna vers ses gens, et comme en sousriant leur dit : « Or y apperra de ce « que vous sçaurez faire; voicy bien à besongner : « mais és fortes besongnes acquiert-on le grand hon- « neur. » Adonc pour leur aller courir sus prist à faire ses ordonnances.

Cinquante arbalestriers prist sur sa galée, et ordonna par la dicte galée les lieux où il vouloit que ses gens combatissent. Premierement, coste luy pour combatre en pouppe, feurent les principaux ceulx de qui les noms icy s'ensuivent : messire Choleton, le seigneur de Montpesat, Guillaume de Tholoigny, Pierre Castagne, messire Thomas Pansan, genevois, et plusieurs autres gentils-hommes. Et pour combatre en proüe feit mettre Jean de Ony, Macé de Rochebaron, le bastard de Varanes, le bastard d'Auberons, et plusieurs autres. Et au long de la galée ordonna Louys de Milly, accompaigné de plusieurs autres. Le matin se meit en son chemin au nom de Dieu le mareschal, et droict sur l'heure de vespres arriva au lieu où les dicts Mores avoient reposé; mais partis s'en estoyent, et allez ancrer devant le port de Villefranque. Si teint vers là son chemin au plus tost que il peut, tant que trouver les veint, comme une heure devant soleil couchant. Et adonc par grand signe de hardiesse, faisant toute monstre de fier assault, courut à eulx, qui attendre ne l'oserent. Et tant feurent effroyez, que ils coupperent à grand haste les cables, et laisserent les autres, et de tout leur pouvoir se meirent à fuir. Là feurent huez, en criant : Apres! apres! Et tant feurent poursuivis que on les attaignit devant la ville de Nice apres soleil couchant. Si furent durement envahis : et là feut faict de moult belles armes, et moult s'y esprouva bien chascun en droict soy.

Mais pource que long seroit à dire les faicts que chascun y feit, vous dis que l'œuvre loüe le maistre. Car de tel randon y feurent heurtez les dicts sarrasins, qu'en la propre place où acconsuivis feurent, mourut de eulx de quatre vingt à cent, que la mer jecta le lendemain à terre. Et iceulx taschoient de fuir; mais de si pres estoyent requis qu'espace n'en avoient, et non pourtant se mettoient à deffence par grand vigueur, et aux nostres fort lançoient. Et ainsi toute nuict dura entre eulx l'escarmouche, où le traict fut si grand, que de la galée du mareschal feurent tirées sept grosses casses de viretons. Et le lendemain, ainsi tousjours escarmouchant, allerent jusques devant le chastel de Briganson, auquel lieu le mareschal veid la nuict. Et les sarrasins se retirerent en une isle qui est devant le dict chastel, et à la minuict se partirent secretement, et teindrent leur chemin en Bar-

barie. Mais dès leurs y perdirent plus de quatre cent hommes que morts que affolez, comme rapporterent les chrestiens qu'ils avoient pris, lesquels leur estoyent eschappez en la dicte isle. Et des gens du mareschal, que morts, que blessez, y en eut dixneuf : mais moult estoyent lassez, et à bon droict, car cessé n'avoient de combatre ou escarmoucher une nuict et un jour.

Si teint son chemin le mareschal, et veint trouver le roy Louys à Toulon, qui moult grand chere et honneur luy feit, loüant Dieu de la belle advanture qui advenuë luy estoit. Et quand assez eurent esté ensemble, et devisé de leurs affaires et advantures, le mareschal prit congé, et vers sa femme alla, qui, à la plus grande liesse que son cœur pouvoit avoir, le receut au chastel de Marargues, en plorant de joye.

## CHAPITRE XXII.

*Cy devise comment messire Gabriel Marie, bastard du duc de Milan, cuida usurper au Roy la seigneurie de Gennes; et comment il eut la teste couppée.*

Dict vous ay cy devant comment messire Gabriel Marie, bastard du premier duc de Milan, vendit la cité de Pise aux Florentins, et comment le mareschal à toutes ses besongnes lui avoit esté amy : voire si amy luy avoit esté, que par maintes fois luy avoit sauvé la vie, et gardé de faim et de maints autres encombriers. C'est chose vraye. Mais iceluy Gabriel, mauvais et desloyal, comme il y parut, luy en cuida rendre si petit guerdon (1), comme de se parforcer de usurper au Roy et soustraire la seigneurie de Gennes, comme par moy vous sera devisé.

Il est vray que quand iceluy messire Gabriel eust faicte la dicte vendition de Pise, il alla demeurer avec le jeune duc de Milan et le comte de Pavie ses freres, qui benignement le receurent. Et à brief dire, quoy que ils le traictassent amiablement comme frere, il se porta si mal vers eulx, que il attira tant de gens vers soy par ses tromperies, que il osa faire guerre à ses dicts freres. Et de faict se bouta en une forte place de Milan, que on dit la citadelle; et la teint par force, en cuidant pouvoir forçoyer contre eulx. Mais sa presomption le deceut; car il conveint au dernier que, par necessité de vivres et par force de famine, il se rendist. Laquelle chose feut saufve sa vie. Et le duc de Milan pour celuy meffaict le bannit à certain terme, et le confina à aller demeurer en la cité d'Ast, qui est au duc d'Orleans. Laquelle chose jura et promeit. Mais de ce serment se parjura, et feit tout le contraire: car il s'en alla au pays de Lombardie devers Facin Kan, qui est un grand tyran, et meneur de compaignée de gens d'armes, ennemy de Dieu et de nature humaine: car tous maulx, occisions et dommaiges sont et ont esté par long temps par luy faicts et executez. Ce Facin Kan est ennemy du roy de France, et tres-grand adversaire du dict duc de Milan, et du comte de Pavie son frere. Et se teint le dict Gabriel en une cité que Facin avoit usurpée, laquelle se nomme Alexandrie de la Paille, l'espace d'un an, en portant de tout son pouvoir mal et dommaige à ses dicts freres.

(1) *Guerdon* : récompense.

En ces entrefaictes ne luy suffit pas ceste seule mauvaistié : ains luy et son desloyal compaignon le dict Facin Kan vont machiner grande mauvaistié, si à chef l'eussent peu mectre. Mais Dieu de sa grace ne le voulut consentir. Ce feut que ils proposerent d'oster au Roy la seigneurie de Gennes, y occire tous les François, et l'attribuer à eulx; ou au moins, si tout ce faire ne pouvoient, mettre la ville à sac, qui est à dire la courir et piller, et eulx en aller à tout la proye. Ceste chose deliberée entre eulx, feirent tant que aucuns guibelins feurent de leur accord. Si estoit telle leur intention, que le dict Gabriel, qui tousjours avoit trouvé amitié et courtoisie au mareschal, viendroit à Gennes devers luy, et demanderoit marque sur les Florentins pour aulcun reste de deniers que encores luy debvoient à cause de la vendition de Pise; et par celle voye, tandis que à Gennes seroit, pourroit adviser la maniere de mettre à fin ceste entreprise. Ceste chose deliberée, manda au mareschal que il luy pleust que devers luy veinst; laquelle chose il octroya volontiers. Mais non pourtant Gabriel avant qu'il y veinst envoya demander au dict mareschal un saufconduict, pource qu'il avoit demeuré avec Facin Kan, ennemy du Roy et des Genevois. Et il luy donna, mais non pourtant pour faire dommaige en nulle maniere à luy ou à la dicte seigneurie de Gennes.

Et ainsi y veint messire Gabriel; et le mareschal luy donna la marque que il demandoit, et le traictoit aussi amiablement pour l'amour de son feu pere, comme si ce feust son frere. Et à ses despens y feut environ six mois, en monstrant signe de poursuivre la dicte marque; mais à autre chose pensoit : car c'estoit pour tousjours adviser son point, pour à son pouvoir parfournir sa trahison. Mais la saige prevoyance du mareschal ne luy souffroit avoir opportunité ny espace. Toutesfois, pour entrer en son faict, avoit ja demandé au dict mareschal congé de passer huict cent chevaux par la ville et rivaige de Gennes, lesquels il vouloit mener de Toscane en Lombardie, pour certain sien affaire, comme il disoit. Lequel congé il luy avoit donné. Mais Dieu, qui ja par tant de fois a gardé de mal et d'encombrier son servant le mareschal, ne voulut que plus feust ceste mauvaistié celée, laquelle feut par estrange maniere descouverte en telle maniere.

En celuy temps le mareschal faisoit tenir le siege devant un chastel que on nomme Cromolin, que tenoit contre le Roy et la seigneurie de Gennes un mauvais rebelle nommé Thomas Malespine, qui estoit de l'entreprise de Gabriel et de Facin Kan. Adveint une fois entre les autres, comme Dieu le voulut, que un autre Genevois qui estoit dehors au siege prist fort à debatre avec celuy Thomas, qui sur le mur du chastel estoit ; en disant que mal luy viendroit d'estre ainsi rebelle au Roy et à sa seigneurie, et que mieulx feroit de se rendre et donner obeissance, comme raison estoit. A brief dire, grosses paroles eurent entre eulx, et s'entredirent de grandes vilenies, tant que le dict Genevois dit à celuy Thomas que il luy verroit coupper la teste sur la place de Gennes. Adonc l'ire extresme et le despit que le dict Thomas eust le feit eslargir de paroles, selon la vanité de son couraige. Si respondit : « Et je te promets que avant que il

« soit gueres de jours tu me verras aller par entre les
« changes (1) de Gennes. »

La parole que cestuy dict feut moult pesée des
oyans, qui tantost penserent que jamais cestuy-cy
n'auroit la hardiesse de se tant tenir, s'il n'avoit port
et esperance d'aucun. Si feut tantost tenu suspect le
dict Gabriel, à cause de Facin Kan. Mais pour en
sçavoir la certaineté, feut par secret conseil ordonné
une certaine quantité de bons hommes d'armes,
loyaux au Roy et à la seigneurie, qui feurent envoyez
sur les montaignes environ Gennes, pour prendre
garde si nul messaige ne pourroit aller ne venir de
Gabriel à Facin Kan : dont il adveint un jour, comme
ils estoyent là en espie, que ils veirent venir un compaignon à cheval. Tantost coururent sur luy à tout
dagues et espées nües, disans : « Traistre, tu es mort;
« car nous voyons bien à la devise que tu portes que
« tu es à ce faulx traistre Gabriel qui est amy du
« mareschal; que nous hayons sur tous : car par luy
« sommes bannis de Gennes. Si compareras le mal-
« talent que nous avons à luy. »

Adonc celuy qui cuida que ils deissent vray, et que
ils feussent des bannis de la ville, haineux du mareschal, leur dict que pour Dieu ne le tuassent pas; et
que puis que ennemis du dict mareschal estoyent,
telle chose leur annonceroit que s'ils en vouloient estre
participans, ils seroient tous riches. Adonc iceulx faisans semblant que bien leur pleust ceste chose, luy
tirerent de bouche toute l'entreprise, et comment il
portoit lettres à Facin Kan de par Gabriel, que il
avoit entre les semelles de ses souliers. Lors iceulx

---

(1) *Les changes* : la banque.

faisans accroire que ils le meneroient sauvement avec eulx, le menerent à Gennes. Dont il se trouva esbahy, et secretement fut examiné, et tantost recongneut toute la chose.

Si feut pris messire Gabriel, qui garde ne s'en donnoit, au palais de la ville, auquel habite le mareschal, où s'estoit allé esbatre, pour adviser le lieu afin de mieulx parfournir sa trahison. Et à tant feut mené, que de sa propre bouche recongneut tout le faict; et comment à certain jour Facin Kan debvoit venir à tout deux mille chevaux et trois mille hommes de pied devant les portes de Gennes, et crier : « Vive partie « gibeline ! » Que adonc quand les gens du mareschal et les Genevois sortiroient dehors contre luy, messire Gabriel à tout ses huict cent chevaulx debvoit faire semblant de saillir en leur aide et avec eulx contre le dict Facin. Mais il tiendroit la porte ouverte, pour donner lieu au dict Facin d'entrer dedans. Et que au cas que les gibelins de Gennes se feussent voulu rebeller, ils eussent esté avec eulx si forts que tous les gens du Roy eussent tué. Et au cas qu'ils ne se rebellassent, que au moins courroient-ils la ville et la pilleroient, puis s'en iroient. Si eut après ceste confession messire Gabriel la teste tranchée, comme il l'avoit bien desservy.

FIN DE LA TROISIESME PARTIE.

# LE LIVRE
### DES FAICTS
## DU MARESCHAL DE BOUCICAUT.

## QUATRIESME PARTIE.

### CHAPITRE PREMIER.

*Cy commence la quatriesme et derniere partie de ce livre, laquelle parle des vertus, bonnes mœurs et conditions qui sont au mareschal, et de la maniere de son vivre. Et devise le premier chapitre de la façon de son corps.*

Or ay dit et racompté, Dieu soit loüé, les faicts dignes de memoire jusques à aujourd'hui accomplis et tirez à chef par messire Boucicaut, mareschal de France, de qui procede ceste Histoire; et comme on me les a baillez par memoire, les ay mis par ordre au mieulx que j'ay sceu, et non mie si bien comme la matiere le requiert : car à ce mon entendement n'est suffisant. Si n'en dirons plus à present, et irons à ses mœurs et conditions. Car apres ce que nous avons parlé du riche tresor, c'est bien raison que nous disions du vaisseau dont il sort, combien que les œuvres loüent assez le maistre. Si me semble, consideré que ses nobles mœurs et maniere reglée de vivre peuvent estre cause de tout bon exemple, est bon que nous en disions aulcunes choses. Et partant, commencerons premierement aux façons de son corps.

Il n'est mie moult hault de corpulence, ni aussi des moindres. Maigre homme est; mais nul ne pourroit estre mieulx formé que luy, ne plus habile de son corps. Et est de tres-bonne force, large poictrine, haulte et bien faicte, et espaules basses et bien taillées. Gresle et menu est par les flancs. De cuisses et de jambes nul ne pourroit estre mieulx faict selon le corps. Le visaige est de belle forme en toutes façons, sur le clair brun, assez coulouré et bien barbu, et de poil brun sur le sor [1]. Le regard a hardy et asseuré, et saige maniere et contenance rassise et haulte. Et avec ce tant a maintien seigneurial, que Dieu luy a donné telle nature et grace, que la presence de sa personne est craincte et redoubtée, et tenuë en reverence de ceulx qui le voyent, et par tout où il va, et mesmes de tels qui sont plus grands et plus puissans que luy. Et toutesfois n'a-il en luy ne en son maintien fierté ny orgueil; ains le hait sur toute chose, si n'est contre ses ennemis, contre lesquels a tres-grand couraige et greigneur fierté. Et avec cela richement se vest, nettement s'habille, et de tres-bons habits.

[1] *Sur le sor :* sur le blond.

## CHAPITRE II.

*Cy dict de la devotion que le mareschal a vers Dieu en œuvres de charité.*

A parler des mœurs et conditions du mareschal, après que nous avons racompté ses faicts, tout premierement dirons de la devotion qu'il a vers Dieu, et commencerons à la vertu de charité, pource qu'elle est mere et souveraine des vertus, comme le tesmoingne sainct Paul. Il a telle devotion à faire bien aux pauvres, et telle pitié a de eulx, que il faict enquerir diligemment où il y ait pauvres mesnaigers, vieulx et impotens, ou chargez d'enfans, ou pauvres pucelles à marier, ou femmes gisans, ou veufves, ou orphelins, et là secretement tres-largement envoye de ses biens. Et ainsi par luy sont soustenus maints pauvres.

Et encores ne luy suffisent les aumosnes que il faict au pays où il est; ains, pource qu'il sçait que à Paris y a maintes secretes grandes pauvretez, y envoye souvent tres-grand argent pour employer en tels usaiges à gens qu'il commect à ce faire. Et est chose vraye, comme plusieurs gens le sçavent, que maints pauvres mesnaiges et maints pauvres impotens en ont esté reconfortez, et maintes filles mariées. Moult volontiers aussi ayde à secourir convens et eglises, et faict reparations de chappelles et lieux d'oraisons : si comme il appert en maints lieux, et mesmemént à Sainct Innocent à Paris, auquel lieu par l'argent qu'il a donné sont faicts les beaux charniers qui sont autour du cimetiere, vers la Drapperie; et aussi à Sainct Maximin en Provence, où est le chef de la Magdelaine, a donné mille escus comptant pour faire une voulte sur la chappelle où est le benoist chef, et refaire la dicte chappelle toute neufve : laquelle est faicte moult belle.

Volontiers donne à pauvres prebstres, à pauvres religieux, et à tous ceulx qui sont au service de Dieu. Et à tout dire, jamais ne fault à nul qui luy demande pour l'amour de Dieu. Et quand il chevauche dehors, volontiers donne l'aumosne de sa main, non mie un petit denier à la fois, mais tres-largement. Si est secourable et tres-grand aumosnier par tout où il peut sçavoir qu'il y ait pitié, et par especial des bons : car il aime cherement tous ceulx qu'il peut sçavoir qui sont de bonne vie, et qui aiment et servent Nostre Seigneur. Car comme dict le proverbe commun : « Chas- « cun aime son semblable. »

Mais pource que je sçay qu'en son noble sens, condition et nature, n'a nul default, je me veulx excuser à luy si le cas advenoit que jamais ceste presente escriture veint en ses mains : parquoy il feust aucunement troublé, si comme sont communément les bons quand ils oyent faire mention des biens que ils font pour Dieu. Que de ce que j'en dis la verité luy plaise n'y vouloir avoir aulcun desplaisir, ne m'en avoir aulcun mauvais gré : car je ne le fais mie pour luy en donner vaine gloire, ains le fais en intention de donner bon exemple à tous ceulx qui en oiront parler, et qui ce present livre liront et oiront. Car comme les saiges theologiens le tesmoingnent, l'aumosne et le bien faict n'est conseillé à faire secretement, fors pource sans plus à ce que l'homme qui le faict n'y prenne aulcune vaine gloire, en monstrant sa bonté devant les gens. Mais quand l'homme est si parfaict que pour bien, aulmosne ou oraison qu'il face, soit en secret ou en public, point ne s'y glorifie, ains le faict simplement pour l'amour de Dieu, mieulx est qu'il le face devant les gens que en secret. La cause est pour ce que il donne exemple à ceulx qui le voyent de faire bonnes œuvres.

## CHAPITRE III.

*La reigle que le mareschal tient au service de Dieu.*

Avec ce que le mareschal est tres-charitable, il aime Dieu, et le redoubte sur tout, et est tres-devot : car chascun jour, sans nul faillir, dict ses heures et maintes oraisons, et suffrages de saincts. Et quelque besoing ou haste que il ait, il oit chascun jour deux messes tres-devotement, les genoüils à terre. Ne nul n'oseroit parler à luy tandis qu'il est à ses messes et qu'il dit son service, et moult devotement prie Dieu. Et à brief dire, tant donne bon exemple de devotion à ceulx qui le voyent, que grands et petits s'y mirent. Tant que tous les varlets de son hostel servent Dieu en jeusnes et devotions, et se contiennent à l'église aussi devotieusement que feroient religieux. Et de tels y a qui ne souloient sçavoir mot de lettre, qui ont appris leurs heures, et soigneusement les disent. Et avec ce, comme tres-saige, et pourveu du bien de son ame (ainsi que tout bon chrestien doibt vivre ainsi qu'il vouldroit mourir), il a faict son testament, et l'accomplit luy mesme par chascun jour. Et quand le mareschal faict son oraison, il fait tousjours sa petition, et demande à Dieu soubs condition si c'est pour le mieulx; et que toutesfois quoy que il requiere, comme homme fragile est desireux, que sa saincte volonté soit faicte. O qui l'a ainsi appris à prier? Ce n'est mie venu de sapience humaine ny de la chair, qui tousjours tire à sensualité : mais du Sainct Esprit, qui ainsi l'inspire.

Et de ceste maniere avoir de Dieu prier ensuit bien la maniere de Socrates, qui tant feut saige philosophe, que les anciens l'appelloient oracle divin. Celuy disoit que on ne debvoit rien demander à Dieu immortel particulierement, mais sans plus requerir son ayde generalement en ce que il sçait que le meilleur est. « Car,
« ce disoit-il, Dieu sçait mieulx ce qui est profitable à
« chascun que nous ne pouvons sçavoir. Et souvent
« nous demandons chose qui à avoir nous seroit dom-
« mageable : car la pensée des mortels, se disoit-il, est
« enveloppée de tres-espaisses tenebres; parquoy il
« advient que elle eslargit ses demandes à ce que son
« appetit desire, pource que elle ne sçait congnoistre
« son mieulx. Tu desires, dict-il, richesses, qui ont
« esté cause de la perdition de plusieurs; tu convoites
« honneurs, qui sont cause de mortelle envie, et peu
« durent; tu imagines et desires royaumes et sei-
« gneuries, desquelles les yssuës sont et ont esté sou-
« vent miserables; tu desires et requiers nobles ma-
« riages, et te surhaulser en lignée : mais c'est sou-
« vent destruction de famille et de vie seure par divers

« cas. Car qui plus se fiche au vent de fortune, plus est
« dejetté. Ne t'amuse donc, dit-il, à telles prieres,
« mais te recommande simplement à l'acteur de toutes
« choses, qui sçait mieulx ce qu'il te fault que toy mesme
« ne fais, et mects toutes tes causes et faicts à son
« arbitraige et volonté. » Si sont moult belles paroles
venuës d'un payen, qui ne sçavoit rien de la loy de
Dieu; et toutesfois par raison naturelle il confessoit
une deité. Et avec luy bien s'accorde Juvenal au commencement de son quatriesme livre.

A propos des payens, lesquels sans loy escripte eurent par raison naturelle congnoissance de Dieu et des
choses divines, est escript de Thales, qui fut l'un des
sept saiges, que il respondit moult notablement quand
on luy demanda si Dieu sçavoit les faicts des hommes :
« Oüy, dit-il, et non pas les faicts seulement, mais
« les pensées. De sorte que nous ne debvons pas seu-
« lement vouloir avoir les mains pures, mais aussi
« pures pensées, quand nous croyons la déité celeste
« estre presente à nos secretes cogitations. » Doncques
si les payens sans loy eurent congnoissance de bien
faire pour l'amour d'un Dieu, que debvons nous faire
entre nous chrestiens qui avons vraye congnoissance
de la loy par tant de sainctes Escritures, et qui sommes du college de Jesus Christ, qui fut et est Dieu et
homme ? Si debvrions plus que autres estre punis si
nous mesprenons. Et comme dit Boece en la fin de
son livre de la Consolation, il nous est necessaire
d'estre bons, quand nous faisons tout devant le juge
qui veoid et congnoist toutes nos œuvres, et qui nous
payera selon les dessertes.

Aussi le mareschal a le jour du vendredy en grande

reverence. Il n'y mange chose qui prenne mort, ne vest couleur fors noire, en l'honneur de la Passion de Nostre Seigneur. Le sabmedy jeusne de droicte coustume, et tous les jeusnes commandez de l'Eglise; et pour rien nul n'en briseroit. Davantaige jamais ne jure Nostre Seigneur, ny la mort, ne la chair, ne le sang, ne autre detestable serment, ny le souffriroit jurer à nul de son hostel. Et n'est pas besoing à ses gens que ils renient et maugréent, comme plusieurs font en France : car mal leur adviendroit, s'il venoit à sa congnoissance, et n'y a si grand qu'il n'en punist. Et mesmement en la ville de Gennes et en toutes ses terres a mis ordonnance sur ceste chose, soubs peine de grande punition. Si qu'il n'y a si hardy qui de Nostre Seigneur osast parler non deüement, ne oultrageusement jurer. Si y auroit bon mestier d'un tel gouverneur à Paris.

Outre cela, il va tres-volontiers en pelerinaige és lieux devots tout à pied en grand devotion, et prend grand plaisir de visiter les sainctes places, et les bons preudes hommes qui servent Dieu. Si comme il a faict maintesfois la montaigne et la saincte place en Provence où Marie Magdelaine feit sa penitence, en laquelle a grande devotion. Et en celuy lieu tout à une fois donna cinq cent francs comptant, pour avoir licts et autres choses pour l'hospital aux pauvres, et pour heberger les pelerins. Il aime moult cherement toutes gens dont il est informé qu'ils meinent bonne et saincte vie, et volontiers les visite et hante.

Et quand il voyage aulcune part en armes, il faict defendre expressément, sur peine de la hart, que nul ne soit si hardy de grever eglise, ne monstier, ne prebstre, ne religieux, mesmes en terre d'ennemis. Et ne souffre assaillir eglise forte, quelque bien ou quelque richesse que le pays eust dedans retirée, quelque famine ou necessité qu'il ait. Et en ce demonstre bien tant sa devotion comme sa non convoitise. Et de ce faict tout ainsi le pouvons recommander, comme faict Valere en son livre Scipion l'Afriquain, dont ja plusieurs fois ay parlé en ce livre, que il loüe moult, pour ce que semblablement le faisoit. Dont il dit que quand le dict Scipion eut pris Carthaige, il manda par toutes les citez de Sicile que chascun veint recongnoistre les ornemens de ses temples, lesquels Hannibal, qui avoit esté empereur d'Afrique et de Carthaige, quand il eut conquis Sicile, avoit là portez, si les rapportassent en leurs lieux. De laquelle chose, ce dict Valere, il demonstra tant son religieux couraige, comme sa non convoitise : car il y en avoit de moult riches.

## CHAPITRE IV.

*Comment le mareschal se garde de trespasser la loy de Dieu et ses commandemens, mesmement en faict de guerre; et de la mesure que il y tient.*

Tout homme qui aime Dieu et le redoubte, de quelque estat qu'il soit, se garde communément de faire chose qui soit contre ses commandemens. Et quoy que tel homme ait à faire en l'office où Dieu l'a appellé, ne se departira point de ce qui est de la raison.

Et pource, à propos des mœurs et maniere de vivre du mareschal en l'office que Dieu luy a commis, c'est à sçavoir des armes, nonobstant que à plusieurs pourroit sembler qu'en celuy exercice forte chose soit à se sauver, bien y a sceu et sçait tenir reigle juste et mesurée le mareschal. Si comme ont faict en leur vivant plusieurs vaillans nobles hommes des temps anciens que je ramenteveray cy aprés, ausquels, par ce que je trouve d'eulx et de luy, je le puis accomparer. Mais pource que Dieu doibt aller devant toutes choses, et que aussi luy mesme en tous ses faicts mect tousjours l'ayde de Nostre Seigneur au devant, ay premierement voulu parler de sa charité, et puis de sa devotion. Si dirons tiercement de la belle reigle morale qu'il tient en armes, et du bien qui luy en est ensuivy.

En cestuy office certainement il est tres-saige, et souverainement advisé. Car avant que il commence guerre, bien considere s'il est bon qu'il la face ou non, et s'il a cause juste, et à quoy se pourra tourner; quelle puissance il a en gens et en finance, et quelle a celuy contre qui il veut guerroyer; la force du pays et du lieu, la saison et le temps, et tout ce qui luy pourroit nuire et ayder; et sur ce delibere par bon sens. Et quand il a conclu qu'il est bon que il la mette sus, et qu'il a assemblé ses gens, bien les sçait ordonner: commettre les plus saiges et les plus experts aux armes, et les plus accoustumez pour estre les chevetaines des autres, et expressément commande que chascun à son capitaine obeisse; et si nul va alencontre, qu'il en soit puny. Avec ce il prend bien garde quelles gens il prend avec soy, et s'ils sont

bons et duicts en guerre. Et a maintesfois laissé à
mener gens d'armes d'aucunes nations, est-il pour le
mal que ils font par tout où ils vont ; et que à peine
les en peut-on garder, quelque punition que on en
face.

En quoy on peut dire que le mareschal tient la
reigle et discipline de chevalerie que jadis faisoient
les susdicts vaillans anciens : comme il appert és histoires des Romains, qui punissoient tres-fort leurs
propres enfans et parens qui desobeissoient aux souverains. Ha Dieu! et en icelle discipline de chevalerie
n'est-il mie semblable à Scipion l'Afriquain le tres-
vaillant, que j'ay ja pour sa bonté plusieurs fois alle-
gué, lequel quand il feut commis pour estre chevetaine d'un grand ost que les Romains envoyerent en
Espaigne, il ordonna et feit un edict que toutes choses
superflues et sans necessité feussent chassées et ostées
de l'ost? Pour lequel commandement une grande
troupe de folles femmes vuiderent, et toutes manieres
de marchans qui apportoient à vendre choses deli-
cates et sans besoing. Semblablement ce tres-vaillant
homme le mareschal faict en ses armées crier soubs
grande punition que nul ne soit si hardy d'appliquer
son temps en vaine oisiveté, comme de joüer aux dez,
ne à aultre jeu de fortune ; et que il n'y ait en l'ost
quelconque chose à quoy follement et vainement se
puissent amuser; ne que on n'y vende chose sans necessité, et que nul n'y jure vilainement Dieu ne mau-
grée. Et si aulcun le faict, il est griefvement puny.

Et que tenir telle voye en ost soit bonne, Valere dict
que un noble chevetaine de Rome, que on appelloit
Métellus, prist avec soy par le commandement des

Romains l'ost et la compaignée de gens d'armes que un autre chevetaine souloit mener; lequel ost avoit esté si negligemment introduict, que leur valeur estoit comme toute amoindrie. Mais celuy Metellus, suivant la maniere de Scipion, tantost qu'il feut revenu en l'ost, remedia aux mauvaises coustumes que ils souloient avoir. Et pour mieulx les contraindre, defendit que nulles choses delicieuses feussent vendües en l'ost, ne que nul y eut varlets, ne chevaulx, ne autres bestes, pour porter le harnois; et voulut que eulx mesmes se servissent. Et toutesfois il changeoit souvent de place, et si leur faisoit luy mesme clorre leurs logis.

Le mareschal donc est saige à commencer guerre et à bien les sçavoir mener, et instruire ses gens. Mais aussi nul ne sçauroit ne pourroit estre mieulx advisé de bien congnoistre son advantaige en toutes places où il se loge en champ, ou quand il attend ses ennemis : c'est à sçavoir de mettre ses adversaires s'il peut au dessoubs du vent et de la poudre, et le visaige au soleil, et au bas de la montaigne. Et s'il veoid son mieulx, il n'attend mie qu'on le vienne assaillir, ains advise son point de courir sus, et de les prendre s'il peut despourveüement. Et s'il apperçoit que son meilleur soit, il les attend pour les avoir par aulcune cautele. Si n'est ne chauld ne hastif pour leur courir sus à l'estourdie, ains attend lieu et temps convenable.

Tout en la maniere que estoit le noble homme Fabius Maximus, dont Valere escript que il feut envoyé à tout grand ost par les Romains pour resister à la puissance de Hannibal le prince de Carthaige, dont il adveint que luy qui estoit de grand sçavoir, considera, quand il feut approché de ses ennemis, leur grand pouvoir, et l'orgueil en quoy ils estoyent montez, pour cause d'une victoire qu'ils avoyent éüe contre les Romains : si ne voulut pas combatre si tost à eulx, combien que il eust grand gent, et ne faisoit que soy tenir sur sa garde, et ses gens serrez avec luy; et suivoit ses ennemis d'assez pres, sans les assaillir; et ainsi se passoit le temps. Et en ce tandis perdoit tousjours Hannibal de ses gens, qui avoyent de grands defaults, parquoy ils alloient affoiblissans; et Fabius prenoit tousjours fortes places, et à son advantaige : et Hannibal toutesfois moult dommageoit le pays, par bouter feux où il pouvoit. Mais, pour dommaige que il feist, oncques ne meut Fabius à nulle hastiveté, que tousjours n'attendist son point.

Quand ce eust duré un temps, le maistre de la chevalerie de Fabius, qui estoit nommé Minutius, qui moult estoit hardy et peu saige, par plusieurs fois incita Fabius de courir sus à Hannibal, et disoit que c'estoit grand honte de tant souffrir sans leur donner bataille. Mais de ce ne s'esmeut en rien le duc Fabius : tant que iceluy Minutius, qui plus y cuidoit sçavoir que son maistre, s'en retourna à Rome, et feit tant devers les maistres du conseil que il eut licence de combatre contre Hannibal. Et adonc les gens que avoit Fabius feurent partis en deux, et en eut Minutius la moictié, et gouverna chascun sa partie. Mais tousjours Fabius se tenoit en sa resolution, et de rien ne s'esmouvoit. Hannibal leur ennemy, qui ja estoit si affoibly qu'il estoit sur le point de s'en partir, eut grand joye de ceste chose : car il sçavoit bien que par la follie de Minutius il auroit tantost la bataille, et que aussi Fabius estoit affoibly de la moictié de ses gens. Si feit Hannibal, qui moult estoit malicieux, mettre une embusche en certain lieu; et Minutius, qui avoit grande envie de combatre, assaillit Hannibal. Mais, par l'embusche qui veint sur eulx, feut tantost Minutius desconfit. Et le saige Fabius, qui avoit preveu la fin de ceste chose et ne vouloit pas pour la folie de cestuy faillir aux siens, s'estoit mis en une embusche; si courut sus à ceulx qui chassoient les fuitifs, et feit sonner ses buccines pour rassembler entour soy ceulx qui fuyoient. Et ainsi gaingna Fabius par sa saige souffrance, et Munitius perdit par sa folle hastiveté.

Et c'est pour dire que l'atrempance du mareschal et de tous autres semblablement en faict d'armes faict à loüer, et non mie folle hardiesse et non deüe hastiveté. Et à ce propos encores, pour mieulx prouver que saige cautele face moult à loüer en faict d'armes, auquel sçavoir ne fault mie à estre bien appris le mareschal, si comme sur sarrasins et autre part par maintes fois l'esprouva, dict Valere que au temps que le dict Hannibal et Hasdrubal son frere estoyent en Italie, qui tout destruisoient, deux nobles ducs de Rome feurent envoyez contre eulx, lesquels deux ducs si saigement s'y conteindrent, nonobstant que ils n'eussent mie tant de gens comme les autres, que les deux grands osts des deux freres ne peurent oncques estre joinfs ensemble : car si ainsi feust, rien n'eust peu durer devant eulx, pour la multitude des gens que ils avoyent. Et feirent tant les deux Romains, pour destruire l'un des osts de leurs ennemis, que sans que Hannibal s'en donnast de garde, s'assemblerent une nuict ensemble les deux osts de Rome, et alla l'un vers l'autre un tres-grand pays toute nuict; et son compaignon le receut par merveilleux sens, tout en la maniere que si ce ne feust que un mesme ost, et que secours ne leur feust point venu. Si se teindrent serrez et joincts ensemble; dont il advient que Hasdrubal qui avoit baillé jour de bataille, et ne se cuidoit combatre que à une des parties, feut desconfit.

## CHAPITRE V.

*Comment le mareschal est hardy et seur en ses saiges entreprises.*

Avec ce que le mareschal est en armes tres-saige et tres-advisé, il est tres-hardy, chevaleureux, diligent, et de grande entreprise : en telle maniere que il ne se trouva oncques en lieu que il eust à faire avec ses ennemis, que il n'en saillist à son honneur, et qu'il ne feust de son bien faict tres-grandes nouvelles. Et toutes ces choses en luy se sont esprouvées par maintes fois où il s'est trouvé en lieu et place que il entreprenoit de telles choses, et achevoit, que elles sembloient comme impossibles à venir à bonne fin. Mais par sa grande hardiesse, et par l'ordonnance que il mettoit en ses gens, il faisoit ce qu'il vouloit. Car quand il se trouvoit en aulcune tres-grande et tres-difficile et penible besongne, et qu'il voyoit bien que sans grande force et sans moult y souffrir n'en viendroit-il mie à chef, adonc faisoit crier en son ost que soubs peine de mort nul ne feust si hardy de partir de sa place, ne retourner au logis. Et par ce ses gens, qui redoubtoient sa justice et punition, qui rien n'espargnoit, aimoient mieulx mourir en la bataille s'il le convenoit, que estre morts et deffaicts honteusement par punition; si s'exposoient à si grands perils, que il terminoit honnorablement tout ce qu'il entreprenoit.

Et de ceste notable et tres-honnorée maniere en faicts de guerre que il avoit, le puis derechef comparer aux vaillans anciens, comme Valere recite de eulx et de leurs faicts. Dont entre les autres exemples dict que comme l'ost des Romains feut une fois logé sur le fleuve de Lombardie pres de Plaisance, advient que par force leurs ennemis les en deslogerent. Quand leur consul, c'est à dire leur duc, le sceut, il commanda au maistre de la chevalerie qui les menoit, et à eulx tous ensemble, que ils allassent recouvrer leur place, ou tres-griefvement les en puniroit. Et ne le feit pas iceluy duc en esperance qu'il eust que ce peussent-ils faire, mais à fin que ils ne demeurassent deshonnorez d'avoir gauchy ou fuy. Si feit un edict et un commandement que si nul estoit veu fuir ne tournant arriere, que tantost feust tué comme ennemy. Par laquelle severité, ce dict Valere, encores que ils feussent fatiguez de corps et d'esprit, pour le desespoir de leur vie, ils dirent que mieulx vouloient mourir sur leurs ennemis honnorablement, que on les tuast honteusement. Dont il advint que, nonobstant la multitude des ennemis et la force du lieu, ils gaignerent la place.

Si sçait bien tenir ces manieres le bon mareschal dont nous parlons. Et suffise à tant de ceste matiere d'armes, à laquelle j'ay produit exemples pour mieulx prouver l'authorité de sa vaillance. Et aussi l'ai faict, pource que ramentevoir les faicts des bons doibt donner couraige aux nobles qui leurs faicts oyent de les suivre, et faire comme eulx.

## CHAPITRE VI.

*Comment le mareschal est sans convoitise, et large du sien.*

C'est chose notoire, et que chascun sçait, que à tout homme qui desire advenir à hault degré de vaillance est necessaire qu'il soit sans convoitise d'amasser tresor ne richesses. Car s'il mettoit en ce son soin, il est impossible que il peust vacquer és grandes poursuites qu'il convient faire en armes à ceulx qui en veulent avoir los, et ausquels si escharceté (1) estoit trouvée et congneüe, elle leur osteroit l'amour et la compaignée de ceulx qu'ils hanteroient en celuy mestier, et par ainsi leur renom seroit esteint, quoy qu'ils feissent. Si n'est mie vrayement de ceste tasche tasché le vaillant mareschal, comme il appert : car oncques en sa vie n'achepta ne acquist seigneurie, terre ne heritaige ; et mesmement de ce qu'il a de son patrimoine peu de compte en tient. Si monstre bien semblant que ailleurs sont ses pensées.

Parquoy sans faillir tout ainsi se peut dire de luy qu'il est escript du saige philosophe Anaxagoras,

(1) *Eschargeté :* épargne, économie.

lequel, apres que il eut longuement delaissé son pays pour recercher science, retourna à ses possessions, lesquelles il trouva gastées et desertes, et non cultivées; dont ses amis le blasmerent; ausquels il respondit : « J'aime mieulx, dit-il, que je me soye faict, que si « j'eusse faict mes possessions. » C'est à dire que s'il eust entendu à cultiver ses possessions, il n'eust mie acquis la grande perfection de science que il avoit. Si fut sa parole bien suivant sa sapience : car il eut plus cher avoir vacqué à cultiver science et d'acquerir sçavoir, que à celuy de ses terres et heritaiges; laquelle occupation luy eust osté l'exercice de l'estude.

Ainsi ce bon mareschal dont nous parlons, qui vrayement tout ainsi que les anciens appelloient les saiges philosophes chevaliers de sapience, se peult bien appeller philosophe d'armes, c'est à dire amateur de la science d'icelles, qui aime mieulx s'estre faict en vaillance, vertu et aultre renommée, que s'estre entendu à acquerir terres, richesses et manoirs. Mais il a acquis un tres-grand tresor, qui est la suffisance. Et c'est la propre richesse, ny point n'en est d'autre : car, dit Aristote, celuy est riche qui rien ne convoite, et ceste richesse ne luy peut estre ostée : car bonne pensée ne craint nulle male fortune. Et ainsi ensuit les vaillans preux, qui oncques nul compte ne tiendrent d'amasser avoirs; et qu'il n'en tienne compte, sans faillir il le monstre bien : car nul noble homme ne pourroit plus abonder en saige et bien ordonnée largesse de ce qu'il a, que il faict. Car aux chevaliers et aux gentils-hommes estrangers et privez donne largement, tost et sans demander, à chascun selon le merite de son bien faict, et selon ce qu'il vault; grandement guerdonne celuy qui luy faict aulcun service ou plaisir. Ny ne veult rien debvoir, ains paye et contente les marchands qui le leur luy livrent. Et à brief parler, tant faict en ce cas cy, que tout homme à qui il a à faire a cause de se loüer de luy. Ne il n'est aise, fors que quand il faict bien à aultruy. Et toutesfois, ainsi que doibvent faire tous hommes saiges, bien regarde à qui, quoy, comment et pourquoy il donne : et non mie par folle largesse, qui moult est desprisée, mais par pure franche liberalité saigement assise, et du sien propre, et non pas de l'autruy, ainsi que sainct Augustin dit que largesse se doibt faire. Car il se garde moult bien de faire tort, grief ne extortion à quelconque personne : car ce ne luy souffriroit mie la grande charité dont il est plain.

Ne dons ne esmolumens quelsconques ne veult prendre, que on luy veüille donner à cause de l'office du gouvernement qu'il a. Et en ce faisant tient bien l'enseignement du saige duc d'Athenes, qui fut appellé Pericles, qui disoit, comme rapporte Justin, que il affiert (1), à chasque homme qui a l'administration de justice, de ne contenir pas seulement ses mains et sa langue, mais aussi ses yeux. Et en ce il monstroit que un prince ou homme qui a à gouverner les autres, et tout justicier, se doibt garder de recevoir dons qui corrompent les jugemens humains, et aussi de trop parler, et en outre de l'incontinence de la chair: car le menu peuple, ce dict-il, tire tantost la vie des souverains en exemple. Et de toutes ces choses bien se sçait garder le mareschal, si comme cy apres sera dict.

(1) *Il affiert*: il convient.

## CHAPITRE VII.

*Comment la vertu de continence et de chasteté est au mareschal.*

Que cestuy homme dont nous parlons soit continent et chaste, appert par ses contenances et faicts : car en trois signes principaux est apperceu le luxurieux. L'un est en estre trop delicat de la nourriture du corps, et en la curiosité de la vesture et des habillemens ; le deuxiesme en contenance et regards ; et le tiers signe est és paroles. Car, dict le proverbe, « où la dent se deult, la langue va. » Et dict l'Escripture : « Qui de terre est de terre parle. »

Quand est de la nourriture du corps, sa coustume est telle, que quoy qu'il soit tres-largement servy, et que son hostel soit moult planturéux de tous biens, jamais à table ne mange que d'une seule viande, c'est à sçavoir de la premiere à quoy il se prend, soit boully, ou rosty, ou poulaille, ou grosse chair ; ny ne boit vin qui ne soit le quart d'eaüe, ny nulle heure ne boit fors à disner et soupper, ny en estranges viandes ne saulses ou saveurs diverses ne se delecte. Il boit et mange tres-atrempément et sobrement. Et quoy que ses gens soyent servis en argent doré moult richement, et qu'il ait assez de vaisselle, jamais son corps n'est servy de nulle chose en or ne en argent : mais en estain, en voirre, ou en bois. De sa vesture et habillement n'est mignot ne desguisé, quoy que son appareil soit propre et net : mais non trop curieux en desguisemens, ne moult ne s'y entend ne amuse, ny ne dore son corps par diverses affiches; dont la superfluité ne sied pas moult à hommes solemnels, quoy que ils en usent assez en France. Tient bel estat de gent, et honnorable mesgnie de gentils-hommes; veult que ils soient bien habillez, chascun selon son estat; et assez et largement leur donne de quoy.

A table peu parle, ne nulle heure n'a moult de paroles. Et quand de son mouvement se prend à parler, tousjours est son devis de Dieu ou des sainctes, de vertu, ou du bien que aulcun a faict, de vaillance et de chevalerie, d'aulcun bon exemple, et de toutes telles choses. Ne à nulle heure, soit en privé ou en public, on n'oit saillir de sa bouche parole vaine ne messeante, ne jamais ne dit mal d'autruy ny n'en veult oüir, ne paroles desraisonnables ou vaines; et où il n'y a aucun bien, n'oit point volontiers. Moult luy plaist oüir lire beaux livres de Dieu et des saints, des faicts des Romains, et histoires anciennes. Davantaige nulles fois ne ment, et ce qu'il promet il le tient; et veult estre obey tost et sans delay de ce qu'il commande. Il hait les mensongers et flateurs à merveilles, et d'avec soy les chasse. Il hait pareillement jeux de fortune, ne nul temps n'y joüe. Ces vertus, qui sont contraires à lubricité, sont en luy.

Et si les signes sont par dehors de sa chasteté et continence, encores y est plus la reelle verité du faict : car le lien de mariage garde en tres-grande loyauté et amour. Et vrayement Dieu a commis tout tel gouverneur à Gennes comme il y convenoit. Car comme par delà ils soyent moult jalouse gent, ny n'ont desir que on leur aille desbaucher leurs femmes, de cestuy leur est bien advenu : car plus de semblant n'en faict que si de pierre estoit, nonobstant que les dames y soyent bien parées et bien attiffées, et que moult de belles en y ait. Et semblablement veult que ses gens s'y gouvernent; et si plainte luy en estoit venuë d'aulcun, mieulx luy vauldroit n'y estre oncques entré : car avec ce que il le faict pour le bien de vertu, outre ce il veult garder l'amitié des Genevois, que il congnoist en leurs mœurs et coustumes. Si ne veult que ils ayent cause de eulx tenir mal contents de luy ne des siens, pas seulement mesmes au regarder.

De laquelle chose j'ay oüy dire à un de ses gentilshommes que une fois entre les autres le mareschal chevauchoit par la ville de Gennes, si y avoit une des dames de la ville qui au soleil peignoit son chef, qui moult estoit blond et bel, comme par delà en sont communément curieuses. Si advient que un des escuyers qui chevauchoit devant luy, la veid par une fenestre, et va dire : « O que voila beau chef! » Et quand il fut passé oultre, encores retourna pour regarder la dame. Et adonc le mareschal, qui le veid ainsi retourner, va dire : « C'est assez faict. » Ainsi de faict et de semblant le mareschal est net de cestuy vice de charnalité, et de toute superfluité, qui est parfaict signe de sa continence. Car dient les autheurs que le vice de luxure abonde en jolivetez, en regards et contenances, et s'adjoint à convoitise de choses delectables et d'ornemens vagues, qui font le couraige volant par divers mouvemens de delices. Si a bien regardé et advisé cestuy saige dont nous parlons que c'est un vice qui damne l'ame et estaint les vertus, comme le tesmoigne sainct Augustin. Et pource l'a voulu du tout bannir de soy, et mesmement dés sa tres-grande jeunesse : qui moult est grande vertu.

Si est plus que chose du monde luxure contraire à vaillant homme d'armes. Car mesmement Jules Cesar, qui feut si vaillant conquereur, tant comme il feut en la contrée d'Egypte, en feut tres-vilainement diffamé ; et tellement, que si plus eust continué sa vie luxurieuse en celuy pays tant qu'il y demeura, en s'occupant en folles plaisances et delices, il eust perdu tout honneur, et toute vaillance d'armes. Car ja le vouloient laisser ses chevaliers et ses gens d'armes, qui moult en murmuroient, et le tenoient pour homme perdu. Et qu'il soit vray que contraire chose soit à tout vaillant homme, dit Bocace au cinquiesme livre de la ruine des nobles hommes, du roy Antiochus, duquel Antioche feut nommée, et qui tant feut hault, riche et puissant prince, que assez avoit pouvoir, richesse et gent pour tout le monde conquerir, et qui ja avoit subjugué et conquis par force d'armes moult grand pays, ny nul ne pouvoit resister à sa force et puissance, et devant lequel toutes terres trembloient, que il feut deffaict et mis bas par sa luxure et delices. Car apres qu'il eut conquis une partie de la Grece, il s'en alla hyverner en Calcidie, auquel pays il feut pris de folles amours. Pour laquelle chose, pour soy occuper en jolivetez et delices, en jeux et esbatemens, son fier couraige feut amolly.

Si demena ceste vie tout l'hyver, et tant que non pas seulement les princes de son ost, mais aussi les chevaliers et simples hommes d'armes ensuivirent ses folles plaisances et delices. Et tellement delaisserent l'ordre de la discipline de chevalerie, et maniere de vivre que ils avoyent apprise et accoustumée à mener, qu'en la premiere assemblée où ils se trouverent apres, qui fut contre les Romains, ils feurent vaincus; et s'enfuit le roy Antiochus en la cité d'Ephese. Justin aussi confirme ceste chose, en disant que cestuy roy par un hyver estoit tous les jours à nopces nouvelles; et dict que il estoit moult curieux en superfluitez, qui sont choses desirables aux luxurieux; et qu'il portoit cloux d'or en sa chaulsure, et avoit vaisseaux d'argent à l'usaige de sa cuisine, et les paremens de tous ses habillemens estoyent de moult grande richesse et magnificence. Dont dit Valere que telles choses sont plus desirables proyes aux ennemis, que elles ne sont cause de les vaincre et surmonter. Et me semble que les autheurs qui escripvirent ces choses en leurs livres, en ayant merveilles que telles superfluitez feussent en homme, tant feust hault roy ou empereur, n'avoient pas veu en leur temps courir les oultraiges et desrois qui sont en usaige au temps present, en France et autre part. Et non mie seulement és princes et és gentils-hommes, mais aussi en de petits ministres de leurs hostels, plus grands bombans en de tels y a, que n'avoit le roy Antiochus en sa personne. Et pource à l'effect qui s'en ensuit, peut-on veoir les causes, et selon les causes peut-on juger quels effects en peuvent ensuivre.

## CHAPITRE VIII.

*Comment le mareschal suit la reigle de justice.*

La vertu de justice, avec les autres biens qui sont au mareschal, reluit en luy merveilleusement; ne nul ne la pourroit mieulx garder à l'ongle qu'il la garde, comme il est necessaire, par especial au pays de par delà, voire sans ce que il use de rigueur non deüe, ne de cruauté à creature née. Ains en tous ses faicts plus tire, comme doibt faire tout bon justicier, sur misericorde que sur rigueur, en gardant la ligne et la balance de droict que il veult faire à tous, en rendant à un chascun ce qui est sien. Et s'il la tient bien et toujours à tenuë, il y appert au lieu où il est. Qui est une grande merveille à considerer, que par le sçavoir d'un seul chevalier gens tant rebarbatifs, si rebelles et tant mal accoustumez de ne rien craindre, puissent estre ramenez à telle discipline et à telle paix, que tout homme pourroit porter à toutes heures l'or et le tresor sur sa teste ou en ses mains par toute la cité de Gennes, sans ce que nul luy ostast, ne luy en feist tort. Ny en un an pas une fois ne vient à justice une seule plainte d'une buffe (1) donnée ou d'une barbe tirée : au lieu qu'ils se souloient entretuer par la ville tous les jours comme chiens, ny que l'un die vilainie, ne face oultraige à l'autre. Ains y court une telle generale parole entre grands et pe-

(1) *Buffe :* coup de poing, soufflet.

tits, quoy que ils ayent à faire ensemble : « Fay moy
« raison de toy mesme, ou monseigneur me la fera. »
Si peut-on veoir que c'est solemnellement bien garder
justice.

Pour laquelle vertu de justice bien gardée est ensuivy et ensuit tel bien aux Genevois, que les riches,
qui souloient eulx tenir enclos et mussez pour peur
des mauvais, comme devant est dict, monstrent maintenant manifestement eulx et leur avoir, sans avoir
peur que tort ne grief leur soit faict. Et leur faict de
marchandise, qui estoit comme tout destruict sur
mer, et en moult petite quantité de nefs, est maintenant à merveilles grand. Et monte leur navire,
que ils envoyent par tout le monde, à plus de sept
cent grosses naves. Et les mauvais, qui souloient
vestir riches robes de leurs larcins, sont contraincts,
s'ils veulent vivre, de bescher en la vigne, ou de mener un asne.

O Genevois, que tant debvez aimer celuy qui ainsi
vous a mis de exil en franchise, de pauvreté en richesse, de deüil en joye, de tenebres au clair jour,
et qui a restauré de mort cent mille des vostres, qui
ores feussent destruicts s'il n'eust esté, et qui a gardé
vostre cité de destruction ! C'est chose vraye, et nul
ne le peut nier, et il y paroist, et par son moyen
vostre puissance s'estend à present sur toute la mer
et la terre. Quel guerdon rendrez-vous à vostre bon
duc et gouverneur, qui tant de biens vous a faicts
et faict chascun jour de mieulx en mieulx ? Où pren-
drez-vous merite suffisant pour guerdonner ces grands
biens ? Bien luy debvez obeir, l'aimer et le garder
soigneusement, et prier Dieu pour luy, et qu'il le

vous veüille sauver : car s'il vous estoit failly, je me
doubte que vostre gloire iroit au declin. Car tous les
mauvais d'entre vous ne sont pas peris, quoy que par
crainte ils tiennent cachez leurs felons couraiges. O
que grand bien seroit pour vous, si sa vie estoit perpetuelle! Car plus n'y a de meschef en vostre faict, fors
ce qu'il est homme mortel, de qui la vie ne peult estre
moult longue. Si le vous conviendra perdre une fois,
qui vous sera grande desolation. Mais tant que vous
l'avez, accoustumez-vous à bonnes coustumes, à tenir
justice et à suivre la voye de bonnes mœurs, et vous
mirez en luy. Si delaissez vos cruautez, et anciennes
mauvaises coustumes de ainsi vous entredeffaire.

De bonne heure vous estes donnez au roy de France,
qui tel gouverneur vous a envoyé. Bien debvez benir
le jour que premier veistes celuy qui ainsi vous garde,
gouverne et deffend, et qui entre vous est si droicturier justicier, que l'empereur Trajan, lequel tant
feut jadis renommé par sa grande justice, et que les
histoires recommandent tant, oncques mieulx ne la
garda, nonobstant que il descendit de son destrier
quand il estoit armé pour aller en bataille, et feist
arrester tout son ost, pour faire droict et justice à
la bonne dame veufve qui luy requeroit droict d'un
tort que on luy avoit faict.

## CHAPITRE IX.

*Comment avec ce que le mareschal est justicier, il est piteux et misericordieux. Et preuve par exemples que ainsi doibt estre tout vaillant homme.*

Mais avec ce que le mareschal est droicturier justicier, ne default mie en luy plaine misericorde et pitié : car de ce l'a Dieu bien garny, tout ainsi que il affiert à tout bon seigneur et gouverneur de gent. Car maintes fois luy ont ses privez oüy dire que il voudroit que il ne souveint jamais à luy ne à aultre de injure que on luy eust faicte, affin que il n'eust cause ne volonté de s'en vanger. Ne oncques ne refusa à nul, pour quelconque mal qu'il luy eust faict, misericorde, s'il la demande. Et qu'il soit vray que pitié et misericorde soyent en luy, bien l'a monstré n'a pas grandement, que il luy veint à congnoissance que plusieurs de ses serviteurs, c'est à sçavoir de ceulx qui avoyent le gouvernement de sa despence, le desroboient, et avoient desrobé bien de quatre à cinq mille francs, l'un plus, l'autre moings. Si feit tant qu'il en sceut la verité, non mie par gehenne ne par force, mais par faire prendre garde par bonnes gens que pouvoit monter chasque jour sa despence, à le prendre au large. Si fut trouvée clairement la mauvaistié. Mais le bon seigneur ne voulut que aultrement en feussent punis, ains leur feist bailler de l'argent tres-largement à chascun selon le temps que ils l'avoient servy, et courtoisement leur donna congé. Et pour ce que ils disoient que on pourroit avoir aulcun mauvais soupçon sur eulx, pour ce que ils estoyent congediéz de son service, il voulut que bonnes lettres [1] eussent que ils estoyent en sa bonne grace, et que de son bon gré se partoient tant que il les remandast.

Il espargne aussi les simples et ceulx qui aulcunement mesprennent non par malice, mais par non sçavoir et par simplicité, et pardonne de leger à ceulx qui sans feintise et de bon couraige se repentent, posons que à luy mesme ayent meffaict : tout en la maniere qu'il est escript de la grande debonnaireté de l'empereur Octavian, qui seigneuria tout le monde, que un chevalier que on nommoit Lucius Cuminus, par desraisonnable ire luy dit moult d'injures et de vilainies. Mais toutesfois oncques l'Empereur ne s'en esmeut à nulle impatience ne ire; dont il advient que quand le lendemain cestuy homme feut refroidy de son vin et de son ire, il luy souveint comment outrageusement il avoit parlé à l'Empereur : il en eut telle honte et telle repentance, que il se vouloit occire. Quand l'Empereur le sceut, il en eut grand pitié, et alla vers luy. Si le trouva tres-honteux et confus de sa follie; il l'acolla et reconforta, et dit qu'il luy pardonnoit, et que ja pour ce ne seroit en sa disgrace, mais son amy comme devant.

Le mareschal est aussi moult piteux sur les vieulx hommes d'armes, qui plus ne se peuvent ayder, et ont esté bons en leur temps : mais rien n'ont espargné,

---

(1) *Il voulut que bonnes lettres*, etc. C'étoit porter l'indulgence trop loin. Ce trait est le seul où l'on remarque l'exagération d'un panégyriste.

ains sont pauvres. Si ne faict mie à la guise que on faict en maints lieux, que quand on ne se peut plus ayder d'un vieulx et affolé homme d'armes, tant il ait esté bon et il soit pauvre, on le boute hors comme un vieulx levrier de quoy on n'a plus cure. Si ne faict mie ainsi le mareschal : ains à tousjours les prise et honnore, et pourveoit à leur vie, et supporte piteusement et tres-humainement leurs vieillesses : tout ainsi qu'il affiert à faire à tout vaillant et bon chevetaine, et gouverneur de gent. Et par telles manieres luy veoir tenir il acquiert l'amour des gens d'armes, qui de meilleur cœur l'en servent et l'en aiment, prisent et honnorent, en pensant : Autant feroit-il de nous si nous estions affolez du corps, ou envieillis en sa compaignée. Et à ce propos est escript que ainsi le faisoit le roy Alexandre le grand; dont il advint que il estoit par un grand hyver en la conqueste d'un pays : si va d'adventure veoir un ancien chevalier de son ost, qui estoit aux champs tout mourant de froid, et quasi tout enroidy. Si en eut moult grand pitié, considerant ses anciens jours et sa bonté, qui encores luy faisoit suivre les armes. Adonc le Roy luy mesme alla prendre le chevalier entre ses bras, et l'ayda à mener en son pavillon, et l'assist en son propre siege, et le frota devant beau feu, et l'eschauffa pour le faire revenir. Et ainsi ce noble empereur humilia la grandeur de Sa Majesté, par pitié et misericorde. Et tels exemples doibvent mouvoir les cœurs des princes et chevetaines de semblablement faire.

## CHAPITRE X.

*De la belle eloquence que le mareschal a.*

Des vertus de cestuy bon mareschal pourroye dire sans cesser; mais pour tirer à la fin de mon œuvre, vrayement par ce que moult de gens me rapportent, et comme dit l'Escripture : « Le tesmoingnage de plu-« sieurs doibt estre creu, » je tiens que nulle en luy ne default. Et à tout dire tant en y a, que tous ceulx qui le voyent et hantent, qui ont bonne volonté de bien faire, prennent à leur pouvoir exemple à luy de toutes choses, et mettent peine à le resembler. Et avec ce que il est tres-vertueux, et tres-saige de bien et pour-veüement ordonner tous ses faicts, comme devant est dict, et que par sa bonté il est aimé, et par sa justice craint; son tres-beau langaige doulx, benin et bien ordonné, et sans fraude, attire les cœurs de maintes gens, comme j'ay ja prouvé par le faict de l'Eglise, où il ramena par sa saige et doulce parole les Genevois à vraye obeissance, et aussi par autres grands faicts que il a tirez à fin par sa discrete eloquence.

Si pourroit par adventure sembler à aulcuns qui oiront ou liront ceste Histoire, que forte chose soit que un homme sans avoir grandement estudié puisse avoir si bel et si orné langaige comme je dis. Mais ce ne doibt sembler merveille à nul qui a discretion : car il n'est sçavoir quelconque qui soit impossible à acquerir à homme qui mettre y veult grande diligence, s'il a entendement. Posons encores que l'homme soit de rude entendement, si est-ce, comme dict le proverbe, que *l'usaige rend maistre.* Et pource que c'est moult belle chose et bien seante à tout prince et chevetaine de gent, et à tout gouverneur de peuple, et dont maints grands biens peuvent venir, que avoir beau langaige, et affin que chascun mette peine de l'acquerir, ne que nul se desespere de le pouvoir apprendre, tant ait rude maniere de parler, je diray à ce propos aucuns exemples.

Sainct Hierosme en son livre tesmoigne que Demosthenes acquit, par y mettre peine, la science de tres-solemnele eloquence; et toutesfois, ce dit-il, estoit-il begue à son commencement, et de tres-laide voix, et ne pouvoit proferer ses lettres. Mais il se travailla tant par grande peine et estude, et tant meit peine à matter le vice de sa langue, que il prononça souverainement ses mots. Et ainsi par force de accoustumance il corrigea le default naturel de sa langue et de sa bouche. Celuy mesme aussi feut souverain musicien, et toutesfois avoit-il naturellement tres-laide voix; mais par longue accoustumance il ramena à douceur et accord mesuré et plaisant à oüir sa voix, qui souloit estre laide et mal accordable, et desplaisante à oüir. Et à brief parler, il estoit en toutes choses par nature si rude, excepté au desir de sçavoir qui estoit en luy, que Valere en le loüant grandement dit de luy qu'il se combatit avec la nature des choses, et en feut vaincueur, en surmontant sa malignité par force de couraige tres-perseverant. Et ainsi, ce dit Valere, sa mere enfanta un Demosthenes defectueux, et non parfaict; et l'estude et accoustumance le rengendra et refeit maistre vertueux et parfaict.

Et pourtant, dit le philosophe, du grand bien qui vient de l'eloquence et du gracieux et saige langaige, peut-on tirer à exemple ce que dit Tulles, que jadis les hommes habitoient és bois et és forests en guise de bestes, sans user de nulle raison, fors seulement de force corporele, par laquelle ils pourchassoient leur vie. Mais adonc un homme de grande authorité, qui par eloquence et beau langaige leur montra le grand bien de la vie civile, c'est à dire de la communauté de gens, et d'habiter et converser ensemble, soubs loix et ordre de raison; tant de ce les enhorta, que il les attira à icelle civilité, et que ils s'assemblerent ensemble, et prirent à converser l'un avec l'autre. Et ainsi par la vertu d'eloquence feurent premierement fondées les citez. Et à ce s'accorde assez la fable de laquelle faict mention Stacé, qui dict que Amphion fonda les murs de la cité de Thebes, par la douceur de sa chanson. Ce que nous pouvons entendre que par son beau langaige il peupla ceste cité. Et pareillement se peult entendre d'Orpheus, lequel les poëtes dient que il attiroit mesmes les bestes sauvaiges, les serpens et les lyons, au son de sa harpe. Ce sont les fieres gens et cruels qu'il amollissoit et rendoit privez par son beau langaige.

## CHAPITRE XI.

*De l'ordonnance de vivre du mareschal.*

Aucuns dient que diligence passe sens. Mais qui tous les deux peult avoir ensemble, il ne fault mie à attaindre à maints grands biens. Et de ce est bien garny le mareschal : car tant aime la vertu de exercice, et tant hait oisiveté, que à peine pourroit-il estre pris ne trouvé à nulle heure, que il ne s'exercitast à aulcune bonne œuvre. Si dirons de sa maniere de vivre, et de employer le temps, apres que nous avons dict de ses vertus. Il se leve par chascun jour coustumierement moult matin. Et se faict-il, affin que il puisse employer la plus grande partie de la matinée au service de Dieu, avant que l'heure vienne que il doibt vacquer aux autres besongnes mondaines que il a à faire. Si se tient en œuvre d'oraison environ trois heures. Apres ce il va au conseil, qui dure jusques à heure de disner. Apres son disner, qui est assez brief, et en public (car nulle fois ne mange que d'un mets de viande, ny ne sçait que l'on luy doibt apporter à manger, ne jamais mange saulse d'espice ne autre, fors verjus et sel, ny n'est servy en argent ny en or), il donne audience à toutes manieres de gens qui veulent parler à luy, et luy faire aucune requeste.

Si n'y a mie petite presse souvent advient, mais si grande, que toute la sale en est plaine, que d'estrangers, que de ceulx qui nouvelles luy apportent de divers pays, et d'uns et d'autres. Et à chascun il parle gracieusement, et rend responces si benignes et si raisonnables, que tous s'en tiennent contents selon leurs demandes; et tous expedie l'un apres l'autre. Et tost et brief les delivre, sans leur faire longuement en la ville en long sejour despenser le leur. Apres il se retire; et adonc faict escrire lettres où il les veult envoyer, et ordonne à ses gens ce qu'il veult qu'il soit faict. Puis va à vespres, s'il n'a autre trop grande occupation. Apres vespres derechief il besongne un petit, ou parle à ceulx qui ont à parler à luy, jusques à l'heure que il se retire. Et adonc acheve ce qu'il a à dire de son service, et puis va coucher. Aux jours des dimanches et des festes il occupe le temps à aller en pelerinaiges tout à pied, ou à oüir lire d'aucuns beaux livres de la Vie des saincts, ou des histoires des vaillans trespassez, soit Romains ou autres, ou à parler à aucunes gens de devotion. Et telle est la maniere et l'ordre de vivre qu'il tient quand il est à sejour en la cité de Gennes, dont il est gouverneur.

Et quand il chevauche en armes, nul ne pourroit prendre plus grand soing ne greigneur (1) peine qu'il prend pour faire toutes choses convenablement et comme il appartient, et si bel et si bien que nul ne se plaint, fors les ennemis. Et ainsi que dit le proverbe commun : Selon seigneur mesgnie duite (2), il prend garde de prendre gens à son service qui soyent bons et de bonne vie; et s'il y avoit en aulcuns quelque mauvaise tasche ou laid vice, ja si grand ne seroit

---

(1) *Greigneur* : plus grande. — (2) *Selon seigneur mesgnie duite*. Ce proverbe a été expliqué page 51.

que il ne chassast d'environ soy. Si faict moult de biens à ceulx qui le servent; et ils l'aiment loyaument, comme ils doibvent, et le servent diligemment, obeissent, craignent et doubtent.

Et ainsi ce tres-vaillant homme, pour la tres-grande ardeur qu'il a continuellement que toutes choses qui luy touchent soyent bien faictes, ne prend comme point de repos, ne nul esbatement. Laquelle chose vrayement tous ceulx qui l'aiment et qui desirent sa santé et longue vie, laquelle est bien seante, et comme necessaire au monde, et Dieu luy tienne, luy debvroient deconseiller de prendre si grand soing et si continuel, sans aucune recreation de quelque esbatement. Car, comme dient les autheurs, si grande sollicitude est moult prejudiciable à la vie et santé du corps, à demeurer en si grand soing sans delaisser: car, quand l'imagination est travaillée de plusieurs choses diverses l'une sur l'autre, elle rend l'entendement, qui est las de comprendre tant de choses, comme tout aveugle; et par longue coustume engendre melancolie, qui trouble aucunesfois la memoire: dont peuvent sourdre plusieurs maladies; et mesmement disent les saiges que c'est grand peril de s'endormir ne aller coucher en telle lasseté d'entendement, et sans avoir prins auparavant aulcune recreation de joyeuseté ou d'esbatement: car ils dient que adonc que l'homme dort à tout sa fantaisie ainsi travaillée, l'esprit souffre peine, en songeant choses melancoliques et desplaisantes.

Et pour ce, affin de remedier aux inconveniens qui en peuvent ensuivre, les dicts saiges conseillent à ceulx qui sont tant occupez ou d'estude, ou d'autre continuel affaire, auquel il convient que l'entendement travaille, que ils cessent aucune heure du jour de ouvrer, et qu'ils recréent et resjoüissent leur esprit d'aucune joyeuseté et esbatement qui puisse reconforter nature, qui peut estre grevée par prendre trop grand et continuel soing. Si est moult à propos au reconfort de telle lasseté oüir chanter doucement, ou joüer d'aucuns doulx instrumens, oüir paroles joyeuses sans peché ne vice, ou quelque chose qui face rire, et qui reconforte aulcunement nature, laquelle est en creature humaine si tendre, que elle est de peu de chose grevée et affoiblie.

Et n'est point de mal de resjoüir la vertu qui gist en l'ame et en l'entendement, pour recréer et reconforter aulcunement la sensualité du corps. Mais que on ne face point de peché ne chose vitieuse, ne il ne desplaist point à Dieu : car n'est-il pas escript mesmement que un sainct preud'homme hermite, quand il avoit esté une piece en oraison, prenoit sa recreation et son esbatement en petits oiselets que il nourrissoit? Dont il advient que une fois passoit par devant son hermitaige un gentil-homme qui portoit un arc derriere luy; va murmurer du bon homme qu'il voyoid esbatre à petits oiselets qu'il tenoit sur son doigt. Si dict en soy mesme : Si cest hermite estoit si sainct comme on dict, il seroit tousjours en oraison, ny ne se joüeroit pas à ces oiseaulx. Et lors le sainct homme, qui feut inspiré par vertu divine de ce que l'autre avoit pensé, le va arraisonner, et le va prier que il voulust tendre l'arc que il portoit; et l'autre le tendit. Et l'hermite le pria que il le laissast tousjours tendu; et il respondit que non feroit : car il gasteroit son arc, qui par continuellement estre tendu perdroit sa force, et deviendroit si lasche que il ne pourroit tirer loing. Adonc luy respondit le bon homme : « Beau fils, ainsi est-il de « nature humaine, dont la foiblesse est si grande que « elle ne souffre à l'homme, sans trop grande grevance, « estre continuellement en contemplation en aulcun « labeur; si convient donner quelque plaisir à l'esprit, « et qu'il se joüe quelques fois, affin qu'il soit apres plus « prompt et plus prest à ouvrer de son entendement. »

## CHAPITRE XII.

*Cy conclud comment homme où tant y a de vertus doibt bien estre honnoré.*

Par ce qui est dict, qui est chose vraye, peult-on juger si l'homme en qui toutes vertus s'assemblent est digne de los, et d'avoir gloire au ciel, et hault renom au siecle. O quelle chose seroit-ce qui luy pourroit nuire? Certes nulle; quoy que les mouvemens de fortune soyent merveilleux, et qui souvent nuisent aux bons et aux vaillans; si n'est-il mie en la puissance d'elle de briser ne fleschir son fort et ferme couraige, pour quelconque advanture : car il est ja tout advisé que fortune se peult changer, et que trop peu de fois est stable; ains souvent reçoit les honneurs et biéns mondains que elle a prestez, et au lieu livre et donne maintes adversitez. Si ne luy pourroit advenir cas dont il ne soit tout pourveu de volonté de le porter constamment et patiemment, comme il affiert à tout saige et vaillant homme. Mais quoy que fortune nuise et ait nuit à maints vaillans, les vertus ne peult-elle tollir. Si ne perd rien l'homme qui ne les perd : car autres biens ne sont proprement siens.

Et ce sçait bien le saige dont nous parlons. O quantes fois, par divers cas que je laisse à dire pour cause de briefveté, a-il esté en peril d'estre trahy, pris, et occis, et empoisonné au pays de delà, où les mauvais, qui tousjours hayent les bons, si les plus forts eussent esté et feussent en la cité de Gennes, ne l'eussent laissé jusques à ceste heure si longuement au gouvernement? Mais de eulx se sçait-il bien garder. Toutesfois oncques homme ne feut tant saige qui de traistre privé se peust tousjours garder; et on ne sçait aulcunes fois lesquels ce sont : car souvent advient que les plus grands flateurs et les mieulx servans, et qui plus semblent obeissans, sont les plus desloyaux en couraige. Mais de machination et de faulse œuvre de traistre le veüille Dieu deffendre! car grande perte seroit et grand dommaige si encombrier luy advenoit. Si ne le veüillez mie souffrir, bons Genevois, ne estre ingrats ne mescongnoissans des grands biens qu'il vous a faicts, et chascun jour faict; et ne le souffrez mettre au compte de ceulx qui ont esté hays pour bien faire : car à tousjours seroit grand reproche à vous et à vostre cité.

## CHAPITRE XIII.

*Cy dict, en parlant au mareschal, que pourtant ne se veüille fier en fortune, qui tost se change. Et donne exemple.*

O noble mareschal! je veux un petit parler à toy. Et nonobstant qu'à ton bon sens ne faille rien apprendre, toutesfois pour ce que l'entendement de l'homme, quand il est occupé de plusieurs grandes choses, oublie aulcunes fois l'une pour l'autre; le ramentevoir mesmes aux saiges, de ce qui leur est bon à faire ou à laisser, ne leur peult nuire, ne desplaire ne leur en doibt : posons que la personne qui pour bien leur dict soit simple et moins sçavante que eulx. Vaillant homme, tu te fies paradvanture és grands biens que tu as faicts; et chascun jour, Dieu mercy, y perseveres, tant au royaume de France dont es mareschal, où tu as par long temps et dés enfance esprouvé ta vaillance et faict maints biens, comme en ce que tu as reparé la ruine de la cité de Gennes, et aussi aux grands encombriers que tu as faicts par maintes fois aux mescreans et sarrasins, en l'exaussement de la foy; et en ce que tu as mis peine en la paix de saincte Eglise, et maintes autres choses profictables. Si te pourroit sembler (ce qui est vray) que tu as moult bien merité, par tant de peines endurer et par tant de services faire, que tu soyes aimé et de princes et de nobles, et de ceulx que tu gouvernes, et generalement de tous chrestiens, pour laquelle cause peult-estre tu en serois moings sur ta garde comme de nul doubter.

Ha vaillant chevalier, il va tout autrement. Car nonobstant que le proverbe die : « Fais ce que tu doibs, et « advienne ce qu'il pourra, » sçaiches que à tout homme qui faict bien, envie luy engendre foison de haineux. Et affin que tu t'y prennes garde, et que de plus en plus soyes pourveu, ne point ne l'oublies, et que si aucune chose mal à point le temps advenir t'advenoit (dont Dieu te garde!), affin que les simples gens et aussi que les envieux ne peussent dire que ce feust par ta desserte, il est bon que je die aulcuns exemples de plusieurs tres-vaillans preud'hommes qui ont esté hays et chassez de leur seigneuries, et aucuns occis par l'envie et ingratitude de ceulx à qui ils avoyent bien faict.

Et le premier exemple, affin que toy ne autre ne te fies en vaillance ou renommée, parquoy en cuides estre plus asseuré, te diray premierement de Theseus. Cestuy preux Theseus feut roy et prince d'Athenes, et compaignon de Hercules le fort, et feut avec le dict Hercules en tous les principaulx faicts qu'il feit. Iceluy feit tant de bien aux Atheniens, que il les affranchit de la servitude que le roy Minos avoit sur eulx, qui estoit si horrible que il convenoit que tous les ans luy envoyassent de leurs enfans pour nourrir un fier monstre qu'il tenoit en une caige, qui les devoroit tous; et jectoient les gens de la cité aux lots, et ceux sur lesquels les lots escheoient convenoit que ils y allassent. Mais de ce meschef, par sa force et bon sens, les tira Theseus. Plus leur feit encores : car il redifia, peupla et augmenta moult et accreut la cité d'Athenes, qui estoit devant comme tout en ruine; et feut le principal commencement de sa prosperité, et de la grande gloire où elle veint. Mais les Atheniens luy en rendirent si bon guerdon, que ils se rebellerent contre luy, et le chasserent en exil en une petite isle que l'on nommoit Scyros; et là pauvrement finit ses jours celuy qui avoit eu tant de haults honneurs et si grande renommée.

Que par envie telles nuisances souventesfois adviennent aux bons et vaillans, peut estre aussi prouvé par ce que Valere racompte du tres-vaillant chevalier et un des princes de Rome, qui feut nommé Furius Camillus, auquel toutes les bontez ensemble estoyent. Et pour ce que il estoit tant vaillant et preud'homme, que il sauvoit les bons d'estre persecutez des mauvais, envie luy brassa tel breuvaige, que elle feit controuver sur luy que il n'avoit pas bien party les despoüilles et les proyes aux gens d'armes d'une grande victoire que luy mesme avoit eüe de la cité de Veies, qui moult avoit longuement grevé les Romains, et il l'avoit subjuguée. Et pour ceste cause les Romains plains d'ingratitude, nonobstant le grand bien que il avoit faict, l'envoyerent en exil. Mais tout ainsi que bons preudes hommes ne doibvent mie regarder à la perversité des mauvais que ils ne facent tousjours bien, et que ils ne rendent le bien pour le mal, comme Nostre Seigneur le commande, ce tres-vaillant preud'homme, qui mieulx aimoit le bien commun de Rome que le sien propre, ne laissa pas pour ce de monstrer le bien que il leur vouloit : car il adveint, au temps que il estoit en exil, que les Gaulois destruirent Rome. Mais luy, qui de ce feut moult dolent, feit tant que il assembla ses amis, et alla contre iceulx, et les Romains qui s'enfuyoient rassembla. Si feit une embusche, et courut sur les Gaulois, qui garde ne s'en donnoient; et les desconfit, et recouvra une grande partie des biens que ils avoient pillez à Rome. Si donna tout pour refaire la cité, et defendit que ceulx qui estoyent demeurez ne s'en allassent : car tous s'en vouloient aller, et laisser Rome. Si feut adonc la dicte cité de Rome ainsi que de nouvel refondée, et pource feust-il appellé le second Romulus. Car ainsi que Romulus la fonda premierement, ainsi cestuy Furius la refonda secondement.

A ce propos encores, que tousjours ne sont pas bien recongneus et remunerez les bien faicts des bons, mais leur est rendu mal pour bien, n'en eust pas moins le tres-saige homme Scipion Nasica, qui tant s'estoit travaillé pour le commun de Rome, et tant leur avoit faict de bien, que maintes fois les avoit par ses belles et saiges raisons sauvez et gardez de maintes grandes servitudes. Mais la recompense feut telle, que les citoyens prirent si mal à gré ses vertus, et eurent tant à mal ses bonnes œuvres, que ils trouverent voye de eulx en delivrer. Car pour excuse l'envoyerent en legation en Asie, et luy dirent que là attendist tant que on l'envoyast querir. Si usa là le demeurant de sa vie, sans que les Romains ingrats et mal congnoissans de tant de biens que il avoit faicts eussent nul desir de son retour. Et n'est pas de nouvel, ce dict le translateur du livre de Valere, que ceulx qui veulent vivre à volonté et sans raison hayent ceulx qui les reprennent. Et ainsi feust ce preud'homme hay, pour bien faire et pour bien dire.

Mais pource que tu te pourrois fier en ton grand sçavoir et prudence, dont tu as si grand los par excellence, que les Italiens, lesquels sont les plus fines gens que nation du monde, te tiennent le plus saige homme qui vive aujourd'huy; sçaiches que iceluy Scipion dont je dis feut tant saige, que sainct Augustin, au livre de la Cité de Dieu, ramentoit ses vertus et ses dicts authentiques. Et aussi en parle Solin au premier livre, et dit que cestuy Scipion, qui mesmement fut de la lignée des autres Scipions, feut tenu pour le plus saige et le meilleur homme de Rome : et non mie par le tesmoignage de peu de gens, ne en privé, mais de tout le senat, et en public, qui si bien luy guerdonnerent sa bonté. Si peult-on bien veoir comment les jugemens des hommes sont souventesfois iniques et reprouvables, quand mesmement la cité de Rome, qui voulut estre tenuë la plus morigenée et la plus usant de droict que cité du monde, feut par envie tellement aveuglée.

Si est bien à propos de ce que devant ay dit, que bien faire et bien dire engendrent souvent haine. Si ne veüille nul juger, quand fortune nuit aulcunement à ceulx qui se travaillent pour le bien public, et qui se meslent de punir les mauvais et soustenir les bons, que ce soit pour leurs dessertes, ny que pour leurs pechez secrets. Dieu leur souffre encourir telle punition : car plustost est-il souventesfois tout autrement :

comme il appert de Job, de qui Dieu voulut esprouver la patience, qu'il souffrit persecuter; et si estoit tres-juste. Et de tels maulx rendus pour bien faire sont les histoires toutes pleines.

Le vaillant duc d'Athenes Milciades, qui tant feut preux et plain de hardiesse, que il desconfit six cent mille Persiens que Darius roy de Perse avoit assemblez pour destruire Athenes, encores qu'il n'eust en sa compaignée que onze mille hommes d'armes, par son sens prit ses ennemis despourveüement; dont tant y ouvra qu'il meit Athenes en paix, et maints autres tres-grands biens leur feit. Mais le guerdon qu'il eut à la parfin feut que les Atheniens, par leur faulse envie et mauvaistié, le feirent mourir en prison vilainement. Aultant en voulurent faire un temps apres à un leur duc moult vaillant et preud'homme, qui feut nommé Themistocles, lequel quand il eut tant travaillé pour le bien d'Athenes que il eust delivré la cité de tous ses ennemis, et l'eust renduë tres-puissante en faicts et renommée, riche, et princesse de la Grece, le guerdon qu'il en eut feut que les Atheniens feurent tant ses ennemis, que il luy feut besoing de s'enfuir pour garantir sa vie.

Mais pource que aucuns pourroient dire que telles haines viennent souventesfois de peuple à seigneur, ou chevetaine à ses gens, pour cause que le seigneur ou le gouverneur ou chef prend trop grand subside sur eulx, ou leur est trop cruel, ou ne leur est pas par advanture assez abandonné et large de ses biens, sans faillir souventesfois ne tient mie là. Et il appert par un autre vaillant homme que les Atheniens feirent mourir, lequel estoit nommé Phocion : et si estoit-il tres-debonnaire, large, liberal et sans convoitise, qui sont vertus par lesquelles communément l'homme est aimé; et ne souffrirent pas les desloyaulx Atheniens que le corps de ce vaillant homme feust ensevely en leur pays, ains le jetterent hors. Et de ces grandes ingratitudes qui feurent és Atheniens, qui estoit la cité du monde où l'estude et les sciences estoyent plus authentiquement leües, dict Valere, en les blasmant, que nonobstant que ils feussent plus en doctrine que les autres, et que ils adorassent Minerve, deesse de sapience et des armes, selon leur loy; et ils se teinssent pour les plus saiges du monde, et dont tant de solemnels philosophes estoyent issus : leur iniquité, que ils monstrerent par tant de fois à ceulx qui tant de bien leur avoyent faict, estaignoit et amoindrissoit tout le bien qui pouvoit estre en eulx : comme s'il eust voulu dire que les vices plus sont griefs et plus sont à blasmer és grands puissans et saiges hommes que és petits et ignorans. Et par ce conclud Valere que les Atheniens usoient plus de leurs mauvaises conditions que de leurs justes loix. Et parce il dit que plus faict à loüer l'homme qui est si ignorant que il ne congnoist les vices, ne point ne les faict, que celuy qui a congnoissance des vertus, et point n'en use.

## CHAPITRE XIV.

*La fin du livre où la personne qui l'a faict s'excuse vers le mareschal de ce que il l'a faict sans son sceu et commandement, et non si bien mis par escript que il appartiendroit.*

Or est temps que je tire à fin la matiere de mon livre, nonobstant que dire encores assez se pourroit. Mais pour ce que l'entendement de l'homme se travaille aulcunes fois de moult oüir, tant soyent les choses bonnes, icy conclüeray mon dire, delaissant à parler de luy au temps qu'il est encores en la droicte fleur de son aage; dont j'espere que ses bienfaicts ne fauldront mie à tant, ains croy que tousjours iront croissans de mieulx en mieulx : car tout ainsi que on veoid que l'un vice attire l'autre, pareillement croissent et multiplient les vertus. Donc comme nous soyons tous mortels, s'il advient que mort ou autre encombrier me defende à plus escrire et adjouster à mon livre ce que le dict mareschal fera doresnavant, je supplie tous saiges escrivains que aucun d'eulx veüille parfaire le surplus jusques à sa fin, que Dieu bonne luy octroye!

Si prie et requiers humblement aux nobles et notables personnes par l'ordonnance desquels il a esté faict, que ils me veüillent pardonner si si suffisamment que la haulte matiere le requiert ne l'ay sceu traicter ne mettre en ordre : car vrayement il n'a mie tenu à faulte de bonne volonté, mais à non plus sçavoir. Si leur plaise corriger les defaults, et avoir agreable mon labeur tel comme il est.

Et aussi je supplie tres-humblement le bon chevalier de qui il est faict, que s'il advient que en son vivant il vienne entre ses mains, ou en oye parler, que pareillement me veüille pardonner si si suffisamment que il appartient n'y ay enregistré et mis ses nobles faicts et dignes mœurs; ne mauvais gré ne me veüille sçavoir, si j'ay eu hardiesse d'entreprendre à parler de luy et de sa vie, sans en avoir auparavant congé de luy et licence, et sans son sceu : car j'ay receu la charge et commission de ce faire volontiers et à bonne intention, pour ce que la belle matiere dont il traicte pourra à tousjoursmais estre cause de bon exemple à ceulx qui desirent hault attaindre, et qui mirer s'y voudront. Si ne luy debvra pas desplaire d'avoir le payement de ce qu'il a bien desservy, c'est à sçavoir los et renommée à tousjoursmais au monde par les merites de ses biensfaicts. Car il ne desplaisoit pas jadis aux vaillans preux que memoires authentiques et perpetuels feussent faicts de leurs bontez; ainçois, dit Valere, et maints aultres autheurs le tesmoignent, que en intention et esperance que ils acquissent bonne renommée faisoient et tiroient à chef les merveilleuses choses que ils entreprenoient. Et dict à ce propos Aristote que, los et honneur n'est mie encores assez suffisant merite à donner à l'homme qui est vertueux.

Et qu'il soit vray que un chascun prince et gouverneur de pays, ou chef de chevalerie ou de communauté de gent, doibve raisonnablement vouloir avoir los, gloire et honneur, afin que la reputation de leurs personnes soit tenuë en plus grande reverence de leurs subjects, par quoy ils en soyent plus craints et plus obeis, dit Varron, qui feut un tres-saige autheur des Romains, que il estoit expedient que les roys et les grands princes se faignissent estre du lignaige des dieux, comme plusieurs le feirent jadis, comme le roy Alexandre, les empereurs de Rome, et autres. Et de ce faict mention sainct Augustin au livre de la Cité de Dieu. Parquoy nous pouvons dire que c'est chose convenable que ceulx qui ont soubs eulx administration de gens et de peuple accroissent leurs authoritez le plus que ils peuvent, non mie par orgueil, mais pour estre plus craints et obeis, comme il appartient. Doncques ne me sçaura pas mauvais gré ce vaillant preud'homme si je luy ay procreé et enfanté un nouvel hoir, voire si durable que il ne pourra jamais mourir au monde : car voirement les livres qui sont faicts representent les personnes de ceulx de qui ils parlent, si comme faict le fils la memoire du pere. O il ne sera pas plus desdaigneux que fut jadis Pompée le grand, à qui ne despleut mie de ce que le saige poëte qui feut nommé Teophanes avoit escript sans son sceu ses gestes et ses nobles faicts, que il meit en moult beau langaige et notable style. Il ne l'eut pas à desdaing; ains quand le volume luy presenta, il en feit joye à grand merveilles, et dit que celuy qui avoit mis peine à prolonger sa

memoire à tousjours-mais au siecle l'aimoit de grand
amour, quand il desiroit sa perpetuité; si avoit bien
deservy que grand guerdon luy rendist de tel benefice et service. Si le remunera si grandement, que il
le pourveut de son vivre tres-honnorablement; et
avec ce, pour ce que il avoit honnoré et exaussé son
nom par escript, pareillement le voulut honnorer :
car il le meit au rang des chevaliers, et le feit citoyen
de Rome, qui estoit adonc le plus grand honneur que
on peust faire à homme, et n'estoit mie chose accoustumée que on y receust nuls estrangers. Si estoit
moult grande dignité pour les grands privileges, fran-
chises et excellences de quoy usoient les dicts citoyens. Et avec ce l'honnora de grand loüange en ses
escripts, en moult bel langaige et tres-orné, en luy
rendant graces de ce qu'il avoit dict de luy; et à tousjours feut son familier et amy singulier, avec les guerdons d'autres grandes largesses que il luy rendit.

## CHAPITRE XV.

*Exemples des vaillans hommes trespassez qui sceu-*
*rent bon gré à ceulx qui avoyent escript et enre-*
*gistré leurs gestes et leurs vaillans faicts.*

PAREILLEMENT sceut grand gré Scipion l'Afriquain
au poëte Ennius, qui avoit escript ses nobles faicts;
et luy en rendit grandes graces et guerdons. N'en

feit mie moins le noble et vaillant chevalier Brutus Drusus, lequel, pource que un tres-excellent poëte nommé Actius avoit mis et escript és entrées des temples moult beaux vers contenans les belles victoires que le dict Brutus Drusus avoit eües de ses ennemis, et comment les despoüilles et proyes que il avoit conquises il les avoit données pour orner les temples, il reputa à tousjours celuy poëte son amy, et estendit vers luy sa grande largesse et liberalité.

Pareillement feit Jules Cesar : car à plusieurs clercs et poëtes qui escriprent en divers styles de luy, et de ses tres-nobles faicts et auctorisées conquestes, sceut moult grand gré, et grand semblant leur en feit par maints guerdons que il leur en rendit. Et s'il eust agreable un livre entre les autres qui luy en feut donné, bien le monstra : car au temps que il estoit à la conqueste de la terre d'Egypte, comme recorde Lucain, et il se combatoit en mer contre ses ennemis, qui l'avoient tellement pressé que sa nef estoit moult eslongnée de ses autres gens et de son grand navire, parquoy il fut si contrainct que pour sauver sa vie il conveint qu'il se desarmast et saillist en mer, de toutes les richesses qu'il avoit il ne meit peine à rien sauver fors seulement le livre de ses faicts, que il porta en sa main senestre, et tousjours au dessus de l'eaüe, de peur que il feust moüillé ; et nagea à la main dextre l'espace de cent pas de mer, jusques à ce que il veint à ses gens : qui feut une merveilleuse vigueur en un homme de pouvoir ce faire. Si estoit bien signe que il avoit grand amour à son livre.

Et ainsi ces nobles hommes avoyent joye que leur

renom feust perpetuel ; et n'est mie de merveilles : car tout homme naturellement desire gloire. Et la cause, ce dict Aristote, est pour ce que toute chose par nature tend et tire le plus que elle peut à sa perfection. Et quoy que aucuns dient que on ne doibt desirer loüange, c'est à entendre quant aux choses spirituelles, comme au service de Dieu ; mais és biens de chevalerie et de science, n'est point vice à qui y est excellent d'en vouloir avoir los et renommée. Comment Aristote, qui tant feut solemnel philosophe que oncques homme en science de philosophie ne l'atteignit, et qui en sa noble doctrine enseigne tres-bonnes mœurs à suivre, et fuir le contraire, ne feust-il luy mesme convoiteux d'icelle gloire de renommée ? Car quand il eut donné au disciple Theodorus les livres que il avoit faicts et composez de la science et art de rethorique, que il avoit trouvée, comme tesmoingne Tulles en son livre, il voulut bien que il feust sceu que il les avoit faicts, affin que autre ne s'en donnast le los, et ne se les attribuast. Si comme maintesfois advient que aucuns attribuent à eulx, et se donnent l'honneur de avoir faict œuvres et choses que autres ont faictes.

Semblablement se peut dire de Virgile, qui feut le prince et souverain des poëtes, que aussi il desira avoir los et gloire de sa science, comme il le monstra par ce que il dit des vers que il avoit faicts : « J'ay, « dit-il, faict et composé ces vers ; mais un autre s'en « donne l'honneur, par ce que il les attribüe à soy. » Et ainsi adveint-il mesmement de la Rhetorique d'Aristote, que un autre s'en vouloit donner le los ; dont

Aristote se teint mal content, et pource declara-il en un autre lieu que il avoit faict les dicts livres, affin que la loüange qui luy estoit deüe ne feust à aultre attribuée.

Si est doncques vraye chose et assez prouvée que tout vaillant homme peut et doibt loisiblement vouloir et desirer los, honneur et gloire au monde du bien que il faict. Et parce ils doibvent sçavoir moult grand gré à qui authentiquement et en bel style mect en livres, en croniques et en registres leurs nobles faicts, affin que leur grand los ne dure mie tant seulement en leur vivant, mais tant que le siecle durera. Car si ne feussent les escriptures, ja pieça feust morte la renommée de tous les vaillans trespassez.

Et pour ce je conclus que mal gré ne me doibt sçavoir le bon chevalier de qui j'ay composé ce livre : car je luy ay massonné et fondé un edifice si fort et si durable, que feu, ne fer, eaüe, terre, ne autre chose corruptible, ne pourra consumer ne destruire : car il n'est chose plus impossible à aneantir au monde que est matiere escripte en livres, si tost qu'ils sont coppiez en divers et plusieurs lieux. De laquelle chose on est convoiteux communément quand la matiere est belle, et bien composée; si comme je tiens que cestuy livre sera volontiers veu, pour la plaisante nouvelle matiere dont il parle. Si prie à Dieu tout puissant que au vaillant mareschal Boucicaut, de qui est faict ce livre, doint longue vie, le garde de ses envieux et de ses malveuillans, et luy veuille accroistre sa prosperité de mieulx en mieulx, et luy doint grace de si bien et si justement se gouverner au monde, que il puisse parvenir au royaume du ciel, où est la joye qui jamais ne finit!

(*Icy finit l'Histoire du mareschal de Boucicaut, qui m'a esté mise en main pour la donner au public, par monsieur de Machault, sieur de Romaincourt.*)

# MEMOIRES
## DE PIERRE DE FENIN,

ESCUYER ET PANETIER DE CHARLES VI,
ROY DE FRANCE,

CONTENANS L'HISTOIRE DE CE PRINCE, DEPUIS L'AN 1407
JUSQUES A L'AN 1422.

# MEMOIRES
## DE PIERRE DE FENIN.

Vérité est qu'entre le duc Louys d'Orleans, frere au roy Charles, et le duc Jean de Bourgongne son cousin germain, y eut par plusieurs fois grandes envies et maltalens entre eux deux ensemble : dont y eut grosses assemblées de chacune partie, pour paix trouver ; et pource receurent le corps de Nostre Seigneur ensemble, pour plus grande fiance avoir l'un à l'autre. Mais, comme il fut depuis apparent, la paix n'y estoit mie : car, par la connoissance du duc Jean de Bourgongne, il fit tuer ledit duc d'Orleans.

Aprés que ledit duc d'Orleans fut mort, il y eut grand desconfort des gens de son hostel, qui menoient si grand dueil que c'estoit pitié de les voir : car ledit duc d'Orleans estoit horriblement navré en la teste et au visage, et si avoit un poing couppé ; avec luy y eut un sien valet de chambre de tué, en cuidant sauver iceluy duc. En cét estat ledit duc fut emporté par ses gens, lesquels ne sçavoient qui mescroire, fors qu'aucuns pensoient que ce eut fait le seigneur de Canni, pource que ledit duc luy avoit soustrait et pris sa femme : et pour cette cause haïssoit-on le sire de Canni de mortelle haine. Mais on sceut bien tost apres la verité du fait, et que le seigneur de Canni n'y avoit aucune coulpe.

Le lendemain, quand ce vint à porter le duc en terre, il y avoit moult de grands seigneurs de son lignage à tenir la main au drap, et à faire le dueil au corps. Il fut enterré aux Celestins. Entre les autres y estoit le duc Jean de Bourgongne, qui avoit fait faire cette besongne, et y faisoit le dueil par semblant, et n'en sçavoit-on encor la verité. Or au temps qu'on portoit ledit duc enterrer, le sang du corps coula parmy le cercueil à la veuë d'eux tous : dont y eut grand murmure de ceux qui là estoient; et de tels y en eut qui bien se doutoient de ce qui en estoit, mais rien n'en dirent pour le présent. Aprés l'enterrement dudit duc, les seigneurs qui là estoient prirent conclusion d'estre le lendemain au conseil tous ensemble pour cette besongne.

Quand ce vint au lendemain (1) que les seigneurs furent assemblez, le duc de Berry, oncle d'iceluy duc trespassé, y estoit, avec le duc de Bourbon et plusieurs autres. Le duc Jean de Bourgongne monta à cheval pour aller au conseil avec les autres, accompagné du comte Waleran de Sainct Paul. Quand ledit duc vint pour entrer dedans le conseil, le duc de Berry et les autres luy envoyerent dire qu'il se deportast d'entrer en la chambre du conseil quant à present; et quand le duc Jean ouyt ce, il fut tout esbahy

---

(1) *Quand ce vint au lendemain* : Fénin raconte ici d'une manière invraisemblable l'aveu que le duc de Bourgogne fit de son crime. Nous avons suivi dans le Tableau du règne de Charles vi la tradition la plus accréditée, et qui paroît la plus conforme au caractère de Jean-sans-Peur.

et courroucé, et alors il demanda audit comte Waleran de Sainct Paul : « Beau cousin de Sainct Paul, que « vous semble-il de nostre fait, et qu'avons nous à « faire sur cette besongne? » Alors le comte Waleran luy respondit : « Monseigneur, vous avez à vous re- « tirer en vostre hostel, puisqu'il ne plaist à nos sei- « gneurs que soyez au conseil. » Et adonc dit le duc Jean : « Beau cousin, retournez avec nous; » et le comte luy respondit : « Pardonnez moy, je iray de- « vers nos seigneurs au conseil. » En tant que ces paroles duroient, le duc de Berry vint à l'huis de l'hostel, et dit au duc Jean : « Beau neveu, deportez « vous d'entrer au conseil; il ne plaist mie bien à « chascun que y soyez. » A quoy le duc Jean respondit : « Monsieur, je m'en deporte bien ; et afin « qu'on ne mescroye aucun coupable de la mort du « duc d'Orleans, je declare que j'ay fait faire ce « qui a esté fait, et non autre. » A ces paroles fut le duc de Berry fort emerveillé : et ledit duc Jean tourna son cheval et s'en alla, puis tout incontinent il changea de cheval à son hostel, et partit de Paris à petite compagnie, et s'en alla tout d'une tire en Flandre sans s'arrester en nulle place, sinon quand il luy fallut repaistre, et ce bien en haste. Ses gens le suivirent au mieux qu'ils peurent en grande doute (1), de peur qu'ils ne feussent arrestez. Ainsi partit ce duc Jean de Paris, laissant la seigneurie de France en grande pensée. Adonc messire Clugnet de Brabant, admiral de France, monta à cheval à tout ses gens, et suivit le duc pour le cuider prendre; mais le duc estoit desja bien loing : et ainsi ledit messire Clugnet

(1) *En grande doute* : en grande crainte.

retourna tantost aprés à Paris. Cette mort fut l'année du grand hyver, et dura la gelée soixante et six jours tout d'un tenant.

De ceux qui mirent ledit duc d'Orleans à mort par le commandement du duc Jean de Bourgongne furent Paulet d'Autonville et Guillaume Courte-heuse, avec plusieurs autres que je ne sçais nommer; mais ces deux furent les principaux, lesquels depuis en avant eurent toutes leurs vies grandes rentes dudit duc Jean pour cette cause. Au reste, ce duc Jean fut fort blasmé de ce qu'il avoit fait le dueil sur le corps, et tenu de sa propre main un coing du drap mortuaire, et toutesfois reconnu depuis le fait de sa bouche.

Quand ce duc Jean fut arrivé en son pays de Flandre, et que ses gens furent rassemblez, il manda ses barons pour avoir conseil sur ce qu'il auroit à faire. Là y eut plusieurs conclusions prises par iceluy duc et son conseil, afin de resister à tous ceux qui pour la mort du duc d'Orleans luy voudroient demener guerre.

Tantost aprés la mort du duc d'Orleans fut prise une journée pour la tenuë d'un parlement dans Amiens, où tous les seigneurs de France, au moins les principaux, furent assemblez. Entre les autres y estoit le duc Jean, lequel fit peindre dessus l'huis de son hostel deux lances, dont l'une avoit fer de guerre, et l'autre fer de roquet ou rebouché; et disoit-on qu'il l'avoit ainsi fait, en signifiant que qui voudroit avec luy paix ou guerre, qu'il choisist, et luy signifiast; dequoy on parla en mainte maniere. Il y eut à Amiens de grands conseils tenus par les seigneurs de France; mais on ne descouvrit rien de chose qu'on y fit, fors que ledit duc Jean s'appercevoit bien que la plus grande partie des seigneurs de France le hayssoient couvertement, nonobstant que pour lors ils n'en fissent semblant.

Le duc d'Orleans avoit trois fils de Valentine, fille du duc Galeace de Milan, sa femme et cousine germaine : dont le premier avoit nom Charles, qui estoit prince de haut entendement, et fut nommé duc d'Orleans aprés la mort de son pere ; le second estoit nommé Philippe, comte de Vertus ; et le troisiesme, nommé Jean, comte d'Angoulesme. Ils avoient tous trois bien manieres de princes, et estoient fort courroucez de la mort de leur pere ; depuis ils eurent assez de peine pour la cuider venger (1), et porter dommage au duc Jean : mesme ce duc Charles et le comte d'Angoulesme son frere furent depuis fort empeschez et affligez de prison, comme il sera cy-aprés declaré.

L'an 1408, les Liegeois se rebellerent contre leur evesque, nommé Jean de Baviere, frere du duc Guillaume de Hollande et de la femme du duc Jean de Bourgongne : parquoy cet evesque estoit fort puissant d'amis ; et nonobstant qu'il fust evesque, il se vouloit marier : mais la plus grande partie de ceux de Liege ne le voulurent souffrir. Pource, il y eut dissension entre les deux parties : tant que l'evesque fut chassé, et en son lieu fut creé et constitué le fils du comte de Peruvez, qui les soustenoit. Quand Jean de Baviere se vid en ce danger, et qu'il avoit ja perdu la plus grande partie de ses bonnes villes et forteresses, il s'alla retirer à Utrecht qui estoit de son party, et envoya devers le duc Guillaume de Hollande son

(1) *La cuider venger* : chercher à la venger.

frere, et devers le duc Jean de Bourgongne son sérourge (1) ou beau frere, les priant piteusement qu'ils le voulussent secourir, en leur declarant qu'il en avoit grand besoin : car les Liegeois l'avoient assiegé dans ladite ville d'Utrecht. Quand le duc Guillaume et le duc Jean virent la complainte de Jean de Baviere, ils assemblerent tres-grande puissance de tous leurs pays : et manda le duc Jean les seigneurs de Bourgongne, de Flandre, d'Artois et de Picardie, et autres gens dont il pouvoit finer (2), par especial gentils-hommes. Et le duc Guillaume manda Hollandois, Zelandois, Haynuïers, et autres ses bons amis. Quand les deux ducs eurent leurs puissances jointes ensemble, ils eurent fort noble compaignie et belle chevalerie, qu'on nombroit jusques à douze mille combatans, tous gens de fait. Alors ils commencerent à chevaucher vers Cambresis, et de là vers le pays de Liege, lequel ils gasterent fort. Robert Le Roux et le seigneur de Jumont estoient les conducteurs de l'ost, pource qu'ils estoyent du pays, et qu'ils sçavoient bien lesquels estoient contre Jean de Baviere. Le comte de Peruvez, et les Liegeois qui avoient assiegé Jean de Baviere dedans la ville de Trect, oüyrent nouvelles que les deux ducs estoient entrez avec grande puissance dedans leur pays de Liege, gastans tout. Adonc se leverent et laisserent leur siége, pour venir combatre ces deux ducs. Enfin tant s'approcherent les deux osts, qu'ils arriverent assez prés l'un de l'autre prés la ville de Tongre. Là y eut grandes ordonnances faites par les deux

---

(1) *Serourge* : ce mot signifie beau-frère, et *serourgue* belle-sœur. —
(2) *Dont il pouvoit finer* : dont il pouvoit disposer.

ducs : et disposa le duc Jean ses gens à cheval, pour frapper sur les Liegeois par derriere. Le seigneur de Croy, le seigneur de Helly, le seigneur de Raissé, le seigneur de Pont, et Enguerrand de Bournonville, furent les cinq capitaines pour conduire ceux de cheval, qu'ils conduisirent bien vaillamment. Ce jour, conduisoit le seigneur de Miraumont les archers au duc Jean, et vaillamment s'y gouverna. Si y avoit en la compagnie des cinq capitaines susdits bien douze cens hommes d'armes de bonne estoffe : et fut une chose qui fort greva les Liegeois. Ainsi ordonna le duc Jean de Bourgongne ses batailles, et le duc Guillaume de Hollande son serourge ou beau frere. D'autre costé, le comte de Peruvez et les Liegeois firent grandes ordonnances : ils avoient de petits canons sur charrois en grande quantité, qui fort greverent les gens des deux ducs à l'assembler.

Aprés toutes ces ordonnances faites, les deux osts s'assemblerent en bataille en un camp nommé *Hasbain*, qui est assez prés de Tongre. Là y eut grand combat d'un costé et d'autre, et s'y comporterent les Liegeois d'abord fort roidement : mais enfin ils furent tous desconfits, et y en eut quantité de tuez. Leurs morts furent estimez se monter bien à vingt-huict mille sur le camp, et en s'enfuyans, sans ceux qui furent prisonniers. Là fut pris ledit comte de Peruvez, et son fils. A cette journée se porta le duc Jean de sa personne grandement; comme aussi messire Jacques de Courte-jambe, qui portoit la banniere du duc Jean, s'y monstra vaillant chevalier, et tres-bien s'y comporta. En cette bataille y eut de tuez des gens du duc

Jean, et de ceux du duc Guillaume, environ deux à trois cens, et non plus. Il y mourût entre autres un chevalier de grand renom, nommé messire Florimond de Brimeu, qui estoit proche la banniere du duc Jean, qui en fut fort courroucé. Aprés que ces deux princes eurent ainsi emporté une si grande victoire, ils assemblerent leurs gens, et regracierent Dieu de l'honneur qu'il leur avoit fait recevoir; aprés ils firent coupper la teste audit comte de Peruvez, et en firent present à Jean de Baviere, qui arriva vers eux assez tost aprés la bataille : car il n'y estoit pas lors qu'elle se donna. Il les remercia fort de l'honneur qu'ils luy avoient fait, et du secours qu'ils luy avoient donné; ils luy firent grand cheré et grand honneur, puis s'en allerent rafraischir.

Le lendemain, toutes les bonnes villes du païs se mirent à l'obeyssance des deux princes, comme aussi se sousmirent à Jean de Baviere. Ils les receurent à mercy, exceptez aucuns qui avoient fait ou commencé la rebellion, lesquels furent justiciez et suppliciez, tant hommes que femmes, entre autres le damoiseau de Rochefort. Aprés toutes ces choses ainsi faites, Jean de Baviere fut bien obey par tout son evesché, et depuis de son vivant ils n'entreprirent et ne firent rien qui luy fut contraire. Le pays de Liege fut alors fort gasté par les gens des deux princes, qui emporterent grand avoir et butin d'iceluy pays. Or quand les deux princes eurent ainsi accomply leur volonté, ils se retirerent à grande joye chacun en son pays. Pour cette besongne, devint le duc Jean tres-redouté pendant long-temps : mesme ceux qui contre luy avoient proposé de le grever, au subjet de la mort du duc d'Orleans, furent tous accoisez (1), et par grand temps aprés n'oserent faire aucun semblant d'aller attaquer ce duc : mais à la fin les choses en devinrent en si deplorable estat, que le royaume de France en fut long-temps en voye de destruction, comme il se pourra voir par la suite.

Aprés que le duc Jean de Bourgongne eut ainsi achevé son entreprise au Liege, il se passa bien deux ans qu'on parloit peu de la mort du duc d'Orleans : mais toutesfois le duc Charles son fils machina tant qu'il attira à son party plusieurs seigneurs de France, qui luy promirent de l'ayder à venger la mort de son pere : et en estoit le duc de Berry, le comte de Clairmont et le comte d'Armagnac, qui firent à ce sujet grandes assemblées par delà Paris vers Mont-le-Hery. Le duc Jean d'ailleurs avoit quantité de gens vers Sainct Denys en France : et furent les gens du duc Antoine de Brabant son frere logez audit lieu de Sainct Denys en cette mesme saison, avec les gens du comte Waleran de Sainct Paul qui estoit pour lors à Paris, lequel les manda pour les voir. Ils s'assemblerent donc, et allerent pour passer par le milieu de Sainct Denys, où les Brabançons estoient logez : mais, par quelque contention et dispute qu'ils eurent ensemble, les Brabançons voulurent livrer bataille aux gens dudit comte Waleran, qui estoient conduits par le seigneur de Tian, et furent sur le poinct de s'entrechoquer : mais le duc Antoine, qui avoit espousé la fille dudit comte Waleran, en ouyt nouvelles à Paris, et y vint en grand haste. Quand il fut venu, il fit retirer ses gens, lesquels il blasma fort de ce qu'ils en avoient tant fait.

(1) *Accoisez* : appaisés, calmés.

Quant aux gens d'iceluy comte, ils s'en allerent à Paris pour s'y monstrer; puis ils s'en revinrent à leurs logis, dans les villages du plat pays.

En ce temps, les gens du duc Charles d'Orleans et du comte d'Armagnac estoient logez par delà Paris. Alors on commença fort à parler des gens de ce comte d'Armagnac, pource qu'ils estoient habillez d'escharpes blanches : car on avoit encor peu veu, aux pays de France et de Picardie, de telles escharpes; et pour le nom des gens dudit comte d'Armagnac, furent depuis ce temps-là tous gens tenans party contre le duc Jean de Bourgongne appellez armagnacs; nonobstant que le Roy fut contraire au duc Jean aucunefois, et qu'avec ledit duc d'Orleans y eut d'autres seigneurs plus grands sans comparaison que le comte d'Armagnac, si ne les nommoit-on pourtant en commun langage fors les armagnacs, dont ils estoient fort courroucez; mais ils ne peurent oncques avoir autre, et pendant tout le temps de la guerre n'eurent autre nom. Ainsi par plusieurs fois y eut grandes assemblées (1) autour de Paris, tant des gens du duc Jean de Bourgongne que du duc Charles d'Orleans : et tousjours depuis commença la chose à s'enfler entre lesdits deux ducs, se retirant ledit duc Jean avec ses alliez en son pays de Flandre et d'Artois. Peu auparavant, messire

---

(1) *Y eut grandes assemblées* : Ce fut alors que se fit la paix de Chartres, où les princes d'Orléans eurent l'air de pardonner au duc de Bourgogne. Juvenal des Ursins (pag. 198), en parlant de cette paix, raconte une anecdote fort piquante. « Ce faict, le duc de Bourgon- « gne, sans boire ny manger en la ville, monta à cheval et s'en partit; « et avoit un tres-bon fol en sa compagnée, qu'on disoit estre fol- « sage, lequel tantost alla acheter une paix d'Eglise, et la fit fourrer, « et disoit que c'estoit une *paix fourrée*. »

Jean de Montagu (1), grand maistre d'hostel du Roy, eut la teste couppée à Paris. Ce fut par le conseil du duc Jean : si disoit-on qu'il avoit desrobé le Roy de grand trésor. Il avoit fait faire le chasteau de Marcoucy prés Mont-le-Hery.

L'an 1410, la guerre recommença fort entre le duc Charles d'Orleans et le duc Jean de Bourgongne : or avoit ledit duc Charles grande quantité des seigneurs de France de son party, qui luy avoient promis de l'aider à destruire le duc Jean, et venger la mort de son pere. Il mit garnison en la ville de Han sur Somme, sur les marches du duc Jean, où estoit capitaine messire Manessier Quieret, et aussi en plusieurs

---

(1) *Messire Jean de Montagu* : Le Journal de Paris donne des détails curieux sur la mort de cet infortuné ministre. ( Edit. de 1729, p. 2 et 3. )

« Le lundi 7 octobre ensuivant, c'est à sçavoir 1409, fust prins
« un nommé Jehan de Montagu, grand maistre d'ostel du roy de
« France, emprès Saint Brenctor, et fust mis en petit chastelet; dont
« il avint telle émeute à Paris à l'eurre qu'on le print, comme se tout
« Paris fust plain de sarrazins : et si ne sçavoit nul pourquoy ils s'en-
« fuioient. Et le prinst un nommé Pierre des Essars, qui pour lors
« estoit prévost de Paris ; et furent les lanternes commandées à allu-
« mer comme autrefois, et de l'eaue à huis, et toutes les nuits le plus
« bel guet à pi et à cheval qu'on ne vit gueres oncques à Paris ; et le
« faisoient les mestiers l'un après l'autre. Et le dix-septiesme jour du
« mois d'octobre jeudi, fust le dessus dit grand maistre d'ostel mis en
« une charette, vestu de sa livrée d'une houpelande de blanc et de
« rouge, et chaperons de mesme, une chauce rouge et l'autre blanche,
« ungs esperons dorés, les mains liées devant une croix de boys entre
« ses mains, hault assis en la charette, deux trompettes devant lui.
« En cel état mené ès halles, là on lui coupa la tête, et après fust
« porté le corps au gibet de Paris. » Pour éviter le supplice, Montagu avoit fait valoir son titre de clerc marié *cum unicâ virgine*. Le peuple parut s'émouvoir en sa faveur ; mais Pierre des Essarts le contint par les mesures qu'on vient de voir.

autres places. Aprés envoya deffier ce duc Jean, et pareillement le deffierent plusieurs autres grands seigneurs : et entre les autres le deffia un chevalier de Picardie nommé messire Maussart Du Bos, dont le duc Jean fut plus mal content que de tous les autres, car ce messire Maussart estoit son homme : parquoy il l'eut doresnavant en grande haine. Quand le duc Jean sceut les assemblées que le duc d'Orleans faisoit contre luy, et que par tout il cherchoit alliez pour luy faire guerre, alors il assembla ses gens par tous ses pays, et fit belle assemblée de gentils-hommes, avec lesquels il fit venir grande puissance des communes de Flandres, et le tout assembla vers la ville d'Arras, d'où il tira droit au village de Marquion prés Cambray. Là il se logea avec ses Flamens, qui estoient sans nombre, car ils avoient tant de tentes qu'il sembloit que ce fust une bonne et grande ville quand ils estoient logez. Avec ce, ils avoient plusieurs habillemens et instrumens de guerre : ils alloient tous à pied, quoy que fort chargez de harnois; et si avoient quantité de charroy, parquoy ils faisoient moult de mal par tout où ils passoient. Ainsi ce duc Jean assembla bien trente mille combatans, et s'en alla de là à Han sur Somme, devant laquelle place il mit le siege de fort prés tout autour, où il fit planter de grands canons pour jetter contre les murs de la ville. Là y eut de grandes escarmouches faites : mais en fin les gens d'armes qui estoient dedans la ville s'en allerent par de là l'eau, et abandonnerent ainsi cette place. Quand les gens du duc Jean le sceurent, ils assaillirent la ville, et entrerent dedans. Là firent les Flamens grand pillage, et mirent le feu par tout.

Aprés que Han eut esté ainsi desolé, le duc tira vers Neelle, laquelle place fut destruite au passage : puis il s'en alla loger devant Roye en Vermandois, laquelle place se mit incontinent en son obeïssance. De là il s'en alla loger devant Mondidier en grande ordonnance ; il avoit à sa suite plusieurs petits charrois, où y avoit sur chacun deux petits canons qu'on nommoit ribaudequins, dont il fit clorre son ost d'un lez (1) ou bordure tout alentour. Quand le duc Jean eut esté bien dix jours logé devant Mondidier, et qu'il s'efforçoit en suite de passer outre vers Paris, lors les Flamens commencerent à s'impatienter et se fourmouvoir pour retourner en leur pays, tant qu'il ne fut en la puissance du duc de les retenir : car ils deslogerent en grand desordre de nuict ; mesme il y eut quantité de leurs tentes bruslées, comme aussi de leur autre bagage. De ce retour fut le duc tres-irrité ; mais les Flamens ne voulurent rien faire pour luy, ains retournerent en leur pays contre le gré d'iceluy duc, et alloient plus en un jour qu'ils n'estoient venus en deux, faisans grand desordre par où ils passoient : gens sans pitié, n'espargnans ny gentil ny vilain ; et aussi quand les Picards les trouvoient à leur dessous, ils leur faisoient assez de peine. Aprés que les Flamens se furent retirez en leur pays, et que le duc Jean fut retourné à Arras, il manda par tout ses gens, et fit une belle assemblée de gentils-hommes ; puis s'en alla droit vers Roye en Vermandois, de là à Breteüil, puis à Beauvais et Gisors. Il avoit en sa compagnie le comte d'Arondel d'Angleterre, à tout environ quatre à cinq cens Anglois combatans : de là

---

(1) *D'un lez :* d'un-côté.

il s'en alla à Pontoise, où il y eut un traistre qui voulut meurtrir et essaya de tuer ce duc Jean pendant qu'il estoit en cette ville, où il sejourna bien quinze jours : or entra ce traistre en sa chambre ; mais il fut apperceu, et eut la teste couppée dans ladite ville de Pontoise. Quand le duc Jean eut ainsi sejourné à Pontoise, il en partit une aprés-disnée, et s'en alla passer à Meulant : il chevaucha toute nuict à tout son ost, et le lendemain sans s'arrester il s'en vint à Paris au giste, où il se logea avec tous ses gens. Pour lors estoit le duc d'Orleans logé dans Sainct Denys et à Sainct Cloud, avec grande puissance : parquoy le duc Jean ne fit logis, et ne s'arresta entre Pontoise et Paris. Quand il fut venu à Paris, le Roy et le Dauphin luy firent grande joye et bonne chere, ainsi que plusieurs autres grands seigneurs : il se rafraischit luy et ses gens bien trois semaines. Or il arrivoit souvent entre Paris et Sainct Denys de grandes escarmouches entre les gens du duc Jean et ceux du duc d'Orleans. Pour lors estoit capitaine de Paris le comte Waleran de Sainct Paul, qui fut fait connestable de France.

En ce temps, par une nuict de Sainct Martin d'hyver, le duc Jean sortit de Paris avec grande puissance, et s'en alla toute nuict à Sainct Cloud, où il arriva environ au poinct du jour. Il mit aussi-tost ses gens en ordonnance, et envoya Enguerran de Bournonville et de ses autres capitaines à tout leurs gens pour assaillir la ville de Sainct Cloud, lesquels tant firent qu'elle fut prise par force. Il y eut grande perte des gens du duc d'Orleans, qui se retirerent en la forteresse du pont et au monstier de la ville; mais il y eut grand assaut donné audit monstier par les gens du comte d'Arondel : ceux qui estoient dedans se defendirent bien, et toutesfois rien ne leur valut, car il convint qu'ils se rendissent à la volonté des Anglois. Là fut pris messire Maussart Du Bos par les Anglois, avec plusieurs autres. Quand le duc Jean eut ainsi besongné à Sainct Cloud, il se retira au giste à Paris, et ses gens avec luy.

Tandis que l'assaut duroit au pont de Sainct Cloud, le duc d'Orleans vint pour secourir ses gens; mais la riviere de Seine estoit entre deux, et il ne pouvoit passer à cause des gens du duc Jean, lequel après cét exploit rentra, comme dit est, à Paris : puis le duc d'Orleans et ses gens passerent tous au pont Sainct Cloud, et s'en allerent de nuit en tirant vers le pays de Berry.

Tantost aprés, ce duc Jean fit coupper la teste audit messire Maussart Du Bos, qui ne peut estre sauvé pour aucunes prieres de ses amis, à cause de la grande haine que ce duc avoit alencontre de luy.

Un peu auparavant, le seigneur de Croy, qui estoit au duc Jean, avoit esté pris par les gens du duc d'Orleans; mais messire Jean de Croy son fils s'en alla vers le chasteau de Moncheau en Normandie, où il prit les deux enfans du comte d'Eu, qui furent envoyez à Renty : parquoy il fut depuis traité que le seigneur de Croy seroit delivré, à condition que les enfans d'Eu seroient mis en liberté.

Aprés ce, Enguerran de Bournonville et le seigneur de Ront s'en allerent mener guerre vers Estampes; mais ledit seigneur de Ront fut pris par Bourdon ; puis mené en la ville d'Estampes ; où les gens du duc Jean mirent le siege, et firent tant qu'ils n'eurent ledit seigneur de Ront, et Bourdon demeura leur prisonnier. Ainsi fut la forteresse d'Estampes mise en l'obeïssance du duc Jean, lequel d'ailleurs laissa quantité de ses gens en la frontiere par delà Paris vers Bonneval, puis s'en retourna en ses pays de Flandre et Artois. Alors ceux qui gouvernoient le Roy et le duc de Guyenne, dauphin, estoient du party du duc Jean : partant, le duc d'Orleans avoit le Roy et le duc de Guyenne contre luy, et fallut qu'il se retirast vers Orleans et Bourges. Mais le duc de Berry et le duc de Bourbon demeurerent tousjours du party dudit duc d'Orleans contre le duc de Bourgongne.

L'an 1411, le Roy et le duc de Bourgongne firent leur mandement pour aller vers Bourges, et assemblerent à ce subjet bien cent mille hommes de bonne estoffe tous vers Melun; puis tirerent tout droit à Montereau où faut Yonne, delà à Sens en Bourgongne, puis à La Charité sur Loire. Il y eut de grandes ordonnances faites, et fut le seigneur de Croy declaré capitaine de l'avant-garde, accompagné d'Enguerrand de Bournonville et plusieurs autres grands seigneurs. En la compagnie du Roy estoit le duc de Guyenne, dauphin; le duc Jean de Bourgongne, le duc de Lorraine; et depuis y survint aussi le roy Louys de Sicile, avec plusieurs autres. Aprés que le Roy eut fait ses ordonnances à La Charité, il s'en alla devant la ville de Dun-le-Roy, où il mit le siege tout autour. Enfin cette ville fut renduë au Roy, à condition qu'ils s'en iroient saufs leurs corps et biens.

De là, le Roy s'en alla devers Bourges pour y mettre le siege. En la compagnie du Roy il fut fait grand nombre de chevaliers lors de l'entreprise de ce siege, et y eut de grands assauts faits et soustenus par ceux de dedans contre ceux de dehors, car les assiegez tresbien se defendirent; mais nonobstant, tout le siege fut fermé par un lez ou tranchée, et non plus. Dedans Bourges estoit le duc de Berry, oncle du Roy et du duc de Bourgongne, avec le duc de Bourbon; et aussi y pouvoient aller, venir et entrer librement tous autres quand il leur plaisoit : car le siege n'y fut oncques fermé, fors par un seul lez ou fossé, et par un seul costé de la ville. Pendant que le siege fut devant Bourges du costé de La Charité, ceux de dedans saillirent dehors au nombre d'environ quatre à cinq cens, et donnerent sur l'avant-garde du Roy; surquoy y eut grande bataille. Mais les armagnacs furent enfin rechassez dedans, aprés y avoir laissé plusieurs des leurs tuez, par especial des Anglois, qui y estoient en garnison. Cette besongne arriva un dimanche droit à l'heure de none. Aprés, ceux de dedans commencerent si fort à jetter canons, qu'il fallut que les gens du Roy se retirassent en arriere : aussi y avoit-il souvent grands assauts et furieuses attaques données d'un costé et d'autre; mais l'avant-garde du Roy estoit si forte que ceux de la ville ne les pouvoient grever. En une course entre autres que le duc de Lorraine et le seigneur de Helly firent, il y eut grande perte faite par ceux de la ville, et y fut pris le neveu de Bernardon de Fere, gaillard homme d'armes, et plusieurs autres avec luy. Ce jour, Jean de Humiere chassa si avant qu'il ne peut retourner, et fut emmené prisonnier dans la ville. Quand le roy Charles eut esté long-temps devant Bourges, il eut conseil d'aller par delà pour les affamer, et de laisser garnison vers La Charité, pour détourner les vivres. Quand ceux de la ville le virent déloger, ils cuiderent (¹) que le Roy s'enfuist, et saillirent après; mais ceux de l'avant-garde du Roy estans en embusche frapperent sur eux, et en prirent et tuerent quantité, par especial gens de village, à qui on fit assez de peine. Le Roy et ses gens chevaucherent tant qu'ils vinrent par delà la ville, et y remirent le siege. Pendant ce temps, le pays de Berry fut fort gasté par les gens du Roy et du duc de Bourgongne. Enfin le Roy ayant esté grand espace de temps par delà Bourges, il y eut parlement de ceux de la ville avec les gens du Roy et du duc, et appointement fait; puis parlerent ensemble le duc de Berry et son neveu le duc de Bourgongne. Là y eut grandes connoissances faites par plusieurs seigneurs, et pardonna le duc d'Orleans la mort de son pere au duc Jean, suivant certaines conditions dites entre eux : de quoy on fit en suite mutuellement les sermens dans Auxerre, où furent les ducs d'Orleans et de Berry. Après cela le Roy retourna à Paris, et chacun en son pays : et cuidoit-on lors veritablement avoir paix à tousjours; dont le monde estoit joyeux : car il leur sembloit qu'ils estoient bien eschappez, veu le mauvais commencement qui y avoit esté. Mais nonobstant quelque paix ou accord qu'il y eut, on vit bien en bref après qu'elle n'estoit ferme, comme il se pourra appercevoir dans la suite.

Environ le temps que le Roy alla pour assieger Bourges, le comte Waleran de Sainct Paul, connestable de France, fut envoyé au comte d'Alençon

(¹) *Ils cuiderent* : ils présumèrent.

pour le reduire en l'obeïssance du Roy. Il y alla, grandement accompagné de Picards et autres gens, et mit fort le pays en son obeïssance. Or il y avoit une place nommée Sainct Remy au plein, laquelle ne voulut obeïr audit comte, lequel partant y mit le siege tout au tour; mais tant y fut, que le seigneur de Gaucour vint avec puissance pour combatre ce comte : lors le comte Waleran ordonna ses gens en bataille, tellement qu'il gagna la journée à l'aide de ses gens, qui estoient tres-vaillans. Avec le comte Waleran estoit Jean de Luxembourg son neveu, lequel fut fait ce jour-là chevalier, et s'y porta vaillemment, nonobstant qu'il fût jeune d'aage. Aussi y fut fait chevalier Raulequin, fils du vidame d'Amiens, et plusieurs autres semblablement avec eux. Là estoit Le Borgne de La Heuse, homme de grand renom et fort sage en guerre, par qui ledit comte Waleran se gouvernoit en partie pour le fait de la guerre. Aprés que ce comte eut gagné la place de Sainct Remy au plein, et pris quantité de prisonniers, il en fut tres-joyeux, et remercia Nostre Seigneur de la victoire qu'il luy avoit envoyé. Plusieurs autres places au pays d'Alençon se reduisirent en son obeïssance; aprés quoy il s'en alla en son pays, puis par devers le Roy et le duc de Bourgongne, qui grande joye luy firent. Il avoit entre autres prisonniers le seigneur de Gaucour, lequel il envoya en Artois en sa ville de Sainct Paul tenir prison; mais enfin il fut mis à rançon, et délivré en payant finance. Peu avant ce temps le comte Waleran avoit tenu siege devant le chasteau de Coucy en Laonnois, qui fut par long-temps assiegé, car ceux de dedans le defendirent bien; mais le comte Waleran s'advisa de faire miner par dessoubs la tour un nommé maistre Oudon : tellement que quand se vint à mettre le feu en la mine, la tour fut toute enclinée et renduë penchante, comme il se peut voir encore. Tant fut le comte Waleran devant Coucy, qu'il luy fut rendu; et y mit ses gens dedans pour le garder, puis s'en alla devers le Roy.

Aprés que la paix du duc Jean de Bourgongne et du duc Charles d'Orleans eut esté confirmée à Auxerre, comme il vient d'estre dit, il se passa environ deux ans que la chose s'entretint de la sorte pacifiquement. Lors ne parloit-on d'aucune guerre; mais, par envie que chacun avoit de gouverner le royaume, la chose se remit dedans le trouble plus fort qu'auparavant.

Le duc Charles d'Orleans avoit envoyé querir aide en Angleterre; et pour finance payer, il envoya le comte d'Angoulesme son frere se tenir pour ostage en Angleterre avec autres gentils-hommes de son hostel, lesquels y demeurerent depuis long-temps pour l'occasion de la guerre, qui empescha qu'ils ne peurent estre si tost delivrez et rachetez.

L'an 1413, le duc Jean de Bourgongne estoit à Paris, où y avoit plusieurs autres grands seigneurs du sang royal, qui tous avoient envie sur ce duc, et contendoient à le chasser du gouvernement du royaume; et quelque semblant qu'ils luy monstrassent, si le hayssoient-ils au fonds du cœur, comme il fut depuis apparent.

De cela s'appercevoit bien ce duc Jean en plusieurs manieres; à quoy il resistoit le plus qu'il pouvoit : car il avoit grande partie du commun de Paris à son commandement, specialement les bouchers, par lesquels il fit prendre le duc de Bar et messire Jacques de La Riviere, lesquels furent detenus prisonniers pendant long-temps.

Or de cette prise fut le duc de Guyenne, dauphin, grandement courroucé envers ce duc, qui estoit son beau-pere, et luy dit qu'il s'en repentiroit. Il fut lors fait à Paris de merveilleuses besongnes, car ceux qui tenoient le party du duc Jean portoient petits chapperons tous d'une livrée : entre autres il y avoit un boucher nommé *Caboche*, qui avec un qu'on appelloit *Deniset de Chaumont* conduisoient ainsi le commun peuple, pour la bende de ce duc Jean soustenir.

Par telles choses et plusieurs autres, se renouvella la guerre entre le roy Charles et les seigneurs de France contre le duc Jean, lesquels princes ne cesserent oncques de faire tant qu'ils eussent tourné le Roy et son fils le duc de Guyenne contre ce duc Jean. Le duc de Bar fut lors delivré de prison par le pourchas de Bonne sa sœur, comtesse de Sainct Paul, et par ses autres bons amis; mais le frere du seigneur de La Riviere mourut en prison, et luy mit-on sus *qu'il s'estoit tué d'un pot*, pource qu'on le detenoit prisonnier; et de ce on parla en mainte maniere. Aprés tous ces appointemens et évenemens, le duc Jean se retira en ses pays, laissant aucuns seigneurs de son hostel par devers le duc de Guyenne son beau fils, dont messire Jean de Croy fut l'un; mais il fut pris et mené prisonnier à Mont-le-Hery, où il fut detenu long-temps.

En ce temps le roy Charles, le duc d'Orleans, le duc de Bourbon, le comte de Richemont, et messire Charles d'Albret connestable, avec plusieurs autres grands seigneurs, promirent tous ensemble de destruire le duc Jean de Bourgongne, et le chasser de ses pays. Or aprés que ces seigneurs dessus dits eurent pris telle conclusion contre ce duc, il en oüyt nouvelles, dont il fut fort dolent, pource que le Roy estoit contre luy, et le duc de Guyenne dauphin, plus que tous les autres : mais nonobstant il se reconforta de tout, et assembla ses gens pour aller vers Paris sçavoir s'il pourroit rompre ces alliances. Il se fioit beaucoup au commun de Paris, qui luy manderent qu'il vînt en asseurance, et qu'ils le mettroient dedans leur ville.

Environ le temps que le duc de Bar fut pris, messire Pierre des Essarts [1] estoit prevost de Paris, qui avoit comme tout gouverné auprés d'iceluy duc Jean, et avoit grandement tenu son party; mais il se retourna, comme on fit entendre à ce duc, qui à ce subjet le fit prendre, puis luy fit coupper la teste dans Paris, dont plusieurs gens furent fort esmerveillez.

Quand le duc Jean eut assemblé ses gens pour venir à Paris, il avoit tres-belle compagnie, et chevaucha droit vers Paris; puis se logea dedans la ville

---

[1] *Messire Pierre des Essarts* : Des Essarts fut conduit au supplice avec encore plus d'opprobre que Montagu, qu'il avoit fait périr quatre ans auparavant. « Le premier jour de juillet 1413, dit le Journal de « Paris (pag. 14 et 15), fust ledit Prevost prins dedans le palais, « trainé sur une claye jusques à la Heaumerie, et puis assis sur un ais « en la charette tout *jus*, une croix de bois en sa main, vestu d'une « houppelande noire déchiquetée, fourrée de martres, une chausse « blanche, un escafinons (soulier) noir en ses pieds : en ce point « mené ès halles de Paris; et là on lui coupa la teste, et fust mise « plus hault que les aultres de trois pieds. » (Voyez *Tableau du règne de Charles* vi.)

de Sainct Denys en France, où là sejourna grand piece de temps. Pendant que ce duc estoit logé à Sainct Denys, le seigneur de Croy envoya seize ou vingt hommes d'armes bien montez à Mont-le-Hery où son fils estoit prisonnier, qui firent tant par aucun moyen que messire Jean de Croy, qui estoit prisonnier dans le chasteau, vint pour ouyr messe en la ville : aussi-tost ils le firent monter sur un bon coursier, puis s'en allerent droit à Sainct Denys, sans qu'il fust possible à ceux du chasteau de le rescourre. Ainsi revint messire Jean de Croy vers le duc de Bourgongne, et vers le seigneur de Croy son pere, qui grande chere luy firent, et à ceux qui l'avoient ainsi sauvé et ramené.

Durant aussi le temps que le duc Jean sejourna à Sainct Denys, il envoya Enguerran de Bournonville par un matin bien accompagné vers Paris, lequel s'adressa à la porte du marché aux chevaux, cuidant que ceux de la ville le deussent mettre dedans; mais ils ne peurent, car ils furent de trop prés visitez. Il y eut lors dedans Paris grand effroy : car pour vray il y avoit grande partie du commun de Paris pour le duc Jean. Quand iceluy Enguerran de Bournonville apperceut qu'il avoit failly à entrer, il retourna à Sainct Denys devers le duc Jean. Assez tost apres ce duc partit de Sainct Denys bien accompagné, y laissant garnison de ses gens, et pour capitaine messire Huë de Lannoy, accompagné de Hector de Saveuse, et Philippe de Saveuse son frere, avec plusieurs autres gentils-hommes; aussi y demeura Lionnel de Maldeghen, vaillant homme de guerre, et subtil. Enguerran de Bournonville et Lamon de Lannoy furent envoyez en la ville de Soissons : par cette maniere le duc Jean garnit les frontieres de Beauvoisis, car il y avoit plusieurs bonnes villes et forteresses tenans son party. Depuis, ce duc se retira en son pays d'Artois, où il manda et convoqua tous les seigneurs de ses pays à Arras : là y eut grands conseils tenus par luy et ses barons. Il estoit en grand doute de pouvoir soustenir ce faix, à cause que le Roy s'estoit ainsi tourné contre luy : dequoy plus luy grevoit que de tous les autres à qui il avoit affaire; mais enfin il prit conclusion d'attendre en son pays toutes adventures, faisant par tout garnir ses bonnes villes et forteresses pour se defendre contre tous venans, et outre ce il se garnit fort de gens : car il manda tous les seigneurs de Bourgongne, qui vinrent à grande puissance à son secours.

L'an 1414, le roy Charles fit ses mandemens par toutes les parties du royaume, et assembla bien quatre-vingts mille hommes, parmy lesquels estoient plusieurs grands seigneurs : car le duc de Guyenne son fils aisné y estoit, le duc Charles d'Orleans, le duc de Bar, le duc de Bourbon, et plusieurs autres grands princes qui promirent au Roy de destruire le duc Jean de Bourgongne, et le chasser de ses seigneuries. Quand le Roy eut assemblé ses gens, il chevaucha droit vers la ville de Compiegne, qui estoit fort garnie des gens dudit duc Jean, et là mit le siege tout autour; mais il y eut de grandes escarmouches avant qu'il peust estre bien formé : car ceux de la ville firent beaucoup de peine aux gens du Roy, dont ils prenoient souvent des prisonniers, qu'ils menoient dedans la ville, par les sorties de Hector de Saveuse et de Philippe son frere, qui estoient tres-vaillans en faict de guerre : et aussi messire Huë dé Lannoy, qui en estoit capitaine, s'y gouverna hautement; et si y estoit le bon Lionnel de Maldeghen, qui estoit homme bien renommé en toutes besongnes où il se trouvoit. Avec eux y avoit foison d'autres gentils-hommes de grande entreprise, qui bien vaillamment s'y gouvernerent. Le Roy, qui tenoit son siege devant, avoit en sa compagnie de vaillans hommes d'armes, qui bien recherchoient les occasions d'y acquerir de l'honneur : et entre autres y estoit Hector de Bourbon, frere bastard du duc de Bourbon, qui estoit tenu pour le plus vaillant entre tous les autres, lequel manda à ceux de la ville qu'il les iroit visiter le jour de may au matin. Quand ce bastard eut ainsi mandé à ceux de la ville, ils se preparerent alencontre pour le recevoir : or quand se vint audit jour de may, ledit bastard, qui estoit accompagné de puissantes gens, vint vers une porte de Compiegne : luy et ses gens avoient chacun un chappeau de feuillages, vulgairement dit *de may*, sur leur teste armée. Là y eut grand chocq d'un costé et d'autre; mesme y eut ledit bastard de Bourbon son cheval tué soubs luy, car ceux de la ville se defendirent tres-vaillamment, et y eut plusieurs blessez des deux costez : mais nonobstant toute la defense que ceux de la ville firent, le bastard et ses gens les presserent si vivement, qu'enfin les gens du duc Jean rendirent la ville au Roy, à condition qu'ils s'en iroient saufs leurs corps et leurs biens : ce que le Roy leur accorda; et l'ayant ainsi mis en son obeïssance, il la garnit de ses gens; puis il s'en alla à Soissons, où Enguerrah de Bournonville estoit, et là mit le siege tout autour : mais il y trouva grande defense par ledit Enguerran et ses gens. Tandis que le Roy estoit à ce siege, le susdit bastard de Bourbon fut navré à mort en allant considerer les fossez : il fut fort plaint de ses gens, par especial du duc de Bourbon son frere, qui grandement l'aimoit pour la vaillance qui estoit en luy. Cette mort nuisit depuis à Enguerran de Bournonville, qui fut bien courroucé quand il sceut la mort de ce bastard. Enfin le Roy ayant esté long espace de temps devant Soissons, fut conseillé de la faire assaillir, parce qu'il descouvrit qu'il y avoit dissention entre les gens du duc Jean et ceux de la ville : car Enguerran et ses gens avoient voulu sortir de la ville; mais le commun en fut mal-content, pource qu'ils les laissoient de la sorte en grand danger, sans leur aider à faire quelque bon traité, et pource se tournerent la plus grande partie contre ledit Bournonville : outre ce, il y avoit aussi grand debat entre les gens d'iceluy Enguerran et les gens de Lamon de Lannoy; partant, ils se trouvoient tres-mal d'accord dedans la ville, et peu s'entre-aimoient l'un l'autre. Par telles dissensions fut depuis la ville, et eux-mesmes en voye de perdition : car les gens du Roy assaillirent tout autour, et dura l'assaut longuement : mais enfin elle fut prise et emportée d'assaut par les gens du Roy, qui vaillamment s'y porterent. Là fut pris Enguerran de Bournonville et Lamon de Lannoy, avec tous leurs gens : comme encor messire Pierre de Menau (1) qui estoit du pays, auquel de-

---

(1) *Messire Pierre de Menau* : lisez Pierre de Menou. Il étoit d'une famille de Tourraine, et non de Picardie.

puis le conseil du Roy fit coupper la teste. A la prise de cette ville y eut grand desordre commis : car les eglises furent pillées, et quantité de femmes violées par force, tant gentilles femmes que autres ; dequoy la ville fut du depuis pendant long-temps en grande destruction. Aprés ces choses ainsi faites, Enguerran de Bournonville eut aussi la teste couppée, et ne peut estre sauvé pour aucune priere, combien qu'il y avoit plusieurs des gens du Roy qui en furent courroucez ; mais le duc de Bourbon, qui estoit fort en colere de la mort de son frere bastard, fut l'un de ceux qui plus de mal luy fit.

Quand le Roy eut ainsi achevé à Soissons, il en partit pour venir vers la ville de Peronne. Il logea en la ville, où il fut assez long temps : tous ses gens estoient logez au pays d'autour Peronne. Depuis il fut conseillé d'entrer dans le pays du duc Jean de Bourgongne, et y tout prendre par force, et mettre à destruction ses pays. Lors le Roy chevaucha vers la ville de Bapaume, laquelle estoit fort garnie des gens du duc Jean. Il mit le siege autour de cette ville, et tant y fut qu'elle luy fut enfin rendue : ceux qui estoient dedans en partirent, saufs leurs corps et leurs biens. Assez tost aprés que le Roy eut mis Bapaume en son obeïssance, et qu'il l'eut garny de ses gens, il en partit pour aller devant Arras mettre le siege. Cette ville estoit garnie de bons gens d'armes et gens de traict, dont estoit capitaine messire Jean de Luxembourg, qui estoit chevalier de grand renom et preux aux armes, lequel avoit bien de bonne estoffe mille hommes d'armes, sans les gens de traict et ceux de la ville, qui moult estoient puissans. Au dessous dudit messire Jean de Luxembourg estoient plusieurs capitaines, et entre autres le seigneur de Noyelle, nommé *le blanc chevalier*; et de Bourgongne y estoit le seigneur de Montagu, le seigneur de Champdivers, le seigneur de Tolongeon, et plusieurs autres grands seigneurs. Ainsi messire Jean de Luxembourg estoit accompagné de vaillans et sages hommes d'armes qui bien le conseillerent : ce qui parut bien à la fin. De ceux de la ville estoit capitaine le seigneur de Beaufort à la barbe, qui estoit homme de haute entreprise, lequel les retint bien en son obeïssance et commandement, tant que le siege dura. Aussi estoit la ville et la cité garnie de gens qui estoient fort vaillans, et peu craignoient d'estre attaquez, sinon par trahison. Aussi quand ils sceurent la verité qu'on les venoit assieger, ils mirent le feu dans leurs faux-bourgs, tant de Baudimont que alieur : mesme ils abbatirent plusieurs eglises qu'ils destruisirent, afin que leurs ennemis ne s'y logeassent si à leur aise : et de plus tint tousjours bon le chasteau de Belle-Motte, qui estoit un grand confort et soulagement à ceux de la ville d'Arras : car quand ils vouloient envoyer quelque message vers le duc Jean, ils l'envoyoient par ledit chasteau, pour aller plus seurement. Donc aprés que le Roy eut conquis Bapaume, il s'achemina vers Arras. Il avoit lors en sa compagnie bien cent mille hommes, entre lesquels estoient plusieurs hauts princes : car le duc de Guyenne y estoit, le duc Charles d'Orleans, le duc de Bar, le duc de Bourbon, messire Charles d'Albret, connestable de France ; le comte de Richemont, le comte d'Armagnac, le comte d'Alençon et plusieurs autres, qui tous tendoient à destruire le duc Jean. Or tant chevaucha le Roy, qu'il arriva assez prés d'Arras. Dés le lendemain ses gens commencerent à approcher la ville, et logea le Roy à la maison du Temple. Au commencement du siege, dés le premier jour il y eut fieres escarmouches et attaques des gens du Roy contre ceux de la ville : en quoy gagnerent ceux de la ville quantité de prisonniers et de chevaux; mais nonobstant le siege ne fut mie si tost assis, ains au bout seulement de quinze jours il fut fermé. Le duc de Bourbon se logea au faux-bourg de Baudimont, et le duc de Bar estoit logé au faux-bourg vers Belle-Motte. Ceux de la ville faisoient souvent grandes saillies, par especial à la Barette d'Avenne, et à la porte Sainct Michel vers Belle-Motte, et souvent amenoient prisonniers en la ville. Les gens du Roy tenoient pour ce temps le chasteau d'Avenne-le-Comte et celuy de Villers-Castel, d'où ils grevoient fort le pays, et le tenoient en grande subjetion : mesme ils allerent courre jusques à Sainct Paul. Le comte Waleran y estoit, qui encores se disoit connestable de France. Ils luy bruslerent ses faux-bourgs; mais les gens dudit comte Waleran saillirent hors icelle ville de Sainct Paul, et rechasserent les gens du Roy, dont ils tuèrent un : de quoy ce comte fit semblant d'estre courroucé. Une autre fois les gens du Roy allerent jusques aux portes de Hedin, et y causerent grand effroy; mais ils perdirent beaucoup de leurs gens, avant qu'ils revinssent à leur siege. Ainsi coururent les gens du Roy par tout le païs d'Artois, parquoy il fut fort destruit de tous costez. Cependant ceux qui estoient au siege s'efforçoient fort de prendre la ville, devant laquelle souvent ils jettoient grands engins, dont les portes et murailles furent fort endommagées. Les gens du Roy passerent, par un dimanche aprés disner, la riviere du marais Sainct Michel par une petite planche; puis vinrent assez prés de la poterne vers ledit marais. Quand ceux de la ville les apperceurent, ils saillirent alencontre d'eux : là y eut grand combat donné; mais enfin les gens du Roy furent desconfits, et y eut de morts et noyez grande quantité, et de pris et emmenez en la ville. A cette besongne se conduisit vaillamment Percheval le Grand. Le lendemain, le duc de Bourbon envoya requerir qu'on laissast enterrer ceux qui estoient noyez : dequoy messire Jean de Luxembourg fut content, moyennant qu'ils auroient les corps de ceux de la ville et les harnas (1), dont il fut ainsi ordonné. Le comte d'Eu fut fait chevalier en une mine à combatre contre le seigneur de Montagu; et estoit la mine dessoubs les murs de la cité, proche de Baudimont. Devant Arras le Roy fut occupé six semaines, environ le mois d'aoust : peu il y gagna, ains y perdit messire Amé de Sarbruce d'un coup de canon qui le frappa en la teste. En toutes les sorties que ceux de la ville firent, ils perdirent peu de leurs gens, et n'y furent pris des gens de renom que Baugois de Lä Beuvriere, et le bastard de Beille. Le duc Jean avoit ordonné grande puissance de gens pour secourir ceux de la ville d'Arras, dont estoit conducteur le seigneur de Croy, et cuidoient frapper sur le logis de Baudimont. Quand ledit seigneur de Croy eut tout assemblé vers Betune, pour estre rendu au poinct du

---

(1) *Et les harnas :* et les armures.

jour dans Arras, il fit advancer ses coureurs devant, et en fut Atis de Brimeu avec Jacques de Brimeu son frere; mais ils furent pris des gens du Roy, et menez au camp de ce siege : parquoy cette entreprise fut rompuë. Depuis iceluy Jacques de Brimeu eschappa, et entra dans Arras : dont le peuple fut bien joyeux. Quand le Roy eut ainsi esté devant Arras grand espace de temps, la duchesse de Hollande (qui estoit sœur du duc Jean) alla devers le Roy, et fit tant que ce duc Jean obtint enfin la paix du Roy; car le comte de Pontieu, qui estoit second fils du Roy, avoit espousé la fille du duc Guillaume de Hollande et de ladite duchesse, laquelle par ainsi se trouvoit niece du duc Jean de Bourgongne, sçavoir fille de sa sœur. Quand cette duchesse eut fait ce traité du duc Jean avec le Roy, ceux de la ville d'Arras en furent bien joyeux : car le Roy deslogea aussi-tost aprés qu'il eut receu l'obeïssance d'icelle ville, et que ses bannieres eurent esté mises sur ses portes. Or combien que la paix eust ainsi esté traitée, si se deslogea le Roy et ses gens en grande confusion, et s'en allerent et desbanderent plus en un jour qu'ils n'estoient venus en deux. Le Roy ne sejourna guieres tant qu'il fust parvenu jusques à Paris.

Quand le duc Jean se vid ainsi delivré de ses ennemis, il en fut bien joyeux; et tantost manda par tout ses gens, et assembla grande puissance de toutes parts, puis s'en alla au duché de Bourgongne, et passa par Mesieres sur Meuse, où le duc de Nevers son frere luy fit grand feste, et moult s'entre-conjoüyrent l'un frere à l'autre. Depuis, le duc Jean s'en alla en Bourgongne, où il sejourna long-temps sans retourner

en Flandre : là luy firent les seigneurs de Bourgongne grande joye et recueil, car il l'aimoient fort. Le duc Jean estant en Bourgongne, et la paix ainsi faite devant Arras, si restoit-il tousjours grande envie entre le duc Charles d'Orleans, ses alliez, et le duc Jean de Bourgongne. De faict, messire Jenet (1) de Pois, qui s'en alloit en Bourgongne devers le duc Jean à tout trois cens compagnons, fut rué jus (2) par les gens du duc d'Orleans, et retenu prisonnier luy et ses compagnons. La paix d'Arras que dessus estant faite de la sorte, et le temps estant venu qu'il convenoit faire les sermens de la bien entretenir, monsieur de Guyenne dauphin fit tout le premier son serment, presens plusieurs grands seigneurs qui là estoient, entre autres ladite duchesse de Hollande. Lors le duc de Guyenne dit à monsieur d'Orleans : « Beau cousin, il vous con-
« vient jurer la paix comme nous avons fait. » Alors s'advança le duc d'Orleans, et s'enclina bien bas, disant : « Monsieur, je ne suis point tenu de jurer ny
« de faire serment : car je suis icy venu pour servir
« monsieur le Roy et vous. » Et monseigneur de Guyenne luy dit : « Il le vous convient faire, nous
« vous en prions. » Et le duc d'Orleans dit encore une fois : « Monsieur, je n'ay point rompu la paix, et ne
« dois faire serment; plaise vous estre content. » Encor aprés luy en requit le duc de Guyenne ; adonc le duc d'Orleans par grand courroux luy dit : « Mon-
« sieur, je n'ay point rompu la paix, ne ceux de mon
« costé. Faites venir celuy qui l'a rompuë, present
« vous, car je ne l'ay point rompuë. » Là y eut l'ar-

---

(1) *Jenet* : Jean. — (2) *Fut rué jus* : fut mis à bas, fut battu.

chevesque de Rheims qui dit : « Monsieur d'Orleans, « faites le serment d'entretenir la paix. » Ainsi le fit-il enfin, quoy que contre sa volonté : car il luy sembloit bien que le duc Jean estoit celuy qui seul avoit rompu la paix, laquelle avoit esté faicte en la ville d'Auxerre. Aprés que le duc d'Orleans eut finalement fait ce serment, fort à contre-cœur, monsieur de Guyenne fit appeller le duc de Bourbon, lequel cuidoit faire replique et excuse de paroles, comme avoit fait le duc d'Orleans ; mais le duc de Guyenne luy couppa court, en disant : « Beau cousin, je vous prie, n'en parlez « plus. » Adonc fit le duc de Bourbon serment de tenir la paix. Aprés luy le fit aussi le duc de Bar, avec plusieurs autres grands seigneurs. A tant on appella l'archevesque de Sens, lequel estoit frere de Montagu : et quand il vint devant monsieur de Guyenne, on luy dit qu'il falloit qu'il jurast la paix ; lors il s'enclina, et dit à monsieur de Guyenne : « Monsieur, souvienne- « vous du serment que vous fistes, et nous tous, au « partir de Paris, present la Reyne. » Et adonc luy dit monsieur de Guyenne : « N'en parlez plus ; nous « voulons que la paix tienne, et que vous la juriez. » Sur quoy cét archevesque repliqua : « Monsieur, je le « feray, puis que c'est vostre plaisir. » Et n'y en eut plus qui fissent refus de jurer la paix que ces trois. Mais quelque paix qu'ils eussent juré ensemble, si y avoit-il peu d'amour, comme il se peut bien descouvrir peu aprés : car les gens du duc Jean qui avoient fait la guerre ne s'ozoient trouver és bonnes villes du Roy. Et fut Hector de Saveuse pris en allant en pelerinage à Leance, et mené prisonnier à Paris, où il fut en grand danger de sa vie : mais la duchesse de Hollande luy ayda beaucoup, pour l'amour de ce qu'il appartenoit à son frere le duc Jean de Bourgongne : et aussi Philippe de Saveuse, frere dudit Hector, prit le seigneur de Chaule et Witasse d'Aine, lesquels avoient beaucoup de leurs amis auprés du Roy, qui employerent grande peine à la delivrance dudit Hector, afin de delivrer les deux dessusdits qu'iceluy Philippe tenoit prisonniers. Par ainsi eschappa Hector de Saveuse de Paris. Par telles choses et plusieurs autres, se renouvella la guerre et l'envie entre les seigneurs de France et le duc Jean : parquoy le royaume de France fut depuis reduit en grande perdition.

Tout ce temps durant il y avoit dans le royaume de France doubles officiers ; car chacune partie contendoit les faire à sa poste : le comte Waleran de Sainct Paul estoit connestable de France par la volonté du duc Jean de Bourgongne et le seigneur de Dampierre, admiral. Les autres avoient fait messire Charles d'Albret connestable, et Clunet de Brabant admiral : ainsi estoit pour lors manié le royaume de France, pour cette malheureuse guerre du duc Jean de Bourgongne avec le duc Charles d'Orleans.

Cette mesme année, environ la Sainct Remy, le comte Waleran de Sainct Paul (qui encor se disoit connestable de France) assembla quatre à cinq cens combatans, et s'en alla à Ligny en Barrois, qui estoit à luy. Quand il fut là venu, le duc Antoine de Brabant (qui avoit espousé en premieres nopces la fille d'iceluy comte) luy bailla le gouvernement du duché de Luxembourg, qui estoit à luy de par sa seconde femme. Or ce comte, aprés qu'il eut sejourné cinq semaines audit lieu de Ligny, et fait voyage devers le duc de Bar son beau frere à Bar-le-Duc, s'en alla audit duché de Luxembourg, où il fut bien obeï, et luy delivra-on la forteresse. Aprés il s'en alla en plusieurs autres bonnes villes ; par tout on le mettoit et recevoit dedans, suivant le commandement dudit duc Antoine de Brabant. Aprés il s'en alla à Danvillers, où il sejourna grand piece ; puis il alla mettre le siege devant une forteresse nommée *Neuville*, qui estoit sur la riviere de Meuse, et faisoit des courses dans la duché de Luxembourg. Cette forteresse appartenoit au seigneur d'Orchimont. Quand ledit comte Waleran eut entrepris le siege devant cette place de Neuville, il y demeura long-temps, et avoit fait asseoir grands engins devant le chasteau pour jetter dedans ; puis il fit faire fossez autour du monstier qui estoit devant ledit chasteau, et fit faire des guerites autour dudit monstier ; puis il le pourveut bien de vivres, et laissa de ses gens dedans pour garder que ceux du chasteau n'en peussent saillir, dont il fit capitaine un gentil-homme du pays, qu'on nommoit le grand Wautier Disque. Aprés que ce comte eut ainsi pourveu à ce monstier de Neuville, il s'en alla à Danvillers, et de là à Ivuy (1), où il fut grande espace de l'hyver. Cependant ses gens, qu'il avoit laissé audit monstier de Neuville, y firent tant que le chasteau se rendit, dont le seigneur promit en suite qu'il ne leur feroit plus de guerre : partant les gens que ledit comte avoit laissé au monstier de Neuville s'en allerent à Ivuy par devers luy. En suite ce comte demeura à Ivuy tout le caresme, et là tenoit ses gens avec luy.

(1) *Ivuy* : Yvoy, ou Carignan.

Or environ quinze jours aprés Pasques il luy prit une maladie, dont il mourut. Il fut enterré dans la grande eglise de Ivuy, combien qu'il eut ordonné qu'on le portast en l'abbaye de Cercamp, situé dans le comté de Sainct Paul; mais on n'en fit rien pour l'heure, parce que le pays et les chemins estoient perilleux, et de plus il n'avoit pour lors avec luy aucun de ses prochains amis : car il estoit desja mort quand la comtesse sa femme y arriva, laquelle en fit grand dueil lors qu'elle en sceut la verité : car ce comte avoit fort desiré de la voir avant sa fin derniere. Aprés la mort d'iceluy comte, ses gens furent grandement troublez, et s'en allerent, les uns en leur pays, les autres avec ladite comtesse à Ligny en Barrois. Ainsi mourut le comte de Waleran de Sainct Paul hors de son pays; dont ce fut grand dommage : car il estoit prince de grand entendement, et qui moult estoit sage. Aprés sa mort, le duc Antoine de Brabant releva le comte de Sainct Paul et celuy de Ligny avec toutes les autres terres du defunct comte Waleran, pour Philippes son fils moins-né; car ce duc Antoine avoit espousé la fille d'iceluy comte Waleran, dont il avoit deux fils, Jean et Philippes : le puisné tousjours nommé comte de Sainct Paul, tant que son frere vesquit.

Pour ce temps, le duc Jean de Bourgongne se tenoit en son pays de Bourgongne : car alors on parloit peu de guerre en France, fors que chacun sçavoit bien qu'il n'y avoit mie ferme amour entre le duc Jean de Bourgongne et le duc Charles d'Orleans.

L'an 1415, le roy Henry d'Angleterre, qui bien sçavoit le discord qui estoit entre les seigneurs de

France, et qui tousjours contendoit (1) de conquerir
ce royaume, fit son mandement en Angleterre, et
assembla grande puissance d'Anglois; puis il monta
sur mer et s'en vint descendre devant Harfleur, où il
mit le siege par mer et par terre. Ladite ville de
Harfleur estoit garnie de bons gens d'armes, qui bien
la tinrent : mais le roy Henry y fut si longuement,
qu'il fallut que les François luy rendissent la ville,
parce qu'ils n'attendoient plus de secours. Ce fut là
le commencement de sa conqueste en Normandie.
Or tandis que ledit roy Henry tenoit siege devant
Harfleur, les seigneurs de France firent grandes assemblées pour y resister; et se mit messire Charles
d'Albret, qui estoit connestable, sur les champs, à
tout grande puissance, avec le mareschal Bouciquaud,
le seigneur de Dampierre, qui estoit admiral de
France, et plusieurs autres grands princes, à sçavoir
le duc d'Orleans, le duc de Bar, le duc de Bourbon,
le duc de Nevers, le comte de Beaumont : lesquels
seigneurs dessusdits avoient assemblé toute leur puissance pour combatre ce roy d'Angleterre. Aprés la
conqueste faite de Harfleur, iceluy roy Henry partit
à tout sa puissance pour aller à Calais : à cette fin,
il chevaucha droit en tirant vers la Normandie. En
chemin faisant, devant la ville d'Eu il y eut grande
escarmouche des François et Anglois, en laquelle rencontre mourut Lancelot père, qui estoit bourbon-
nois, vaillant homme d'armes, et bien renommé;
aussi tua-il l'Anglois qui l'avoit navré à mort. De là
ce roy Henry poursuivit sa route en venant vers Abbeville : plusieurs cuidoient qu'il voulut aller passer à

---

(1) *Tousjours contendoit* : tâchoit toujours.

la Blanque-taque, mais il n'en fit rien : car il tira vers le Pont-de-Remy, et assaillit Bille pour avoir passage par là : mais cette place fut bien et grandement defenduë par le seigneur de Wancour qui en estoit sire, avec ses deux fils, qui estoient chevaliers de haut courage et bien renommez, lesquels, outre ce, estoient bien pourveus de bonnes gens et instrumens de guerre. Aprés que ce Roy vid qu'il ne pouvoit passer par ledit Pont-de-Remy, il tira vers Araine, de là vers Amiens, et passa par devant la ville sans rien perdre : puis s'en alla loger à Bonne. La puissance du roy Charles poursuivoit tousjours ce roy Henry, tant qu'il n'y avoit souvent que de cinq à six lieuës entre les deux armées : de sorte que de jour en jour ils les croyoient combatre; mais ils n'avoient mie place à plaisir : aussi attendoient-ils le duc de Bretagne, qui venoit à l'aide des François avec plusieurs gens. Ledit roy Henry s'en alla passer la riviere de Somme à Esclusier, prenant logement au tour de Miraumont, pour de là gagner Calais; puis il se logea à Forceuille, Acheu, et dans les villages d'autour. D'autre part, les François tirerent au devant vers Sainct Paul. Aprés, le roy Henry se logea à Bonniere-le-Scaillon. Le mercredy jour de Toussaincts, son avant-garde estoit logée à Fervenc, et occuperent icelle nuict sept ou huict villages. Le jeudy ensuivant, le roy Henry délogea de Bonniere, passa par Fervenc; de là il chevaucha jusques à Blangi en Ternois, et passa outre pour aller loger à Maisoncelle, là où il se logea et y rassembla tous ses gens. Ce propre jour, les seigneurs de France vinrent loger à Ruisseauville, Azincourt, et en plusieurs autres villages des environs; puis ils se mirent aux champs, et se logerent assez prés de l'ost du roy Henry, tellement qu'il n'y avoit qu'environ quatre traicts d'arc entre les deux armées; et passerent ainsi cette nuict sans se rien faire l'un à l'autre. Quand se vint le vendredy (1) au matin, les seigneurs de France se mirent en grande ordonnance, et firent une avant-garde, où ils mirent la plus grande partie de leur noblesse et seigneurie, et la fleur de leur gens : aussi composerent-ils une bataille fort puissante, et une arriere-garde. En verité les François estoient sans comparaison beaucoup plus forts en nombre que les Anglois, et y avoit parmy eux bien plus noble compagnie.

Le roy Henry se mit pareillement en ordonnance, et disposa une avant-garde avec une grosse bataille; et mit tous les archers devant, tenant chacun d'iceux une arme aiguisée à deux bouts devant luy, appuyée et soustenuë en terre. Ce jour il y eut grand pourparler entre les deux armées; et redoutoit fort iceluy roy Henry cette journée : mais ils ne peurent estre d'accord, parquoy fallut qu'ils se missent en bataille. Là vint le seigneur de Helly, qui long temps avoit esté prisonnier en Angleterre, et cuidoit bien pour lors que les François deussent remporter l'advantage en icelle journée; mais il en arriva tout autrement : car quand se vint au choq, les Anglois avoient plusieurs archers, qui commencerent fort à tirer contre les François, lesquels estoient excessivement armez : parquoy furent-ils fort travaillez avant qu'ils peussent approcher les Anglois. Là y eut grande bataille d'un

---

(1) *Le vendredy* : Juvenal des Ursins dit (pag. 314) que cette bataille se donna le 25 octobre, feste Saint-Crespin.

costé et d'autre; les Anglois furent fort recognez d'abord, mais l'avant-garde des François se mit en grande desroute : ce qui commença par petits pelotons; puis aussi la bataille s'ouvrit et divisa, dans laquelle aussitost les Anglois entrerent, où ils frapperent et tuerent sans mercy : de plus, la bataille des François et l'arriere-garde d'iceux ne s'assemblerent point. Ainsi se mirent tous à fuir : car tous les princes s'estoient mis en l'avant-garde, et avoient laissé leurs gens derriere : parquoy il n'y eut point d'entretenement ny d'ordre parmy leurs gens. Là y eut grande mortalité et tuerie des François, qui y furent tous desconfits; et y en mourut bien sur la place trois à quatre mille, sans ceux qui furent prisonniers, dont il y eut grand nombre. Pendant que la bataille des François et Anglois duroit, et que les Anglois avoient ja presque gagné le dessus, Isambert d'Azincourt et Robert de Bournonville, accompagnez d'aucuns gens d'armes de petit estat, allerent frapper sur le bagage des Anglois, et y firent grand effroy : pource, les Anglois cuiderent que ce fussent François qui vinssent sur eux pour leur mal faire. Adonc dans cette extremité ils se sentirent obligez de tuer plusieurs qu'ils avoient desja faits prisonniers : dont les deux dessus-dits furent depuis grandement blasmez; et aussi en furent-ils punis par le duc Jean de Bourgongne. En cette journée [1], qui fut entre Maisoncelle et Azincour au comté de Sainct Paul (et l'appelle-on vulgairement la bataille

---

[1] *En cette journée* : « Après la bataille, dit Juvenal des Ursins « (pag. 315), le roi d'Angleterre donna à dîner aux princes et sei-« gneurs françois. Il leur dit qu'ils ne s'emerveillassent pas s'il avoit « eu la victoire contre eux, de laquelle il ne s'attribuoit aucune

d'Azincourt), y mourut quantité du noble sang de France ; le mareschal de Bouciquaud, le seigneur de Dampierre qui estoit admiral de France, le duc de Bar, le comte de Marle, et le comte de Beaumont qui estoit avec luy, y furent pris ou tuez; et si y mourut le duc Antoine de Brabant, et le duc de Nevers son frere, lesquels estoient freres du duc Jean de Bourgongne; et plusieurs autres grands seigneurs. Le duc d'Orleans, le duc de Bourbon, le comte de Richemont, le comte d'Eu y furent tous prisonniers, et menez en Angleterre, avec quantité d'autres grands seigneurs. Ainsi et par cette maniere fut perduë cette bataille pour la France, dont ce fut grand dueil pour le royaume, car de toutes les provinces de la couronne la fleur de noblesse y demeura : dont plusieurs maux sont depuis advenus. Et encor la dissension qui continuoit entre ledit duc Jean de Bourgongne et les seigneurs du sang royal acheva de gaster tout. En iceluy jour le duc de Bretagne estoit à Amiens, qui venoit à l'aide des François à tout grande puissance de gens; mais ce fut trop tard. Aprés cette journée, le roy Henry alla reloger à Maisoncelle, où il avoit gisté le jour de devant. Le lendemain au matin il en deslogea, et alla passer tout au milieu des morts qui avoient esté tuez en ce combat. Là il s'arresta grand espace de temps, et tirerent ses gens encor des prisonniers hors du nombre des morts, qu'ils emmenerent avec eux. Des gens du roy Henry y moururent environ

« gloire : car c'estoit œuvre de Dieu, qui leur étoit adversaire pour
« leurs péchés ; et que c'estoit grande merveille que piéça ne leur
« estoit méchu, car il n'estoit mal ne péché à quoi ils ne se fussent
« abandonnés. »

de quatre à cinq cens seulement ; et si y fut le duc d'Yorc navré à mort, lequel estoit oncle du Roy. De plus, estoient les Anglois fort troublez de ce qu'on leur avoit osté leurs chevaux : car il y en avoit quantité de navrez et rendus inutiles, qui s'en allerent à grande peine jusques à Calais, là où on leur fit grande joye et grand recueil. Aprés que ledit roy Henry se fut pendant quelque temps rafraischy avec ses gens dans la ville de Calais, il s'en retourna en Angleterre, où il fut hautement festoyé, et luy fit-on grande reverence par tout iceluy royaume. Les ducs d'Orleans et de Bourbon userent depuis ce temps la plus grande partie de leur vie en Angleterre avec le comte d'Eu et le comte d'Angoulesme, frere dudit duc d'Orleans. Aprés cette douloureuse journée, et que toutes les deux parties se fussent retirées, Louys de Luxembourg, qui estoit evesque de Teroüane, fit faire en la place où la bataille avoit esté donnée plusieurs charniers où il fit assembler tous les morts d'un costé et d'autre, et là les fit enterrer ; puis il benit la place, et la fit enclorre de fortes hayes tout autour, pour la garantir du bestail. Lors que cette bataille se donna, le duc Jean estoit en Bourgongne ; lequel se monstra grandement courroucé de la perte des François quand elle luy eut esté rapportée, par especial de ses freres le duc Antoine de Brabant et le duc de Nevers. Tantost aprés il s'en alla en ses pays de Flandre et d'Artois, là où il prit le gouvernement de ses deux neveux de Brabant.

En cette mesme saison, le duc de Guyenne, fils aisné du Roy, mourut à Paris, lequel avoit espousé la fille aisnée d'iceluy duc Jean de Bourgongne ; dont ce fut grand dommage pour le royaume : car il avoit grand desir de tenir le peuple en paix. Alors ne resta plus des fils du Roy que le comte de Pontieu, qui avoit espousé la fille du duc Guillaume de Hollande; et le duc de Touraine, qui estoit maisné (1) fils du Roy.

Assez tost aprés le roy Henry d'Angleterre repassa la mer, et vint à Calais; le duc Jean de Bourgongne l'alla trouver peu aprés, avec passeport pour sa seureté. Ils s'assemblerent vers Calais, et parlerent eux-deux ensemble grand espace, sans qu'il y eust aucuns de leurs gens qui les peussent oüyr, ny sçavoir ce qu'ils disoient. De ce on parla depuis en mainte maniere, mais peu de gens sceurent bien la verité de ce qu'ils avoient pourparlé. Aprés, le roy Henry s'en retourna en Angleterre, et le duc Jean en ses pays.

Aprés que le duc de Guyenne fut mort, le comte de Ponthieu, autre fils du roy Charles, qui avoit espousé la fille du duc Guillaume de Hollande, niece dudit duc Jean de Bourgongne, devint dauphin, et le prochain heritier de la couronne, aprés la mort du roy Charles son pere. Pource, le duc Guillaume son beau-pere le fit approcher du roy Charles, afin d'avoir le gouvernement du royaume de France : mais il ne se passa guiere de temps aprés que ce Dauphin mourut aussi à Compiegne, où il estoit; par ainsi il n'y eut plus des fils du roy Charles que Charles duc de Touraine, qui estoit tout le maisné, et qui à son tour devint Dauphin, en attendant la succession de la couronne de France.

Le duc Guillaume de Hollande mourut tost aprés

(1) *Maisné* : cadet, plus jeune.

en cette mesme saison; et disoient maintes gens qu'il avoit esté empoisonné avec son beau-fils le Dauphin, parce qu'ils estoient si fort alliez au duc Jean de Bourgongne.

Aprés toutes ces besongnes ainsi faites, le duc Jean de Bourgongne assembla en peu d'espace de temps grande compagnie de ses gens, avec lesquels il vint vers Paris, cuidant trouver moyen de gouverner le roy Charles et le Dauphin; et s'en alla à Lagny sur Marne, où il fut long temps.

Alors gouvernoient le Roy et le Dauphin le comte d'Armagnac, le seigneur de Barbasan et Tanneguy Du Chastel, qui revenoient de la guerre, et tous gens qui estoient estrangers pour la plus grande partie; lesquels pource ne vouloient point que ledit duc Jean fût bien d'accord avec le Roy et avec le Dauphin, pource qu'ils sçavoient bien que si le duc Jean y estoit, il leur osteroit le gouvernement qu'ils avoient dans le royaume.

Quand le duc Jean eut assez esté à Lagny, et qu'il vid bien qu'il ne pouvoit aller devers le Roy pour le present, il partit et retourna en Artois. Alors il y avoit à foison gens qui couroient les champs, où ils se tinrent longuement : parquoy le pays fut fort grevé, et mis en grande destruction de tous costez, par especial les pays de Picardie et Santerre : et en estoient entre autres capitaines messire Gastelain Bast, Jean de Guigny, le bastard de Tian, Charles l'Abbé, Jean Du Clau, Mathieu Després, outre plusieurs autres qu'il y avoit, qui estoient gens sans pitié, lesquels rançonnoient partout où ils alloient, sans espargner gentil ne vilain; on les appelloit en plusieurs lieux les *Waudrois*, en autres les *Estrangers*. Ces gens prirent la ville et le chasteau d'Avencour, qu'ils pillerent, puis y mirent le feu; le mesme firent-ils de Neuf-chastel sur Enne (1).

En ce temps le baillif de Vermandois et Raymonnet de La Guerre assemblerent pour ruer sur les estrangers; mais les estrangers les desconfirent, tuerent grand nombre de leurs gens, et en prirent de prisonniers. En cét estat, regnerent et se gouvernerent les capitaines dessusdits pendant longue espace de temps; puis ils allerent dans le pays de Boulonnois, où ils se preparerent de faire ainsi qu'ils faisoient ailleurs. Mais les compagnons du pays s'assemblerent et en tuerent grande quantité, qu'ils destrousserent et despouillerent: là fut tué Lorent Rose, lieutenant de Jean Du Clau. Quand ils virent qu'on les guerroyoit ainsi dans le Boulonnois, ils se retirerent arriere, et prirent un gentil-homme du pays, nommé Gadifer de Collehant, qui avoit aidé à destrousser de leurs gens, comme ils disoient; lequel fut pendu à un arbre, du commandement du bastard de Tian. Il fut plaint de maintes gens: car il estoit vaillant homme d'armes, et de haute entreprise.

Tout ce temps il y avoit plusieurs capitaines de Picardie qui estoient au duc Jean, et avoient plusieurs gens sur les champs, ainsi comme les autres: c'est à sçavoir le seigneur de Fosseux, Hector de Saveuse, Philippes son frere, messire Maurice Mauroy de Sainct Leger, messire Jennet de Pois, Louys de Wargnie et autres, dont le pays estoit fort travaillé: et dura cette destruction depuis la bataille d'Azincour, jusques à

(1) *Sur Enne:* sur Aisne.

tant que le duc Jean s'en alla camper devant Paris au village de Montrouge.

En cette mesme saison, messire Martelet Du Mesnil et Ferry de Mailly assemblerent environ deux à trois cens compagnons, avec lesquels ils s'en allerent loger au pays de Santers; mais les gens du roy Charles vinrent les surprendre par une nuict, et les ruerent jus. Ils y prirent lesdits messire Martelet Du Mesnil et Ferry de Mailly, qu'ils emmenerent à Compiegne, là où fut iceluy messire Martelet justicié au dehors de Compiegne; quant à Ferry de Mailly, il eschappa par le pourchas de ses amis. Il y eut plusieurs de leurs gens suppliciez.

Les gens du duc Jean passoient souvent à la Blanque-taque, et fort incommodoient cette contrée vers la Normandie, d'où ils amenoient souvent grand nombre de bestial dans le pays d'Artois, et ailleurs. Or en une course que Jean de Fosseux fit, il alla jusques devant Aumale, et se logea en la ville, d'où il fit depuis assaillir le chasteau, qui fut bien defendu par ceux qui estoient dedans : depuis, le feu se prit en la ville, qui en fut toute bruslée et destruite. En la compagnie dudit Jean de Fosseux estoit Daviot de Pois, Louys de Wargnie, et plusieurs autres gentils-hommes. De là, Jean de Fosseux et ses gens allerent loger à Hornay; puis ils se retirerent en Artois par la Blanque-taque, avec un grand butin de bestial, que ses gens emmenerent avec eux. Ainsi et par cette maniere fut le pays de Vimeu et de Santers occupé pendant long temps par les gens du duc Jean. Alors y avoit en la ville de Peronne grande garnison des gens du Roy, que le comte d'Armagnac y avoit mis, qui faisoient assez de peine aux gens du duc Jean : aussi le chasteau de Muin incommodoit fort les villes d'Amiens et Corbie.

L'an 1417, environ le mois de juin, le duc Jean de Bourgongne fit son mandement par tous ses pays, tant de Bourgongne, Flandre, Artois, comme d'ailleurs, et assembla fort noble compagnie de chevaliers et escuyers, tous lesquels il fit mettre ensemble vers Arras; puis les fit tirer vers Amiens, où ils passerent la riviere de Some. Adonc le seigneur de Fosseux fut ordonné capitaine de l'avant-garde d'iceluy duc Jean; en laquelle qualité, estant accompagné de plusieurs notables seigneurs, il s'achemina vers Beauvais avec ses gens. Avec luy entre autres estoit un advocat d'Amiens, nommé maistre Robert Le Jonné, lequel prescha si bien le commun de Beauvais, et tant fit, qu'ils furent contens de tenir le party du duc Jean, et receurent ce seigneur de Fosseux en leur ville avec ses gens. Là y eut force biens de pris à ceux qui tenoient le party des armagnacs, par les gens d'iceluy seigneur de Fosseux.

Le duc Jean suivit assez tost aprés ses gens, et se rendit à Beauvais à tout sa puissance : là il sejourna bien quinze jours, aprés lesquels il envoya une partie de ses gens à Cambeli (1)-le-Hauberger; puis Hector et Philippes de Saveuse allerent à Lisle-Adam, lesquels par aucun moyen firent tant que le seigneur de Lisle-Adam livra passage au duc Jean; et outre ce promit de le servir, et d'effet le servit depuis toute sa vie. Alors donc passa l'avant-garde du duc Jean par Lislé-Adam, laquelle s'en alla en suite loger à

(1) *Cambeli* : Chambly.

Beaumont sur Oise, dont ils assiegerent le chasteau. Le duc Jean cependant se logea au dehors de Cambeli-le-Hauberger en ses tentes : il avoit moult noble compagnie avec luy ; puis il fit asseoir ses engins pour jetter dans ledit chasteau de Beaumont : dont fut iceluy chasteau fort endommagé par ces engins, et tant qu'enfin ceux du chasteau se rendirent à la volonté du duc Jean. Il y eut onze des assiegez qui eurent les testes couppées ; les autres feurent mis prisonniers, sinon aucuns des plus grands, qui s'en allerent par composition de finance. Le duc Jean regarnit ce chasteau de Beaumont, et y laissa de ses gens ; puis s'en alla mettre le siege devant Pontoise. Alors estoit l'avant-garde du duc Jean logée en l'abbaye de Maubuisson : ce duc fit faire un pont de bateaux sur l'Oise pour secourir son avant-garde, si elle en avoit besoin. Là il tint son siege tant que cette ville luy fut renduë, à condition que les gens d'armes qui estoient dedans s'en iroient, saufs leurs corps et leurs biens. Aprés qu'icelle ville de Pontoise fut renduë à ce duc Jean, le seigneur de l'Isle-Adam, qui avoit livré passage audit duc par sa ville de l'Isle-Adam, luy fit serment de tenir son party, et par ainsi demeura de par luy capitaine de Pontoise. En aprés, ce duc chevaucha en tirant vers Meulant : il faisoit chevaucher ses gens en grande ordonnance, pour le doute de ses ennemis. Il s'en alla donc passer à Meulant ; ses gens coururent fort dans le pays. Et alla Hector de Saveuse devant une forteresse nommée Haine, qui appartenoit à l'abbé de Fescamp, lequel abbé estoit dedans icelle forteresse, et fit donner du vin au dit Hector, à Jean de Fosseux et à leurs gens ; puis, par l'asseurance d'un nommé Louys de Sainct-Saulieu, qui estoit parent de cét abbé, Hector et Jean de Fosseux luy promirent de ne faire aucun mal dedans ce chasteau. Sur laquelle foy et parole ils furent receus dedans : mais nonobstant toutes les promesses dessus dites, ce chasteau fut depuis pillé, et y prit-on de grandes chevances, dont on a depuis parlé en mainte maniere contre ceux qui en furent cause; dequoy en fut Hector fort blasmé, pource qu'il les avoit asseurez du contraire. De ce ne sceut rien Jean de Fosseux, ains en fut fort courroucé. Plusieurs gens dirent que cela s'estoit fait par le conseil de Raulet Le Provost, lequel estoit conseiller dudit Hector, avec ce qu'il eut grande partie du butin pour sa part. Ainsi fut cette année le plat pays grandement grevé par les gens du duc Jean de Bourgongne, lequel en suite s'advança tant qu'il se vint loger sur le Mont-rouge au-dessus de Clamart, à une grande lieuë de Paris; là il fit tendre ses tentes, et fut grand temps dans l'esperance que ceux de Paris le missent dans leur ville. Lors estoient le roy Charles et le Dauphin dedans Paris, avec le comte d'Armagnac et plusieurs autres grands seigneurs. Les gens d'iceluy duc Jean couroient de jour en jour devant Paris, tuoient ceux qu'ils trouvoient, et prenoient tous les biens qu'ils pouvoient avoir; parquoy ceux de Paris n'osoient sortir et paroistre, sinon en grand danger de leurs vies. Un jour advint que le seigneur de Fosseux fit grande assemblée de gens d'armes et de traict, et alla courir devant Paris, où y eut grande escarmouche, et furent les fauxbourgs de Sainct Marcel pris par force; il y demeura plusieurs de ceulx de Paris morts sur la place, outre quoy on mena deux prisonniers, lesquels on sauva à grande peine : ils furent menez devant le duc Jean pour sçavoir des nouvelles, car il croyoit pour vray que ceux de Paris se mettroient en dissension pour l'introduire dans la ville. Mais ceux qui tenoient son party ne peurent oncques voir leur pointe à propos, pour faire reussir leur entreprise en ce temps là : car ils estoient fort guettez et observez par la garnison de dedans, et parce leur fallut attendre l'occasion à une autre fois. Lors estoit messire Jean de Luxembourg logé dans la ville de Sainct Cloud, où il demeura tant que le duc Jean fut logé sur ledit Mont-rouge. Il greva fort la tour du Pont avec ses canons : mais autre chose n'y peut faire, pour la force de l'eau qui estoit entre deux. Quand ce duc eut ainsi esté bien trois semaines logé devant Paris, et qu'il vid qu'il avoit failly sur son dessein, il deslogea, et alla camper en la ville de Mont-le-Hery, là où il fut tant que le chasteau luy fut rendu, comme aussi Marcoucy, et plusieurs autres forteresses du païs qui se mirent en son obeïssance. Aprés que ce duc eut reduit en son obeïssance Mont-le-Hery, il s'en alla devant la ville de Corbeil, là où il fut bien un mois entier à le bloquer seulement : il avoit de grands engins jettans dedans la ville, et contre les portes et murailles : mais nonobstant, ceux qui estoient dedans se defendirent si bien, que ce duc n'y entra point : aussi ceux de cette ville avoient vivres assez, et gens à leur plaisir : ce que fort les confortoit, car ils pouvoient entrer à leur plaisir par un endroit. Devant icelle place de Corbeil fut frappé d'un coup de vireton, ou traict à la jambe, Mauroy de Sainct Leger. Ce fut à un assaut qu'il faisoit à une barriere; il en clocha depuis toute sa vie. Aprés que le duc Jean eut esté campé, ainsi que dit a esté cy dessus, devant Corbeil, il deslogea, et s'en alla en tirant vers la ville de Chartres; tant il chevaucha qu'il y vint, et se logea dedans la ville: car ils luy firent ouverture, et à tous ses gens avec luy. Ce duc avoit de ses gens en plusieurs lieux, qui pensoient à ses besongnes et affaires : il en envoya devers la reyne de France, qui estoit pour lors à Tours en Touraine, là où il envoya grand foison de ses gens vers elle; entre-autres y allerent le seigneur de Fosseux et Hector de Saveuse bien accompaignez, lesquels tant chevaucherent qu'ils arriverent vers elle; et firent tant qu'elle fut contente de venir par devers ce duc, lequel à ce subjet alla en personne à Vendosme, d'où il l'emmena à Chartres, avec dame Caterine en sa compaignie, sa fille et du roy Charles. Il y eut en suite plusieurs gens de ses officiers deposez, et d'autres arrestez prisonniers. Ainsi se mit cette reyne de France soubs le gouvernement du duc Jean de Bourgongne, delaissant et abandonnant en cette sorte le Roy son seigneur, et son fils le duc de Touraine, dauphin. Or de là en avant ladite Reyne entreprit le gouvernement du royaume, c'est à sçavoir qu'en l'obeïssance qu'on rendoit audit duc Jean, on le faisoit au nom d'elle; mesme bailloit-on remissions, et distribuoit-on mandemens et telles autres choses de sa part et en son nom, comme ayant le gouvernement du royaume, combien que le Roy son mary fust lors encor en vie, et son fils le Dauphin : ce qui sembloit à plusieurs estre chose assez hors de raison et bien hardie; mais ainsi en advint-il pour le temps de confusion et desordre qui regnoit pour lors. Pendant que le duc Jean estoit à Chartres (où il fut bien six semaines), ses gens estoient logez és villages d'autour, dont fut le pays fort chargé. Or il advint par un dimanche que Raymonnet de La Guerre survint pour frapper sur un logement des gens du duc Jean; mais il fut apperceu, et furent les gens dudit Raymonnet chassez : mesme il y en eut quantité de pris et despoüillez. Assez tost aprés, iceluy Hector de Saveuse, accompagné d'aucuns de ses prochains parens, et avec ce d'une partie de ses gens les plus affidez, vint en la ville de Chartres, où à cause de certaines paroles qui avoient esté entre messire Elien de Jacqueville et luy, present le duc Jean, fut ledit Jacqueville pris depuis dedans l'eglise mesme de Nostre-Dame de Chartres par iceluy Hector et ses gens : or revenoit lors ledit Jacqueville de l'hostel du duc Jean, qui estoit derriere l'eglise; et prestement ledit Hector le fit prendre par ses gens en luy disant aucunes paroles, et le fit porter hors l'eglise, d'où il fut jetté des degrez à val. Ledit Jacqueville se vouloit bien excuser, mais il n'y peut estre receu, et ne fut oncques escouté : il fut là tres-laidement et vilainement battu, tant qu'il en mourut peu de temps aprés. En cette execution estoit entreautres un nommé Jean de Vaux, lequel Jacqueville avoit destroussé autrefois, qui grand mal luy fit. Incontinent Hector et ses gens partirent de la ville, et s'en allerent à leur logis en un village; quant à Jacqueville, qui encor parloit bien, il se fit porter devant le duc Jean, et là luy fit de grandes plaintes, en luy disant : « Mon tres-redouté seigneur, c'est

« pour vostre service que je suis ainsi meurtry; » avec plusieurs autres paroles. Dequoy ce duc fut tres courroucé contre Hector et ceux qui avoient fait ce coup, et luy en sceut tres-mauvais gré, tant que de son vivant il ne luy voulut jamais pardonner, combien que depuis il le servit toujours en ses besongnes et affaires: et sur l'heure que ledit Jacqueville luy eut fait ainsi sa plainte, ce duc monta aussi-tost à cheval, et en personne fit chercher par toute la ville pour trouver ledit Hector et ses gens; mais ils estoient desja dehors, et fit le duc prendre aucuns de ses chevaux avec autres habillemens. Mais il fut enfin appaisé par messire Jean de Luxembourg et le seigneur de Fosseux, en consideration des grandes affaires que ce duc avoit alors sur les bras. Tost aprés, ce duc Jean eut nouvelles de Paris, par lesquelles on luy donnoit à entendre qu'il entreroit dedans la ville; pource, il partit de Chartres avec toute sa puissance, et chevaucha vers Paris; puis il envoya Hector de Saveuse et Philippe son frere à tout leurs gens, lesquels passerent devant Bris, petit chasteau qui appartenoit à messire David de Brimeu de par sa femme, et l'avoient pris les gens du Roy; mais Hector le reprit sur eux, y faisant tuer de ceux de dedans à foison: puis il chevaucha en tirant vers Paris, où le duc Jean se rendit en grande ordonnance droit au dessus Sainct Marcel; là où il se mit en bataille, y demeurant depuis le poinct du jour jusques à l'heure de none. Hector et Philippe de Saveuse entrerent dedans Sainct Marcel, où ce duc se logea, s'attendant tousjours d'entrer dedans Paris: et avec ce s'approcha de la porte; mais il en fut rebouté arriere par force.

Assez tost après ceux de Paris saillirent hors de la ville au nombre d'environ trois à quatre cens, et assaillirent les gens de Hector; là y eut grand assaut d'un costé et d'autre; mais toutesfois furent ceux de Paris rechassez dedans la ville. Quand le duc Jean sceut que les partysans qu'il avoit dans Paris avoient failly à leur dessein, et qu'ils ne le pouvoient mettre dedans, il contremanda ses gens qui estoient dedans Sainct Marcel, puis commença à se retirer devers Mont-le-Hery, où il se logea en icelle nuict. Ledit Hector de Saveuse avoit esté blessé à la porte de Paris d'un vireton ce mesme jour.

Le lendemain que le duc Jean eut esté devant Paris, comme il vient d'estre dit, et qu'il vid qu'il ne pouvoit en rien reüssir pour le present, lors il prit conclusion d'asseoir ses gens en garnison tout autour de Paris. A ce subjet il envoya le seigneur de Fosseux, Hector de Saveuse, messire Jean de Luxembourg et tous ses Picards en leur pays, où messire Jean de Luxembourg occupa les frontieres vers Mondidier, et au devant de Compiegne. Le seigneur de Lisle-Adam demeura à Pontoise, Meulent, et sur les frontieres vers Paris; et Hector de Saveuse s'en alla à Beauvais, où le commun fut mal-content de luy, et y eut grand debat entre eux : tant qu'enfin Hector fut mis hors d'icelle ville. Philippe de Saveuse son frere s'en alla à Gournay en Normandie, où il y fut long-temps. Pendant que Hector de Saveuse et Philippe son frere estoient en garnison à Beauvais, Philippe alla un jour courre devant le chasteau de Bresle, où il avoit esté plusieurs fois. Les gens du Roy s'y estoient bien garnis de gens : de sorte que quand Philippe passa par devant, comme il avoit accoustumé, ceux de dedans saillirent dehors à puissance, et tant firent que les gens de Philippe furent mis en desroute : dont y eut de pris à foison, et si y fut tué un nommé *Robin Toulet*, qui estoit tresvaillant homme de guerre ; et fut Philippe chassé et poursuivy jusques auprés de Beauvais avec une partie de ses gens. Ainsi fut le pays fort travaillé vers Paris et en Beauvaisis, pour la guerre qui lors estoit. D'autre costé, le duc Jean s'en alla à tout ses Bourguignons vers la Bourgongne, et mena la Reyne à Troyes en Champagne ; puis il s'en alla en son pays de Bourgongne, où il demeura tant que Paris fut pris par ses gens. Alors les Picards menoient forte guerre de tous costez contre les gens du Roy.

Le bastard de Tian estoit dans Senlis en garnison : quand le comte d'Armagnac sceut que le duc Jean s'en estoit allé en Bourgongne, il amena le roy Charles devant Senlis. Là mit le siege tout autour, et y fut long-temps à tout grande puissance de gens : avec luy estoit le duc de Touraine dauphin, fils d'iceluy roy Charles ; plus n'y en avoit. Ceux de dedans se défendoient fort bien et grandement ; et messire Jean de Luxembourg et le seigneur de Fosseux assemblérent tous les Picards qu'ils peurent, pour aller faire lever ce siege : et de faict, allerent à cette intention jusques à Pontoise ; mais pour cette fois ils n'eurent mie conseil de passer outre, ains se retirerent en leur pays. Environ quinze jours aprés, ils se rassemblérent à tout leur puissance, et retournerent à Pontoise ; de là ils chevaucherent vers Senlis, et approcherent tant qu'ils se mirent en bataille devant les gens du Roy : ce jour il y eut de grands assauts, et y eut de gens morts et pris d'un costé et d'autre grand foison. Ce jour aussi menoit le seigneur de Miraumont les archers picards, lequel s'y gouverna fort vaillamment, et bien les tint en ordonnance : aussi Hector de Saveuse y fit de grandes vaillances avec Philippes son frere, le seigneur de Lisle-Adam, et plusieurs autres. Ainsi tint messire Jean de Luxembourg et le seigneur de Fosseux ce jour bataille contre le roy Charles, sans s'assembler ensemble : ce qui leur fut reputé à grande vaillance toute leur vie, tant que le Roy avec ses gens s'en alla dudit siege de Senlis. Les assiegeans (1) avoient ostages de ceux de la ville qui se vouloient rendre avant que le secours leur vinst, lesquels ostages eurent à ce subjet impitoyablement les testes couppées : par ainsi fut delivrée de la sorte cette ville du siege du Roy, qui retourna à Paris : et les Picards renforcerent leurs garnisons, tant à Senlis comme ailleurs. En cette journée y avoit un capitaine de brigands nommé *Tabary*, lequel avoit foison de gens de pied, qui furent presque tous tuez; dont on faisoit grande risée, pour ce que c'estoient gens de pauvre estat : et estoit ledit Tabary bourguignon. Le duc Jean fut fort joyeux quand il sceut les nouvelles de ses gens, qui si bien s'estoient comportez, et leur en sceut tres-moult bon gré.

[1418] Aprés ces choses faites, le seigneur de Lisle-Adam (qui se tenoit à Pontoise) avoit grandes accointances en la ville de Paris avec ceux qui tenoient

---

(1) Guillaume Manchelier, Baudart de Voinglé, Guillaume Lescalot, Jean de Beaufort, advocat du Roy.

le party du duc Jean, et souvent en avoit des nouvelles : car il y en avoit plusieurs qui contendoient à ce que ce duc (1) eust le gouvernement du royaume, et enfin firent tant qu'ils en attirerent d'autres à leur cabale en grande quantité ; après quoy ils manderent au seigneur de Lisle-Adam qu'il vinst par devers eux, et qu'ils le mettroient dedans. A cette nouvelle ce seigneur de Lisle-Adam assembla tout ce qu'il peut ramasser de gens, tant qu'il se trouva avoir environ sept à huict cens combatans en sa compagnie, avec lesquels il vint droit à Paris au jour precis qui estoit dit, et y arriva vers le poinct du jour. Il trouva ceux qui le devoient mettre dedans tous prests et disposez à la porte qui avoit esté designée pour cette execution : ainsi Lisle-Adam entra dedans Paris, bien qu'en grand doute et crainte, qui n'estoit mie merveille : car il y avoit bien en garnison dedans Paris trois mille combatans des gens du Roy et du comte d'Armagnac, sans ceux de la ville. Lors icelluy seigneur de Lisle-Adam chevaucha à tout ses gens en tirant vers la grande ruë Sainct Antoine, où il commença à crier *vive Bourgongne!* ainsi que firent ceux de Paris avec luy, qui avoient esté de l'intelligence de le faire entrer dedans. Tost après s'esleva un grand bruit dans Paris, et n'y eut plus d'entretenement ny ordre en aucun des gens d'armes, sinon que chacun ne pensa plus qu'à se sauver au mieux qu'il pourroit. Dans ce trouble et effroy, plusieurs se retiroient vers la bastille Sainct Antoine, où le duc de Touraine

---

(1) *Qui contendoient à ce que ce duc* : qui faisoient leurs efforts pour que ce duc.

fût promptement mené par Tanneguy Du Chastel. Ainsi se sauvoient aucuns en se rendant en ladite bastille Sainct Antoine : mais un vaillant homme d'armes nommé Daniot de Goüy leur fit assez d'empeschement, en renversant à terre plusieurs de ceux qui s'enfuyoient. Le comte d'Armagnac, Raymonnet de La Guerre et le chancelier furent pris, comme aussi messire Hector de Chartre, avec plusieurs autres grands seigneurs : il y en eut bien en tout quatre cens de pris, sans aucuns de ceux de la ville, qu'on prit aprés que cette premiere confusion eut esté un peu appaisée. Le seigneur de Lisle-Adam et autres grands seigneurs allerent par devers le Roy, lequel ne s'estoit bougé de son hostel ; et là luy parlerent, luy firent grande reverence, et avec ce ne l'empescherent en rien, ne aucun de ceux qui le servoient : car le Roy estoit du tout content et des bourguignons et des armagnacs, et peu luy chaloit (1), et luy estoit comme indifferent, comment tout allast. Chacun qui de luy avoit cognoissance pouvoit bien sçavoir l'estat pitoyable et lamentable où il se trouvoit pour lors.

Il y eut à Paris pour ce temps de grands desordres commis, car on prenoit sans mercy tous les biens de ceux qui s'en estoient fuys ; mesmes les habitans de Paris en usoient ainsi, et furent pour la plus grande partie tournez en un instant du party du duc Jean, et pour la pluspart s'entre-accusoient les uns les autres, pour s'entre-piller impunément. Aussi-tost que les nouvelles coururent et s'espandirent par le pays,

(1) *Peu luy chaloit* : peu lui importoit.

que Paris estoit du party du duc Jean, tous ses gens s'y rendirent promptement, et aussi plusieurs armagnacs abandonnerent diverses forteresses des environs qu'ils tenoient, et entra et se sauva grande quantité d'iceux dedans la bastille Sainct Antoine. Ce fut par un dimanche que Paris fut ainsi surpris, environ l'issuë du mois d'avril l'an 1418.

Le mercredy ensuivant, les gens du duc de Touraine dauphin, fils du roy Charles, qui s'estoient retirez dedans la Bastille, comme il vient d'estre dit, avec aucuns autres qui s'y estoient rendus d'autres garnisons, firent une saillie en laquelle ils cuidoient reprendre la ville, car tant firent qu'ils regagnerent la ruë Sainct Antoine jusques à l'hostel du Louvre : ils estoient bien quinze cens combatans de bonne estoffe; lors il y eut grande assemblée de ceux de la ville avec ledit seigneur de Lisle-Adam et les autres gens du duc Jean qui là estoient, et prit et porta le susdit de Lisle-Adam la banniere du Roy; puis estant bien accompagné, il alla contre les gens du Dauphin. Là y eut grande bataille donnée d'un costé et d'autre, et s'y comporterent ceux de Paris fort vaillamment avec iceluy seigneur de Lisle-Adam, et tant firent qu'en peu de temps ils les rechasserent jusques à la Bastille : ce qui ne se passa point sans qu'il en demeurast de morts sur la place bien trois à quatre cens, sans les blessez, dont il y eut grande quantité. Aprés cette journée, les gens du Dauphin furent reduits en bien simple estat; mais nonobstant ils tenoient encor la Bastille. Au contraire, les gens du duc Jean et ceux de Paris demenoient grande joye : car gens nouveaux leur survenoient de jour en jour à leur secours, entre-autres y vinrent Hector de Saveuse et Philippe son frere à tout grande puissance, lesquels on logea dans l'hostel des Tournelles devant et proche de la Bastille, pour faire frontiere et tenir ferme contre ceux de dedans : lesquels quand ils virent qu'il venoit de la sorte de plus en plus si grande puissance contre eux, et qu'ils ne pouvoient plus esperer de rentrer en la ville, ils commencerent à parlementer, tant que leur traité fut fait, à condition qu'ils s'en iroient saufs leurs corps et leurs biens. Par ainsi rendirent-ils la Bastille au seigneur de Lisle-Adam, et s'en allerent devers le Dauphin à Melun, où il estoit. Les gens dudit seigneur de Lisle-Adam firent grand butin dans Paris, dont ils devinrent riches excessivement : assez tost aprés arriva Jean de Luxembourg à Paris, avec le seigneur de Fosseux, à tout grand foison de gens de guerre.

Hector de Saveuse et Philippe son frere s'en allerent à tout leurs gens à Compiegne, où ils porterent un mandement du Roy qu'on leur fist ouverture : à quoy ceux de Compiegne obeïrent ; partant entrerent les dessus dicts en icelle ville, et pareillement au pont Saincte Maixence, à Creil, à Coisy, et en plusieurs autres forteresses du pays. Ainsi furent plusieurs bonnes villes et forteresses mises és mains du duc Jean en consequence d'icelle prise de Paris : mesme la ville de Peronne, qui se rendit au comte Philippe de Charolois, fils d'iceluy duc, lequel y envoya ses gens. Or il y eut grand debat en icelle ville de Peronne entre un des gouverneurs ou capitaines dudit comte de Charolois nommé Chantemele, et Hector de Saveuse : tant que ledit Hector chercha ledit Chantemele pour le tuer; dont il fut depuis fort hay d'iceluy comte de Charolois pendant long-temps. Pendant que le changement estoit nouveau dans Paris, comme il a esté veu cy-devant, il y arrivoit souvent grands desordres en icelle ville, car les habitans s'y accusoient presque tous les uns les autres; par especial aucuns meschans du commun s'en mesloient, qui pilloient soubs divers pretextes, sans mercy, ceux qu'ils disoient avoir tenu le party du comte d'Armagnac : et lors qu'on hayssoit à Paris aucun homme, il ne falloit que dire : *Il a esté armagnac*, et tout presentement et à l'heure mesme il estoit tué sur le carreau. Entre autres il y avoit un bourreau nommé Capeluche, qui tousjours avoit tenu le party du duc Jean, lequel estoit tres-mauvais homme, et tuoit hommes et femmes, sans commandement de justice, par les ruës de Paris, tant par hayne, comme pour avoir le leur; mais en fin le duc Jean luy fit coupper le col ou hasterel (1). De tels desaroys y eut à Paris en quantité, pour ce temps qui estoit tres-piteux, et tout à fait deplorable.

Le duc Jean tesmoigna grande joye quand il sceut la prise de Paris, du comte d'Armagnac, et encor des autres bonnes villes et forteresses qui s'estoient mises en son obeïssance : dont il sceut bon gré au seigneur de Lisle-Adam, et à ceux qui avoient tramé et si bien conduit cette affaire à son advantage. Tost aprés il fit assemblée de ses gens, et tant chevaucha qu'il vint assez prés du pont de Charenton. Ceux du pays par tout où il passoit venoient en grande ordonnance au devant de luy, et luy porterent grande reverence, et pareillement les autres seigneurs qui estoient desja dans Paris:

(1) *Hasterel* : la nuque.

il les remercia tous assez, et leur promit faire de grands biens. Ainsi chevaucha (1) ce duc, tant qu'il entra dedans Paris fort noblement accompagné, et en belle ordonnance. Ceux de Paris crioient tous à une voix : *vive le bon duc de Bourgongne!* et crioient *Noël* de carrefour à autre jusques à son hostel d'Artois où il se logea, y estant envoyé en fort noble compagnie. Aprés que ce duc fut arrivé à Paris, comme il vient d'estre dit, il y eut grands et importans conseils de tenus, et grandes ordonnances faites, comme aussi nouveaux officiers nommez et establis : car le duc Jean alla vers le roy Charles, en luy faisant grande reverence, et le Roy semblablement luy fit paroistre grande chere : puis ce duc fit publier par la ville « qu'il vouloit la paix et le bien du royaume, et con- « tendoit à chasser hors les ennemis et estrangers « qui mal avoient gouverné le Roy et le Dauphin, « c'est à sçavoir le comte d'Armagnac et ses gens; et « que le royaume estoit gouverné par estrangers, qui « estoit chose irraisonnable. » Dequoy ceux de Paris furent fort esmeus et enflammez, aprés qu'ils eurent entendu ces resolutions de la part du duc Jean; et n'estoit mie fils de bonne heure né qui ne disoit mal de ces estrangers, comme depuis il apparut. De plus, ce duc fit tous nouveaux officiers dans le royaume, de ses gens et affidez : entre-autres il declara le seigneur de Lisle-Adam mareschal de France, messire Jenet de Pois admiral, messire Robinet de Mailly panetier. Et fit pareillement des gouverneurs de Paris : maistre

---

(1) *Ainsi chevaucha* : Il y a quelque confusion dans cette partie du récit de Fénin. Le duc de Bourgogne ne vint à Paris qu'après les premiers massacres. (Voyez *Tableau du règne de Charles* VI.)

Eustache de Laistre fut fait chancelier, maistre Philippe de Morvillier premier president. Bref, il advança tous ses gens aux offices de France : car le bon roy Charles estoit content de tout ce que ce duc vouloit faire, et n'y apportoit aucun contredit. Assez tost aprés le commun de Paris fit esmotion; et s'amassa grande assemblée de menuës gens qui allerent aux prisons, où ils tuerent tous les prisonniers qui avoient esté arrestez lors de ladite prise de Paris. Là fut tué le comte d'Armagnac, Raymonnet de La Guerre, le chancelier, et plusieurs autres grands seigneurs. De plus, y fut tué messire Hector de Chartres; et encor y furent massacrez plusieurs bourguignons qui y estoient detenus pour debat ou pour debtes : car ils n'espargnerent aucun homme, que tout ne fust mis à mort. Aprés ils allerent au petit chastellet, où y avoit nombre de prisonniers, qui bien s'apperceurent qu'il n'y avoit point de remede en leur vie : partant ils monterent à mont, où ils resolurent de se defendre bien et vaillamment le plus qu'ils pourroient. Ils crioient tout haut : *vive le Dauphin!* et blesserent assez du menu peuple; mais enfin ils furent pris par force, et les faisoient saillir à val, et d'autres les recevoient sur leurs piquès et bastons, et les marteloient et meurtrissoient, sans en avoir aucune pitié ny mercy. Ainsi tuerent ceux de Paris tous les prisonniers; dont le duc Jean se monstra fort en colere, et leur en sceut mauvais gré : car il avoit grande envie d'avoir par le moyen de ce comte d'Armagnac toutes les forteresses que ses gens tenoient, et pour ce en fut mal-content. Ledit comte d'Armagnac, Raymonnet de La Guerre et le chancelier furent laissez pendant trois jours dans la cour du Palais, eux trois ensemble liez par les bras, tous nuds, là où les voyoit qui vouloit en tel et si piteux estat. Ce comte avoit une jambe rompuë, et si avoit-il esté tranché d'un cousteau parmy le corps, en guise d'une bende, depuis les espaules jusques en bas; là les traisnoient les petits enfans de Paris de place à autre, qui estoit chose bien estrange à voir, et de considerer tels seigneurs estre reduits en cét estat. Le commun de Paris fut par plusieurs fois et à diverses reprises esmeu, et ne les pouvoit-on appaiser, jusques à temps que le duc Jean s'en courrouça contre aucuns des plus grands, ausquels il dit qu'il leur feroit coupper les testes, s'ils faisoient plus ainsi; et pource s'appaiserent.

Hector de Saveuse laissa dans Compiegne le seigneur de Crevecœur en garnison, avec plusieurs autres de ses gens avec luy; mais par le moyen de messire Carados des Quennes (lequel avoit fait serment de ne se point armer contre le duc Jean), cette ville de Compiegne fut reprise; à quoy servit et s'employa fort le seigneur de Bosqueaux. Ce fut par un matin qu'elle fut surprise par la porte de Pierre-font : car les gens du Dauphin avoient dedans bons moyens et amis, comme il fut bien apparent. Là fut pris ledit seigneur de Crevecœur et le seigneur de Chievre (qui avoit espousé la sœur de Hector) Robinet Auger, avec plusieurs autres : et y mourut un nommé Boutry, qui estoit à Hector de Saveuse. Les Dauphinois s'en estans ainsi rendus les maistres, y pillerent ceux qui avoient tenu le party du duc Jean : parquoy la ville fût fort endommagée, et outre ce y fut laissée grosse garnison, pour faire frontiere et resistance au pays d'autour. Lesdits seigneurs de Crevecœur et de Chievre furent menez prisonniers à Pierre-font, là où les retint le seigneur de Bosqueaux. Or il y avoit un des freres du seigneur de Chievre qui long-temps l'avoit servy, et estoit son parent, lequel cuida trouver moyen de livrer ledit chasteau de Pierre-font aux bourguignons, afin de delivrer son frere : mais il fut apperceu et descouvert par aucuns, et luy fit le seigneur de Bosqueaux coupper le col. Cette conspiration fit empirer les affaires desdits seigneurs de Crevecœur et de Chievre; mais enfin ils furent delivrez à force de finance. Hector de Saveuse mit grande peine à ravoir la ville de Compiegne, et se tint à ce sujet long-temps au chasteau de Moncifort avec grande compagnée, leur faisant forte guerre : mais il n'en peut venir à bout, pour les grandes affaires qu'on avoit és autres lieux.

En la mesme année que Paris eut esté surpris ainsi que dessus, le roy Henry d'Angleterre repassa la mer à tout grande puissance, et descendit à Harfleur, laquelle ville il avoit conquis l'an 1415. Tost aprés il commença à conquerir dans le pays à force villes et forteresses : car elles se rendoient à luy sans faire grande resistance, parce qu'elles ne voyoient esperance en aucun secours, à cause de la dissension qui estoit entre les seigneurs de France; car entre autres provinces, dans le duché de Normandie ceux qui devoient deffendre les bonnes villes et forteresses contre les Anglois estoient ou du party du Dauphin ou du duc Jean, et avoient mesme guerre les uns contre les autres : parquoy chacune partie avoit à se garder de deux costez. Par telles choses fut le duché de Normandie conquis en peu de temps. Ce roy Henry vint devant le Pont-de l'Arche par delà l'eau de la Seine vers Quennoy. Dedans cette place estoit le seigneur de Graville avec quantité de ses gens : lors on fit grande assemblée des gens d'armes du pays, pour resister contre ledit roy Henry, afin qu'il ne passast audit Pont-de-l'Arche; mais nonobstant il y passa la Seine, et se rendit ce pont audit Roy : qui fût un grand desconfort et des-avantage à tout le pays, car c'estoit une des clefs de la riviere de Seine. Messire Jacques de Harecour tenoit pour lors prisonnier le comte de Harecour, à qui il estoit prochain parent, lequel s'estoit retiré de Harecour pour les Anglois, en son chasteau d'Aumale. Là vint ledit messire Jacques de Harecour vers luy; ce comte d'abord luy fit grande chere comme à son parent, et le receut dedans son chasteau avec tous ses gens, ne sçachant et ne se doutant de ce qu'il vouloit faire. Incontinent il mit la main sur luy, en disant : « Monsieur, « je vous fais prisonnier du Roy. » A ces paroles le comte devint bien esbahy et courroucé, et dit : « Beau « cousin, que voulez vous faire? » A quoy messire Jacques respondit : « Monsieur, ne vous en desplaise, j'ay « ainsi chargé du Roy de vous mener vers luy. » Là y eut plusieurs autres paroles et reparties, aprés lesquelles ledit messire Jacques le fit prendre par aucuns de ses gens; puis aprés le mena au Crotoy, où il le detint long-temps prisonnier; et en plusieurs autres places. De plus il mit garnison de par luy à Aumale, et outre ce il prit tous les biens d'iceluy comté à son profit. Aucuns dirent là-dessus que tout cela s'estoit fait du consentement du comte d'Aumale, fils de ce comte de Harecour : car il ne fit point de pourchas ny d'instance pour ravoir son pere, qui fut de la sorte retenu prisonnier depuis ce temps jusques à la mort dudit messire Jacques.

Aprés que ce roy Henry eut ainsi réduit en son obeïssance le Pont-de-l'Arche, il s'en alla devers Roüen, et se logea au mont de Saincte Catherine. Dedans Roüen y avoit grosse garnison des gens du duc Jean de Bourgongne : car s'y estoient mis messire Guy Le Bouteiller, un de ses principaux capitaines; le bastard de Tian, le seigneur de Toulongeon, messire André des Roches, Langy d'Arly, Gérard bastard de Brimeu, et plusieurs autres de bonne estoffe, tant qu'ils faisoient bien douze à quinze cens combatans, qui fort bien s'y gouvernerent. Le roy Henry y mit le siege tout autour, et y fut bien l'espace de neuf à dix mois. Là y eut quantité d'escarmouches faites par ceux de la ville sur les Anglois, ausquels ils portèrent grand dommage, ayant tousjours bonne esperance que le duc Jean les secoureroit, comme il leur avoit promis. Mais il n'en fit rien : car il avoit d'autres grandes affaires plus pressantes pour la guerre qu'il avoit contre le Dauphin; partant il fallut enfin que ceux de Roüen se rendissent au roy Henry d'Angleterre, à condition que les gens d'armes s'en iroient sauvés leurs vies seulement, sans rien emporter de leurs biens. Ils furent forcez à une si dure capitulation, parce qu'ils n'avoient plus aucuns vivres : car ils mangerent leurs chevaux, et les pauvres gens de la ville estoient réduits par famine à manger chiens, chats, rats, souris, et telles autres choses; qui estoit chose piteuse à voir : et en mourut bien dedans les fossez et par la ville de faim dix à douze mille, qu'on sceut de certain. Outre ce, il fallut par la composition que ce roy Henry eust une partie des plus notables bourgeois de Roüen à sa volonté. Aprés que Roüen se fut ainsi rendu aux Anglois, plusieurs autres villes se rendirent en suite à eux és marches de Normandie. Quant à la garnison qui estoit sortie de Roüen, elle se retira devers le duc Jean. Le susdit messire Guy Le Bouteiller, qui estoit un des capitaines ou gouverneurs de Roüen tant que le siege y dura, se rendit alors du party du roy Henry, et luy fit serment de le servir loyaument, laquelle chose il fit; à cause de quoy le roy Henry luy fit de grands dons, et luy donna La Roche-Guyon, avec autres seigneuries notables. Est à noter qu'aucuns des bourgeois notables de la ville de Roüen se fierent à ce Guy Le Bouteiller depuis que ledit roy Henry eut pris leur ville, et luy dirent que s'il leur vouloit aider, ils remettroient Roüen en la main du roy Charles. A quoy ledit Guy fit semblant de vouloir entendre; mais il le redit au roy Henry, et pource y eut plusieurs d'iceux notables bourgeois de Roüen qui eurent les testes coupées : de quoy ledit Guy fut fort blasmé pour cette cause et trahison. Or pendant que le roy Henry tenoit son siege devant Roüen, messire Jacques de Harecour et le seigneur de Moreuil firent une assemblée tres-grande pour aller courre sur les Anglois, et vinrent jusques à trois lieuës prés d'eux. Ledit Roy leur envoya au devant le seigneur de Cornuaille bien accompagné, lequel rencontra les dessusdits, et fit tant qu'il les mit en grand des-arroy. Là fut pris ledit seigneur de Moreuil et plusieurs autres avec luy : quand à messire Jacques de Harecour, il se sauva par le moyen d'un bon cheval. En cette mesme saison, Philippe de Saveuse, qui estoit à Gournay en Normandie, à tout deux ou trois cens combatans, fit par plusieurs fois grand dommage aux gens du roy Henry, dont il emmena des prisonniers dedans ladite ville de Gournay, en si grand nombre qu'enfin ces prisonniers anglois devinrent maistres eux mesmes du chasteau de Gournay, qu'ils tinrent pendant un jour. Mais Le Bon de Saveuse, qui pour lors y estoit pour Philippes son frere, fit tant par belles paroles, que ces gens luy rendirent le chasteau : dont il y en eut depuis qui en eurent mauvais marché. Le roy Charles de France et le duc Jean de Bourgongne furent long-temps à Beauvais, et avoient fort grande puissance de gens sur le pays d'autour, en esperance de faire lever le siege de Roüen; mais par le discord qui estoit entre iceluy duc Jean et le duc de Touraine dauphin, rien ne s'en fit : car ces deux princes s'entremenoient forte guerre l'un contre l'autre. Aprés que le roy d'Angleterre eut pris la ville de Roüen, fait faire le serment à ceux de la ville, et mis nouveaux officiers de par luy, il envoya ses gens au pays vers Gournay et vers le comté d'Eu, où tout se rendit à luy sans coup ferir; mesme se rendit la ville d'Eu, le chasteau de Moncheau, le Neufchastel, Deincour, Gournay, et plusieurs autres bonnes villes et forteresses : depuis quoy se tint en la ville d'Eu un chevalier anglois nommé messire Philippe Lys, qui faisoit forte guerre dans le pays de Vimeu. Le roy Henry conquit cette année presque tout le duché de Normandie tout à son aise : car tres-peu y avoit de gens qui le defendissent; mesmement il y eut plusieurs Normands qui se rendirent anglois, et firent le serment à ce roy Henry. Lionnel de Bournonville et Daniot de Gouy se tenoient alors en garnison dans Gisors, d'où ils menoient forte guerre aux Anglois. Or advint que les gens du roy Henry estans logez à Cailly-Fontaine au nombre d'environ quatre à cinq cens, dont il y avoit la plus grande partie d'Irlandois, iceluy Lionnel et Daniot de Gouy vinrent frapper de nuict sur eux en icelle ville, où ils mirent le feu, puis les assaillirent chaudement, et les ruerent jus et desconfirent entierement; aprés lequel exploict ils s'en retournerent à Gisors en leur garnison. Ainsi souvent faisoit ce Lionnel grand dommage aux Anglois, et avec luy Daniot de Gouy, qui estoit fort vaillant; et aussi faisoit le seigneur de Lisle-Adam.

Assez tost aprés y eut grand parlement entre ce roy Henry d'Angleterre et le roy Charles, qui se tenoit pour lors avec le duc Jean de Bourgongne à Pontoise. Pour conclusion, le roy Henry vint devers Meulant, là où il fit tendre ses tentes, et pareillement on y tendit celles du roy Charles. Là se trouva ledit duc Jean, avec le conseil du roy Charles, par plusieurs fois qui parlementerent avec le roy Henry, lequel vouloit avoir Caterine, fille du roy Charles, en mariage; outre quoy il pretendoit avoir le duché de Normandie. Le conseil se tint longuement sur ces demandes, mais enfin rien ne s'en fit; car ledit roy Henry vouloit avoir trop grand advantage sur le royaume: ce que le duc Jean ne voulut accorder. Aussi avoit-il tousjours volonté de traiter avec le duc de Touraine dauphin. Parquoy se separa ce parlement sans y rien conclure, et se retira le roy

Charles à Sainct Denys en France, et la Reyne avec luy.

Le duc Jean avoit grande volonté d'avoir paix avec le Dauphin. Pour ce y avoit ambassadeurs entre les parties qui traitoient, et en estoit la dame de Giac: lesquels arresterent par ensemble que ces deux princes seroient contens de venir et se voir ensemble, pour eux-mesmes trouver les meilleurs moyens et expediens de paix. Alors donc le duc Jean (qui estoit à Pontoise) partit à noble compagnie pour venir devers le Dauphin, qui estoit à Melun. Ladite dame de Giac, qui s'en entremettoit fort, alla avec le duc Jean jusques à Corbeil, à une lieuë environ de Melun, du costé de la Brie vers Meaux. Le Dauphin de son costé vint à tout sa puissance; le duc Jean alla pareillement à tout ses gens, et n'approcherent point ces deux puissances plus prés de demie lieuë l'une de l'autre. Là s'assemblerent les ambassadeurs des deux costez, et tant firent que la paix fut traitée entre ces deux princes durable à tousjours, et jura le Dauphin de la tenir; aussi firent tous les grands seigneurs avec luy. Il y eut en outre de fort grandes promesses faites entre les deux parties, et permirent les deux princes chacun aux seigneurs de son costé d'aller servir sans aucune reproche contre celuy par qui la paix seroit rompuë : c'est à sçavoir que si le Dauphin la rompoit, qu'il permettoit à ses gens d'aller servir le duc Jean, ou celuy qui tiendroit son party; et ainsi fit reciproquement le duc Jean. Dequoy on fit force belles lettres seellées des seaux des deux parties. Aprés ils s'entre-promirent de mettre toute peine, et s'employer à chasser le roy Henry d'Angleterre hors de France, et assembler à cette fin toute leur puissance.

Ainsi fut la paix faite entre le duc de Touraine dauphin, et le duc Jean de Bourgongne. Chacun creut lors à la bonne foy que ce seroit chose durable; mais depuis on vid bien le contraire, comme cy-aprés sera declaré. Tost aprés que la paix fut ainsi faite entre le Dauphin et le duc de Bourgongne, leurs gens s'assemblerent pendant quelque temps, qui menerent forte guerre aux Anglois sur les marches de Normandie. Alors le seigneur de Lisle-Adam perdit la ville de Pontoise qu'il avoit en garde, laquelle les Anglois surprirent par un matin; qui fut un malheur grandement prejudiciable aux affaires de France, car c'estoit une ville fort notable, bien garnie de vivres, et fournie d'autres biens. Les Anglois en ce temps mirent siege devant Sainct Martin le Gaillard, dedans laquelle place estoit Rigaut [1] de Fontaine : mais le sire de Gamache qui estoit au Dauphin, vaillant chevalier de son corps, assembla quantité de gens, avec lesquels il alla faire lever ce siege; auquel exploict il y eut des Anglois tuez à foison : les autres se retirerent dedans le monstier de la ville, et leur chef estoit un chevalier anglois nommé messire Philippe Lis, qui estoit fort vaillant personnage. Aprés que Pontoise eut esté, comme dessus, surpris par les Anglois, le roy Charles, la Reine, et dame Caterine leur fille, s'en allerent à Troye en Champagne, là où les mena le duc Jean de Bourgongne, pour les mettre arriere de la guerre. Le seigneur de Lislé-Adam se mit en garnison dans Beauvais à tout plusieurs gens, aprés qu'il eut ainsi perdu Pontoise. Là il s'opposoit et tenoit frontiere contre les Anglois, afin d'empescher leurs

[1] Regnaud.

courses, et leur portoit les plus grands dommages
qu'il pouvoit. Messire Jacques de Harrecour, d'autre
part, se tenoit à Crotoy et à Noyelle sur la mer; et
Hector de Saveuse au Pont-de-Remy, avec le seigneur
de Wancour et Louys son fils, là où ils faisoient
guerre aux Anglois d'Eu et de Moncheau, et souvent
s'assembloient avec ledit messire Jacques pour endommager les Anglois.

L'an 1419, fut la paix faite entre le duc de Touraine dauphin, et le duc Jean de Bourgongne, en la
maniere qu'il vient d'estre dit : dequoy tout le pauvre
peuple de France demenoit grande joye. A la faveur
de laquelle paix les gentils-hommes des deux partys
faisoient conjointement forte guerre aux Anglois, et
bien croyoit-on lors en France estre en grande union
et concorde; mais en bref, aprés il y survint plus
grande tribulation que jamais : car le duc Jean fut tué,
comme il se pourra cy-aprés voir. Le Dauphin estoit
pour lors à Montereau-où-faut-Yonne, là où il avoit
assemblé toute la plus grande partie de sa puissance.
Or il estoit gouverné en ce temps par les seigneurs
de Barbasan, Tanneguy Du Chastel, le vicomte de
Narbonne, le seigneur de Gitery, et plusieurs autres
qui point n'estoient du royaume de France, et neantmoins manioient et conduisoient toutes ses affaires. Il
y eut partie d'iceux qui tramerent et machinerent la
trahison de mettre à mort le duc Jean, et tant firent
que le Dauphin fut content de le mander, et qu'il fust
mis à mort. De faict, il chargea Tanneguy Du Chastel
d'aller devers luy, qui estoit lors à Bray-sur-Seine, à
deux lieuës prés de Montereau, à tout grande puissance de gens d'armes et de traict. Quand la chose

eut esté ainsi pourparlée, les gouverneurs du Dauphin ordonnerent que le duc Jean seroit logé dans le chasteau de Montereau, et que le Dauphin seroit cependant logé dedans la ville. Or ils firent sur le pont plusieurs barrieres entre la ville et le chasteau; puis messire Tanneguy s'en alla vers le duc Jean à Bray-sur-Seine, là où il le trouva, luy disant : « Que le « Dauphin se recommandoit à luy, et le prioit qu'il « voulust aller devers luy à Montereau pour conclure « des affaires de France; » et plusieurs autres choses. Ce duc fit à Tanneguy grande chere et grande reverence, comme encor à ceux qui estoient avec luy, luy disant qu'il iroit vers monsieur le Dauphin. Lors ce duc se hasta de disner, puis il monta à cheval avec tous ses gens, et moult faisoit à Tanneguy grand honneur. « Et bien, luy dit-il, nous allons vers mon- « sieur le Dauphin à vostre fiance, pensant qu'il « veuille bien entretenir la paix qui a esté faite entre « luy et nous, laquelle nous voulons bien tenir, et le « servir tout à sa volonté. » A quoy Tanneguy respondit : « Mon tres-redouté seigneur, n'ayez doute de « rien : car Monsieur est bien content de vous, et se « veut desormais gouverner selon vous; et outre ce, « vous avez auprés de luy bons amis qui bien vous « aiment. » Ainsi s'en alla le duc Jean à sa mort en la compagnie dudit Tanneguy Du Chastel, lequel le trahit, et chevauchoit en grande ordonnance jusques auprés de Montereau, et là il rangea ses gens en bataille. Or il y avoit quelques gens du duc Jean dedans le chasteau, pour aviser et disposer le logis, entre lesquels il y eut un valet de chambre qui bien se douta de la trahison; parquoy il retourna prompte-

ment devers le duc son maistre, pour luy dire : « Mon-
« tres-redouté seigneur, avisez vostre estat; sans
« faute vous serez trahy, et pour Dieu veüillez y pen-
« ser. » Adonc le duc Jean dit à Tanneguy : « Nous
« nous fions à vostre parole; pour Dieu, avisez bien
« que soyez seur de ce que vous nous avez dit, qu'il
« soit verité : car vous feriez mal de nous trahir. »
Et Tanneguy luy respondit : « Mon tres-redouté sei-
« gneur, j'aymerois mieux estre mort, qu'eusse fait
« trahison à vous ny à autre. N'ayez aucune doute,
« car je vous certifie que Monsieur ne vous veut au-
« cun mal. » A quoy ce duc respondit : « Nous irons
« donc à la fiance de Dieu et de vous. » Puis en ces
entrefaites il chevaucha jusques au chasteau, où il
entra par la porte de derriere, laissant grande partie
de ses gens en bataille hors du chasteau. Avec le duc
descendirent moult de grands seigneurs : il s'en alla
reposer en une chambre dedans le chasteau. Cependant Tanneguy alla devers le Dauphin et devers ceux
qui estoient avec luy, leur apprenant la venuë d'i-
celuy duc. Là y eut grand consistoire et conseil de
ceux qui conduisoient la trahison. Tantost après on
envoya vers le duc, afin qu'il vinst voir le Dauphin.
Quand le duc oüyt qu'il le mandoit, il partit pour
aller devers luy ; et y allerent cinq ou six grands
seigneurs seulement avec luy. Plus on n'y laissa passer
du chasteau. Or quand ce duc vint pour entrer sur
le pont, il trouva qu'il y avoit une barriere à l'entrée du pont, où y avoit bonne garde. Lors ce duc
passa pour aller vers le Dauphin, qui estoit en un
petit détour, lequel il vint saluer fort humblement :
sur quoy presentement et prestement ceux qui es-

toient ordonnez pour le mettre à mort estoient là tous presis, qui frapperent sur luy. Quand il vit qu'il estoit trahy, il cuida tirer son espée (1) pour se defendre; mais rien ne luy valut, car il fut tantost abbatu et mis à mort, dont ce fut pitié pour le royaume : car par sa mort advinrent depuis plusieurs maux en France. Avec luy fut tué le seigneur de Noaille, frere du comte de Foix, lequel se coucha sur luy pour le cuider sauver.

Aprés ce que le duc Jean eut ainsi esté mis à mort, ceux qui là estoient le jetterent du haut du pont à val : mais depuis, par l'admonestement et l'ordre du Dauphin, il fut enterré dans le cymetiere à tout son pourpoint et ses houseaux (2), là où il demeura de la sorte tant que la ville fut conquise par les gens du roy Henry d'Angleterre. Avec ledit duc Jean estoient venus le seigneur de Nouaille, le seigneur de Sainct George et messire Charles de Lens, lesquels furent pris, avec d'autres en quantité.

Ce duc Jean ayant esté tué, ainsi qu'il vient d'estre dit, ses gens en sceurent aussi-tost les nouvelles. Là y eut grand deuil fait en plusieurs lieux, et n'est celuy qui peust bien penser le grand desconfort qu'il y avoit parmy ses gens. D'autre part, les gens du Dauphin saillirent en grande puissance sur eux, et furent promptement mis en grand desaroy : car il n'y avoit plus d'entretenement ny ordre gardé entre-eux, depuis qu'ils sceurent la mort de leur seigneur. Or s'en alloit chacun d'iceux le mieux qu'il pouvoit sans ordonnance. Les gens du Dauphin les chasserent et

---

(1) *Il cuida tirer son espée* : il voulut tirer son épée. — (2) *Ses houseaux* : ses bottes.

poursuivirent, car ils estoient tous avisez de leur fait : dont ils prirent plusieurs, qu'ils tuerent avant qu'ils eussent peu regagner Bray-sur-Seine ; les autres se sauverent le mieux qu'ils peurent. Cette douloureuse mort fut cause de faire recommencer la guerre de plus belle et plus fort qu'auparavant, et chacun ne songea plus qu'à se garnir contre sa partie. Pendant tout cela, le roy Henry d'Angleterre conquestoit tous-jours fort sur les deux parties : par ainsi il y avoit trois partys pour lors en France, qui tous conténdoient à conquerir et démembrer le royaume ; dequoy le menu peuple estoit excessivement travaillé.

Aprés la mort d'iceluy duc Jean, Philippes son fils releva toutes les seigneuries du duc son pere, et devint par ainsi duc de Bourgongne : il fut fort courroucé du meurtre de son pere, et de la trahison qu'on luy avoit fait. Ce duc Philippe avoit espousé Michelle, fille du roy Charles de France, et sœur du Dauphin; laquelle estoit dame de haut honneur, humble, courtoise, belle, et bien aimée de tous les seigneurs qui conversoient à la cour d'iceluy duc ; et en outre du pauvre commun. Or quand ce duc Philippe eut saisi tous les tenemens et seigneuries du duc Jean son pere, il manda tous ses barons, pour avoir conseil comment il se pourroit venger du Dauphin. Lors on luy conseilla qu'il prit alliance avec le roy d'Angleterre, et qu'il luy fit avoir à femme Caterine, fille du roy Charles et sœur du Dauphin, laquelle ledit roy Henry avoit grand desir d'espouser; et que mieux que par là il ne se pouvoit venger du Dauphin : car par ce moyen il seroit chassé de France, sans jamais posséder la couronne. Ce duc Philippe ayant pris cette conclusion, il envoya devers le roy d'Angleterre; et tant y eut d'ambassadeurs entre les deux parties, qu'enfin alliance fut faite entre iceluy roy Henry et ledit duc Philippe. Le duc promit de livrer au roy Henry Caterine fille du roy Charles, et le roy Henry promit de la prendre à femme, et faire reyne d'Angleterre. Outre ce, promit que le roy Charles jouyroit tout son vivant du royaume de France : de plus, promit ce roy Henry de livrer au duc Philippe les traistres qui avoient tué son pere, si aucuns escheoient en ses mains. Plusieurs autres promesses y eut, et sermens faits par les deux parties, afin d'entretenir bonne et ferme paix à tousjours entre eux. Outre ce, ils s'entre-promirent de chasser le Dauphin hors le royaume avec ses alliez, sans jamais pouvoir posseder aucune seigneurie en France.

Le comte Philippe de Sainct Paul, fils du duc Antoine de Brabant et neveu du duc Jean, estoit pour ce temps-là à Paris, où il estoit lieutenant du Roy, et gouvernoit la ville de Paris : car ledit duc Jean l'y avoit laissé, après la prise d'icelle ville de Paris, pour la gouverner; et s'y conduisit par bon conseil, combien qu'il fut jeune d'aage, n'ayant qu'environ quatorze ans, et là demeura tant que le Roy alla à Melun.

Au susdit traitté qui fut fait et arresté entre ledit roy Henry et le duc Philippe, il fût ordonné entre autres choses que le roy Henry seroit droit heritier du royaume de France luy et ses hoirs après la mort du roy Charles de France, et que jamais Charles dauphin n'en jouyroit, ny ceux qui de luy viendroient; et qu'il n'estoit digne de tenir royaume, pour le mauvais cas qu'il avoit fait sur le duc Jean de Bourgongne, dont point ne se pouvoit excuser, combien qu'il fut jeune quand le cas advint : consideré avec ce qu'il estoit gouverné par gens estrangers, combien qu'ils eussent eu de leurs amis tuez au saccagement et carnage de Paris ; parquoy il ne leur chaloit quel deshonneur le Dauphin encourust, pourveu qu'ils fussent vengez du duc Jean. Or le Dauphin essaya depuis beaucoup de s'excuser sur sa jeunesse et pour ceux qui le gouvernoient, disant que ce n'avoit point esté de son consentement, et que autant en eut-il fait du roy Charles son pere pour ce temps-là : mais cela ne peut estre receu à excuse. Et pour ce dura la guerre long-temps depuis, comme il se pourra voir cy-aprés : mesme pour plus grande apparence le Dauphin mit hors d'avec luy ceux qui luy avoient baillé le conseil de mettre à mort le duc Jean, qui s'en allerent hors le royaume pour quelque temps.

Aprés toutes ces alliances faites entre le roy Henry d'Angleterre et le duc Philippes de Bourgongne, ils aviserent de conquerir force villes et forteresses sur les gens du Dauphin : et commença ce duc Philippe à faire grands mandemens par tous ses pays, et tout fit assembler proche Peronne. Quand ce duc Philippe eut ainsi fait grande assemblée de gens, il en bailla la conduite à Jean de Luxembourg, qui s'en vint loger en ladite ville de Peronne, et ses gens tout autour; de là il tira droit à Lihon en Santers, là où il se logea en la ville, et tous ses gens avec luy. Avec ce, messire Jean y avoit d'autres bons capitaines : entre autres y estoient le vidame d'Amiens, le seigneur de Croï, Hector de Saveuse, le seigneur de

Humbercour, mareschal du duc Philippe, et d'autres en quantité. Là fut prise conclusion par iceluy messire Jean et ceux qui estoient avec luy d'aller mettre le siege devant un chasteau nommé Muin, situé à deux lieuës de Corbie, lequel causoit assez de mal aux villes d'Amiens et Corbie, et au pays d'entour. Mais en une nuict dont il devoit le lendemain partir, messire Carados des Quennes et Charles de Flavy prirent la ville de Roye en Vermandois, qui avoit esté donnée au duc Philippe lors de son mariage avec la fille du roy Charles, et entrerent dedans bien trois cens combatans. Lors estoit gouverneur de Roye un nommé Percheval le Grand, lequel eschappa de la ville, et vint vers messire Jean à Lihon, où il estoit quand il ouït nouvelles de ladite prise de Roye. Tantost apres il fit sonner les trompettes, puis monta à cheval avec tous ses gens, et chevaucha vers icelle ville en grande ordonnance, et prestement mit coureurs sus pour aller devant, lesquels trouverent encores les eschelles dressées aux murs de Roye, par où les Dauphinois estoient montez. Là y eut grandes escarmouches d'abord, et gagna-on sur eux les fauxbourgs qui estoient clos de bonnes murailles, puis incontinent on y mit le siege. Le seigneur de Lisle-Adam mareschal de France, et Hector de Saveuse, se logerent dedans les faux-bourgs du costé de Compiegne, et le seigneur de Croï à un lieu assez prés; avec luy estoit le seigneur de Longueval, qui pour lors servoit le duc Philippe, qu'il servit long-temps aprés. Quant à messire Jean de Luxembourg, il fut logé à une lieuë prés de Roye en tirant vers Noyon : les Flamends encor outre, à une ville nommée Chempien.

Ainsi fut la ville de Roye assiegée tout autour; et si estoit le siege droit au temps de Noël, bien vingt-quatre jours avant qu'ils se voulussent rendre. Souvent y avoit grandes escarmouches faites par ceux de dehors contre ceux dedans; mais enfin ils se rendirent à condition qu'ils s'en iroient saufs leurs corps et leurs biens: de quoy messire Jean fut content, et de ce leur bailla sauf conduit pour s'en aller à Compiegne; et fut Hector de Saveuse ordonné pour les conduire, et messire Carados et Charles de Flavy ordonnerent leurs affaires pour s'en aller, et partirent par un samedy bien matin. Environ une heure aprés que les Dauphinois furent partis de Roye, et que les gens de messire Jean estoient dedans la ville, le comte de Hontiton et Cornuaille vinrent devant Roye, où ils venoient pour aider à iceluy messire Jean de Luxembourg; mais quand ils aprirent que les Dauphinois en estoient partis, et qu'ils ne pouvoient estre qu'à une lieuë loing, ils commencerent bien fort à courir aprés. Ils estoient bien mille combatans : or tant chevaucha ce comte de Hontiton et Cornuaille, qu'ils atteignirent les Dauphinois à trois lieuës prés de Compiegne, et frapperent sur eux fortement. Aussi les Dauphinois ne s'en donnoient de garde; parquoy ils furent bientost mis en des-arroy, et furent tous ruez jus, pris ou morts, peu s'en estans eschappez. Quand messire Carados vid cét accident, il se rendit à Hector de Saveuse; mais Cornuaille luy osta, et frappa Hector sur le bracelet de fer de sa main à tout son gantelet: dont Hector fut très-mal content; mais il n'en peut avoir autre raison pour l'heure, sinon qu'il luy dit : « Cornuaille, vous sçavez bien que « ne les pouvez mettre à finance, et qu'ils ont sauf-

« conduit de vostre capitaine. » Avec les Anglois monterent à cheval plusieurs des gens de messire Jean de Luxembourg, quand ils virent qu'on alloit frapper sur les Dauphinois. Or ce fut une chose qui fort les greva, car leurs chevaux estoient sejournez et avoient reposé : pour ce, ils les suivirent plus rudement que les Anglois ; entre autres y alla le bastard de Croï, Aubelet de Folleville, le baillif de Fonquesolle, et des gens du seigneur de Longueval, avec plusieurs autres. Pour cette cause se courrouça messire Jean de Luxembourg tres-fort, d'autant qu'ils estoient soubs luy et qu'il avoit baillé sauf-conduit aux Dauphinois, et vouloit que le seigneur de Croï luy baillast son frere bastard, et le seigneur de Longueval le bastard de Divion frere de sa femme ; mais ils n'en voulurent rien faire, et par ce les eut messire Jean en grande haine longtemps aprés : dont il avint depuis grandes tribulations, comme cy-aprés sera veu. En suite de cette desconfiture ainsi faite contre la foy donnée, les Anglois se logerent à deux lieuës prés de Roye à tout leurs prisonniers. Vray est qu'iceluy Jean de Luxembourg alla vers le comte de Hontiton, à qui il donna un cheval, puis le pria qu'il fit bonne compagnie et favorable traitement à messire Carados et aux autres prisonniers : car pour vray ledit messire Jean estoit fort outré de ce qu'ils avoient esté pris de la sorte, nonobstant son sauf-conduit, combien qu'aucuns voulurent dire qu'il le sçavoit bien ; mais il n'en estoit rien : car il estoit seigneur qui bien vouloit tenir ce qu'il promettoit. Aprés qu'iceluy Jean de Luxembourg eut esté devers le comte de Hontiton, et qu'ils eürent fait l'un à l'autre grande chere, il se retira en son logis, d'où le lendemain il partit, et s'achemina à tout une partie de ses gens vers La Fere-sur-Oise. En sa compagnie estoit Hector de Saveuse.

Quand messire Jean arriva à La Fere, il assit garnison par toutes ses forteresses, et mit Hector de Saveuse à Nouvion-le-Comte, et les autres en toutes les autres places pour tenir frontiere contre la ville de Crespy en Laonnois, où estoit La Hire (1) et Poton de Saintraille, à tout grand nombre de gens. Là ils se tinrent jusques au caresme, que le duc Philippes vint à tout sa puissance, et mit le siege tout autour d'icelle place de Crespy. Les autres gens du duc Philippe, aprés la reddition de Roye, s'en allerent chacun où il voulut, en son hostel ou ailleurs, jusques aprés la Chandeleur, que le duc Philippe refit grand mandement pour aller à Troyes en Champagne. Quand il eut assemblé tous ses gens, il s'achemina vers la ville de Sainct Quentin en Vermandois, et se logea dedans la place. Avec luy estoit le comte de Warvic, le comte de Quin et le seigneur de Ros, qui estoient ambassadeurs du roy Henry d'Angleterre; lesquels alloient en la compagnie de ce duc Philippes à Troyes en Champagne devers le roy Charles de France, pour demander Caterine, fille du roy Charles, pour ledit roy Henry, lequel la vouloit avoir à femme; et l'eut enfin, comme il se pourra si aprés voir. Or allerent iceux ambassadeurs tousjours avec le duc Philippe jusques à Troyes.

Quand ce duc deslogea de Sainct Quentin, il s'en alla loger à Crecy sur Seine; messire Jean de Luxem-

---

(1) Estienne de Vignoles, dit La Hire, capitaine de Crespy.

bourg conduisoit son avant-garde, qui s'alla loger à lieuë et demie de Crespy. Il y eut là grande escarmouche faite, tant que le bastard de Haynaut fut fort blessé par les Dauphinois : mais nonobstant il n'en mourut point. Bien se comporta en iceluy jour ledit messire Jean vaillamment, et Philippe de Saveuse avec luy. Le duc ensuite deslogea de Crecy, et alla camper prés de Crespy en Laonnois, où il mit le siege tout autour; à quoy il employa bien vingt jours de temps avant qu'ils voulussent se rendre : car ils estoient bien huict cens combatans dedans. Mais enfin ils se rendirent, à condition qu'ils s'en iroient saufs leurs corps et biens, sinon aucuns qui estoient des pays du duc, lesquels devoient demeurer prisonniers. Ainsi ce duc reduisit en son obeïssance Crespy en Laonnois au commencement de sa premiere armée, et ceux qui estoient dedans s'en allerent. Ce duc en suite fit desmolir la fortification de Crespy, laquelle ceux de Laon abbatirent; puis le duc s'en alla à Laon, de là droit à Rheims, en suite à Chaalons, puis à Troyes en Champagne. Un accident arriva lors : c'est que comme, entre Troyes et Chaalons, s'advançoit Jean de Luxembourg, ayant avec luy messire Robinet [1] de Mailly qui estoit grand panetier de France, et qu'ils passoient par le milieu d'un village où il y avoit amas de grandes eaux, et où y avoit des fosses profondes couvertes de bourbe, ledit Robinet de Mailly fondit et tomba dedans une grande fosse à tout son cheval, là où il fut noyé et tout embourbé, tant qu'on ne le peut rescoure ny sauver, et y demeura bien trois heures dedans avant qu'on le peust ravoir.

---

[1] Robert.

Un peu devant ce temps, La Hire tenoit le chasteau de Coucy, qui estoit tres-fort : il avoit pris grand foison de prisonniers, gentils-hommes et autres, lesquels il avoit reserrez dedans ledit chasteau. Or le seigneur de Maucour, Lionnel de Bournonville et plusieurs autres, aviserent le poinct que La Hire estoit allé courre, et par aucun moyen firent qu'ils surprirent ce chasteau, et s'en rendirent maistres. Aprés, ils manderent messire Jean de Luxembourg pour luy remettre ce chasteau ; mais il y en eut aucuns qui ne furent bien contens de le mettre dedans, s'il ne leur promettoit de leur laisser le gain du butin qu'ils y avoient fait. A cette fin le seigneur de Maucour alla le premier au devant dudit messire Jean, luy disant : « Mon« sieur, les compagnons ne sont mie contens de vous « mettre dedans, que ne promettiez de leur laisser ce « qu'ils ont gagné. » Quand messire Jean oüyt ce propos, il se courrouça grandement, respondant audit de Maucour : « Traistre, me voulez-vous trahir ? » Alors il le fit prendre par ses gens ; et s'il eust eu un bourreau present, il luy eust fait couper la teste, pour le grand courroux qu'il avoit. Tost aprés, iceluy Lionnel de Bournonville fit tout ouvrir, et messire Jean entra dedans, et eut ainsi l'obeïssance du chasteau de Coucy. Depuis, fut ledit de Maucour delivré.

Iceluy messire Jean de Luxembourg avoit espousé Jeanne de Betune, fille du vicomte de Meaux, laquelle en premieres nopces avoit espousé le comte de Marle, dont elle avoit une fille qui estoit comtesse de Marle, et une de messire Jean de Luxembourg, qui pour ce avoit le gouvernement de plusieurs grandes seigneuries, villes et forteresses, dont il fit long-temps bonne garde.

Quand le duc de Bourgongne fut arrivé à Troyes, et les ambassadeurs du roy d'Angleterre avec luy, il alla devers le roy Charles son beau-pere, et devers la Reyne, et firent tant qu'ils furent contens que le roy Henry eut Catherine leur fille en mariage; et fut cette affaire traitée et du tout accordée par le roy Charles et son conseil : puis les susdits ambassadeurs s'en retournerent vers leur roy Henry, pour le querir afin qu'il vinst se marier à Troyes. Il demeura cependant vers icelle dame Catherine un des chevaliers dudit roy Henry, nommé messire Louys de Robertsart. Le duc Philippe demeura une partie du caresme à Troyes, et depuis tant que le roy Henry y vint. Or pendant son sejour il envoya messire Jean de Luxembourg courre devant une forteresse à six lieuës de Troyes, nommée Alibaudiere, qui faisoit assez de peine au pays de Champagne. Quand messire Jean y vint, il posa une embusche à un quart de lieuë prés; puis il envoya Hector de Saveuse et Ferry de Mailly, à tout quatre-vingts combatans, courre devant le chasteau. Là y eut grande escarmouche, car ceux du chasteau saillirent dehors; mais incontinent aprés messire Jean vint pour aviser et considerer la place. Mais quand il vid les Dauphinois dehors, luy, qui avoit le cœur vaillant, frappa de l'esperon pour recongner les Dauphinois dedans, et vint chasser si aupres de la barriere, que son cheval commença à desroyer et devenir comme estourdy, tant qu'il fallut que messire Jean cheût dessous son cheval. Sur quoy il y eut grande huée faite : car les Dauphinois insultoient fort sur iceluy messire Jean; et s'il n'eut eu lors prompt secours, il eut esté pris. Mais ses gens le releverent hastivement, et luy remirent sa lance en sa main, qu'il avoit perduë en tombant : aprés quoy il marcha encor plus avant vaillamment, et avec peu de gens rechassa les Dauphinois dedans, puis jetta sa lance dedans les fossez du boulevart aprés eux et à leur trousse : aprés quoy les assiegez s'enfermerent tout. Puis ledit messire Jean manda ses gens, qui estoient posez en embusche; et de la grande colere qu'il avoit, il fit assaillir le boulevart, sans avoir aucune armure sur soy pour un assaut ; et y fit tant que ce boulevart fut emporté d'assaut : puis il y fit mettre le feu, dont ce boulevart fut tout espris, tant qu'on n'y pouvoit plus durer. Fort genereusement se comporta messire Jean de Luxembourg en cette journée, et y fit tres-vaillamment de sa personne. Quand ceux du chasteau le reconnurent et experimenterent si vaillant, ils voulurent sçavoir son nom, et envoyerent le requerir de faire armes contre luy. Il manda qu'il en estoit content : puis quand ils sceurent son nom, ils n'en voulurent rien faire.

Aprés, ledit messire Jean de Luxembourg s'en retourna à Troyes devers le duc Philippe, et mit ses gens aux villages des environs de ladite ville. Environ quinze jours aprés, le duc Philippe renvoya messire Jean de Luxembourg, le seigneur de Croï, le seigneur de Lisle-Adam mareschal de France, Hector de Saveuse, avec plusieurs autres seigneurs, pour remettre le siege devant icelle place d'Alibaudiere. Ils y allerent bien à tout douze cens combatans de bonne estoffe, et menerent plusieurs engins et instrumens de guerre pour abatre les murailles. Or quand ce vint pour remettre ce siege, messire Jean, qui autresfois avoit emporté le susdit boulevart, comme il vient d'estre dit, alla pour le faire assaillir derechef. Les Dauphinois l'avoient refait plus fort que devant. Là y eut grand assaut : car les Dauphinois le deffendoient fortement. Messire Jean de Luxembourg y estoit en personne, qui fort assailloit avec les autres ; et Hector de Saveuse combatoit cependant sur une eschelle fort vaillamment. Cét assaut dura bien deux heures. Il y eut plusieurs des gens de messire Jean de blessez en cét assaut ; mesme de sa personne il fut navré au visage, dont il perdit un œil. Là encor fut navré Henry de Caufour, gentil-homme de Bourgongne, dont il mourut depuis : ce fut en combatant sur une eschelle. Plusieurs autres il y eut de mis à mort.

On emmena ledit messire Jean de Luxembourg en un chasteau pour le guarir, et de là à Troye. Puis le comte de Conversan, frere dudit messire Jean, vint en sa place à Alibaudiere, et commanda à ce siege tant qu'il dura, et que le chasteau fut rendu. Devant cette place d'Alibaudiere, le seigneur de Beauveir eut un œil crevé. Ledit comte de Conversan fit asseoir de grands engins devant Alibaudiere : dont il fut fort abbatu en peu d'espace, tant qu'aprés une capitulation qui avoit esté entre les Dauphinois et Bourguignons, il y eut un grand assaut donné autour de la ville. Mesme il entra bien quatre-vingts hommes dedans les trins : mais enfin ils furent chassez dehors par force. Cét assaut dura bien six heures, lequel il fallut abandonner pour la nuict qui survint. Là y eut quantité de gens navrez de part et d'autre : enfin au quatriesme jour ceux du chasteau se rendirent, saufs leur corps ; mesme il y eut aucuns gentils-hommes qui eurent leurs chevaux, puis ils s'en allerent à Moime. En suite cette forteresse fut arse et toute desolée; puis les gens du duc Philippe s'en allerent à Troye, et logerent au tour de la ville et dedans, où les ramena ledit comte de Conversan. Assez tost aprés le duc Philippe envoya le seigneur de Lisle-Adam mareschal de France, le seigneur de Croy, et messire Mauroy de Sainct Leger, à tout bien mille combatans, au pays vers Toucy, et vers le comté de Tonnere.

Quand ils vinrent à six lieuës prés Toucy, ils firent faire des eschelles de guerre, puis s'en allerent tout d'une tire de nuict pour assaillir cette place de Toucy: ils arriverent devant icelle ville environ le soleil levant. Or quand le seigneur de Lisle-Adam fut arrivé devant, il y fit des chevaliers, entre lesquels le seigneur de Croy, messire Baudart de Noielle et messire Lionnel de Bournonville furent faits chevaliers; puis on assaillit cette ville, dedans laquelle n'y avoit que les bons habitans d'ordinaire, avec deux ou trois gentils-hommes seulement: parquoy le commun fut bien esbahy. Mais nonobstant cela ils se rafermirent, et bien se deffendirent: aussi lesdites eschelles estoient trop courtes. Parquoy on s'en retira pour le present, et on se logea autour de la ville; puis on fit faire des eschelles plus longues, et des marteaux de fer pour les rassaillir de nouveau; puis au troisiesme jour on y livra encor un grand assaut. Mais ils se deffendirent encor mieux qu'ils n'avoient fait au premier, tant qu'ils tuerent un gentil-homme nommé Auger de Sainct Wandrille, vaillant homme de guerre, lequel demeura mort dans les fossez, sans qu'il fut au possible des Bourguignons de le rapporter; avec ce, ils en navrerent assez d'autres : de plus, il fut tué un capitaine des brigans (1) nommé Tabary, qui avoit autresfois mené guerre aux Anglois, dont il avoit destruit plusieurs.

Quand les gens du duc Philippe virent que ces bons hommes se deffendoient si bien, et qu'ils considererent qu'ils ne les pourroient avoir d'assaut, ils se retirerent en leur logis, où tost aprés leur vint nouvelles que leurs ennemis les venoient combatre. Lors le seigneur de Lisle-Adam monta à cheval à tous les Picards qu'il avoit avec luy, et alla au devant d'eux pour les trouver sur les champs. Les Dauphinois, qui avoient leurs espies, en ouïrent les nouvelles; et pource qu'ils n'estoient assez puissans pour attendre lesdits Picards, ils se retirerent en une forte eglise nommée Estang-Sainct-Germain, à deux lieuës prés d'Ansoire, là où les alla ledit seigneur de Lisle-Adam assieger avec ses Picards, et y tint le siege dix-huict jours; et tant fit, que ceux qui estoient dedans icelle eglise de Sainct Germain se rendirent à sa volonté, à condition « qu'ils s'en iroient par payer finance : » puis aprés ce monstier fut abbatu, c'est à sçavoir la fortification qui estoit autour. De là, le seigneur de Lisle-Adam et les Picards se retirerent à Troye devers le duc Philippe, et là trouverent le roy Henry d'Angleterre avec toute sa puissance, qui y estoit venu pour se marier.

L'an 1420, environ la Pentecoste, le roy Henry d'Angleterre arriva à Troye en Champagne, à tout

(1) C'estoient gens de guerre armez de brigandines, qui estoit une espece d'armures de fer faites à lames estroites.

bien douze mille combatans de bonne estoffe. Son frere Thomas duc de Clarence estoit avec luy, avec plusieurs autres grands seigneurs : de plus y estoit le rouge duc en sa compagnie, lequel estoit d'Allemagne, et avoit espousé sa sœur. Quand ce roy Henry arriva à Troye, là avoit esté desja pourparlé de son mariage avec Caterine, fille du roy Charles de France : de sorte qu'il la fiança au grand monstier (1) de Troye, où y avoit grande assemblée de peuple : entre-autres y estoit la reyne de France. Dix jours aprés ce mariage se parfit, et l'espousa ce roy Henry. Cette Caterine, fille du roy Charles et sœur du Dauphin, estoit moult belle dame, humble, et de noble atour. Là y eut de grandes noblesses, pompes et ceremonies faites à ces nopces, et bien haute feste à son mariage : aussi y eut-il grandes accointances entre ledit roy Henry et le duc Philippe de Bourgongne. Outre ce, fut la paix du tout confirmée entre le roy Charles et le roy Henry d'Angleterre, et pareillement avec le

---

(1) *Il la fiança au grand monstier.* Le Journal de Paris (pag. 62, 63) donne des détails curieux sur ce mariage.

« Le jour de la Trinité 1420, qui fust le deuxiesme jour de juing,
« espousa à Troyes ledit roy engloiz la fille de France. Et le lundi
« ensuyvant, quant les chevaliers de France et Angleterre vouldrent
« faire unes jouxtes pour la solemnité du mariaige de tel prince,
« comme accoustumé est, le roy d'Angleterre, pour qui on vouloit
« faire les jouxtes pour lui faire plaisir, dit, oyant, de son mouve-
« ment : *Je prie à M. le Roy de qui j'ai épousé la fille, et à tous ses
« serviteurs et mes serviteurs je commande que demain au matin
« nous soyons tous prets pour aller mettre le siege devant la cité de
« Sens, où les ennemis de M. le Roy sont ; et là pourra chacun de
« nous jouxter et tournoyer, et montrer sa proesse et son hardement :
« car la plus belle proesse n'est au monde que de faire justice des mau-
« vais, afin que le pouvre peuple se puisse vivre.* »

duc Philippe de Bourgongne. Or, comme cy-devant a esté dit, par les promesses qui furent là faites, ledit roy Henry devoit posseder le royaume de France, et en estre l'heritier, luy et ses hoirs, aprés la mort du roy Charles de France, sans que jamais nul vivant du costé d'iceluy roy Charles y peust venir, s'il ne issoit du roy Henry et de Caterine, fille du roy Charles. Ce qui sembloit bien estrange à aucuns du royaume de France; mais ils ne pouvoient avoir ny faire autre chose pour le present.

Environ douze jours aprés que ce roy Henry eut espousé Caterine, fille du roy Charles, et que toutes les susdites festes furent passées, le roy Henry se mit en chemin pour aller vers Sens en Bourgongne. Il mena avec luy le roy Charles, le duc Philippe de Bourgongne, et aussi la Reine sa femme. Il s'en vint donc jusques à Sens, où il mit le siege tout autour, et leur fit signifier qu'ils rendissent la ville au roy Charles : mais ils n'en voulurent rien faire. Dedans estoit, de la part du Dauphin, le seigneur de Boutonvilliers, à tout environ trois cens combatans. Là fut le roy Charles, le roy Henry et le duc de Bourgongne sept jours avant qu'ils voulussent parlementer : mais quand ils virent qu'il y avoit si grande puissance, et qu'ils n'auroient aucun secours, ils voulurent trouver leur traité ; partant le roy Henry envoya Cornuaille parler à eux. Quand ledit Cornuaille (qui bien apperceut qu'ils estoient en danger) fut venu assez prés de la porte pour parler à eux, il vint à luy un gentil-homme qui avoit grande barbe; mais quand Cornuaille le vid, il luy dit qu'il ne parleroit point à luy s'il n'avoit sa barbe mieux faite, et que ce n'estoit point la guise et coustume des Anglois. Cela fit qu'aussitost iceluy alla faire sa barbe, puis revint vers ledit Cornuaille : et là parlerent tant que le traité fut fait, à condition que ceux de la ville s'en iroient saufs leurs corps et biens, c'est à sçavoir les gens d'armes, et que ceux de la ville demeureroient en l'obeissance du roy Charles; ainsi en fut-il fait. Le roy Charles eut de la sorte l'obeïssance d'icelle ville; et entra dedans avec luy le roy Henry avec le duc Philippe, et là sejournerent huict jours. Pendant que les deux Roys estoient logez dans cette ville, il y survint un grand debat des Anglois avec les gens du duc Philippe : mesmes furent les gens d'iceluy duc rechassez jusques à son hostel. Par plusieurs autres fois les Anglois prirent debat avec les gens du mesme duc, d'autant que les Anglois estoient les plus forts : ce qui desplaisoit fort aux Picards. Mais enfin le roy Henry fit defendre à ses gens qu'ils n'en fissent plus, et ne les attaquassent davantage. Après que le roy Charles, le roy Henry et le duc Philippe eurent ainsi sejourné à Sens, ils en deslogerent, et s'en allerent vers Montereau-où-faut-Yonne, là où ils mirent le siege tout autour. A Sens, en ce temps, mourut maistre Eustache de Laistre, qui estoit chancelier de France.

Quand le Dauphin et son conseil sceurent les alliances qui estoient faites entre le roy Henry et le duc Philippe, et avec ce qu'ils virent qu'ils avoient le roy Charles vers eux et pour eux, ils furent ainsi que tout esbahis, et bien s'apperceurent qu'ils ne pouvoient fors que garder leurs places. Pour ce mirent-ils grande peine à les garder, par especial celles qui estoient tenables; et tres-fort les pourveurent de gens de mise.

Lors que le roy Charles, le roy Henry et le duc Philippe eurent mis le siege autour de Montereau, comme dit est, ils y furent bien quinze jours : ils estoient logez droit sur les fossez de la ville. Or advint que le jour Sainct Jean Baptiste les Anglois et Bourguignons commencerent à l'assaillir, lesquels tant firent qu'elle fut emportée d'assaut, et y furent pris onze gentils-hommes; et si y en eut environ autant de morts, sans ceux qui se noyerent en taschans de se retirer, et sauver dedans le chasteau. Quand cette ville eut esté prise de la sorte, les gens du duc Philippe s'en allerent droit à la tombe où le duc Jean de Bourgongne estoit enterré, sçavoir dans le cymetiere de la ville : ils y allumerent des cierges tout autour, puis mirent un drap de monstier mortuaire sur icelle tombe; après on manda des prestres pour dire vigiles là auprés. Puis après que tout eut esté appaisé dans icelle ville, et que les Dauphinois furent retirez dedans le chasteau, les Anglois se logerent devant leur pont, et par toute cette ville. Alors on deterra le corps dudit duc Jean, lequel estoit enterré à tout son pourpoint et ses houseaux, et moult estoit encor entier, et peu endommagé de pourriture : et si y avoit six à sept mois qu'il y estoit mis; dequoy plusieurs gens furent fort émerveillez : car pour vray il estoit encor presque tout entier. Là y eut grand dueil fait par les gens du duc Jean, quand ils virent leur seigneur defunct, et y fut leur dueil tout renouvellé. Aussi-tost il fut mis dans un cercueil de plomb, puis fut porté à Dijon en Bourgongne, où il fut enterré.

Mais on luy fit auparavant un service solemnel dedans l'eglise de Montereau, où le duc Philippe son fils se trouva fort notablement accompagné, ainsi qu'on peut voir; et moult fut le deuil d'iceluy duc Philippe renouvellé, quand il vid la biere du duc Jean son pere.

Aprés toutes ces besongnes, le roy Henry fit sommer le seigneur de Guitery, qui estoit capitaine du chasteau de Montereau, qu'il le rendist, ou qu'il feroit mourir ses gens qui avoient esté pris en la ville. Mesme ce Roy envoya les onze gentils-hommes que ses gens avoient pris prisonniers lors que la ville fut emportée, parler au seigneur de Guitery sur le bord des fossez du chasteau; mais ils estoient cependant bien tenus : et là piteusement firent requeste audit seigneur de Guitery leur capitaine, à ce qu'il voulust rendre le chasteau, pour estre cause de leur sauver les vies; luy remonstrans que bien l'avoient servy, et aussi qu'ils voyoient bien que longuement ils ne pouvoient durer et tenir contre telle puissance. Mais, pour toute requeste qu'ils firent, ledit seigneur de Guitery n'en voulut rien faire. Quand ces prisonniers oüyrent la response, ils en furent bien esbahis, et virent bien qu'ils estoient morts. Aucuns requirent là dessus de voir auparavant leurs femmes et amis qui là estoient; sur quoy on les leur fut querir. Là y eut de piteux regrets au prendre congé, puis on les ramena. Le lendemain le roy Henry fit dresser un gibet devant ce chasteau, là où il les fit pendre tous l'un aprés l'autre; dont fut iceluy seigneur de Guitery fort blasmé : car il laissa pendre ses gens pour ce subjet, et si il ne laissa de rendre cette forteresse au bout de quinze jours seulement aprés, et s'en alla saufs son corps et ses biens. On vouloit accuser ce seigneur de Guitery qu'il avoit esté consentant de la mort du duc Jean; et de ce le vouloit combatre un gentil-homme nommé Guillaume de Biere. Mais enfin rien n'en fut, et s'en alla ledit seigneur de Guitery avec ses gens, et rendit ainsi ce chasteau de Montereau au roy Henry, lequel y laissa de ses gens en garnison. Devant cette place fut tué messire Butor de Croy, frere bastard du seigneur de Croy, qui estoit un vaillant chevalier, lequel fut frappé d'un coup de vireton parmy le col lors de la prise. Aussi ledit roy Henry pendant ce siege fit prendre un sien valet de pied, pource qu'il avoit tué un de ses chevaliers par aucun debat arrivé de nuict entre eux; lequel valet de pied fut pendu avec les susdits Dauphinois.

Aprés que le roy Henry eut ainsi eu l'obeïssance de Montereau, et qu'il l'eut garny de ses gens, il prit sa route vers Melun, et se logea à deux lieuës prés de cette ville : le duc Philippe se campa à pareille distance, dans une forteresse nommée Blandy. Le lendemain lesdits Roy et duc allerent à grande compagnie considerer icelle ville, et comment ils assoyeroient leur siege. Aprés qu'ils eurent bien advisé pendant deux jours ce qu'ils avoient à faire, ils délogerent, et alla le duc avec le comte de Hontinton loger devant la ville, du costé devers Meaux en Brie. Quant au roy Henry, il s'en alla à Corbeil passer la Seine, puis il vint planter son siege de l'autre costé; par ainsi fut mis le siege tout autour de Melun. Dés le premier jour que le duc Philippe eut posé son siege, les Dauphinois saillirent sur son camp, et gagnerent l'estendard d'un capitaine nommé Jean de Guigny, lequel ils emporterent dedans la ville; mais ils furent assez tost recongnez dedans. Environ huict jours aprés que ce duc eut assis son siege devant icelle ville, ses gens assaillirent un boulevart qui estoit de son costé, et tant firent qu'ils le prirent d'assaut : mais il y eut beaucoup de ses gens blessez et tuez pour le garder tant que le siege dura, entre autres y mourut un vaillant homme d'armes nommé Aimar de Vianne; aussi y fut-il tué un capitaine des Anglois nommé messire Philippe Lys, dont le duc fut tres-marry, d'autant qu'il l'aymoit beaucoup, pour la prudence qui estoit en luy. Le roy Henry fit enclorre son ost tout autour de grands et larges fossez, et n'y avoit que quatre entrées, où y avoit bonnes barrieres qu'on gardoit la nuict : parquoy l'on ne pouvoit surprendre ce camp. Ce siege fut puissamment formé, et y fut le roy Charles grand espace de temps devant sur la fin. Partant il y avoit grande puissance : car l'armée du roy Charles y estoit avec celles du roy Henry et du duc Philippe. Ce siege dura dix-huict semaines entieres. Avec ledit roy Henry estoit la Reyne sa femme, qui estoit logée dedans ses tentes. Il y avoit devant Melun quantité de grands engins et instrumens de guerre, parquoy cette ville fut fort battuë.

Or avoit ce roy Henry fait faire une mine dessous les fossez de Melun, qui passoit jusques aux murs de la ville : mais les assiegez s'en apperceurent, et contre-minerent alencontre, tant qu'elle fut percée. Il y eut ensuite de grands assauts donnez dedans par plusieurs fois, et y combatit mesme le roy Henry et le duc Philippe, eux-deux ensemble et conjointement contre deux Dauphinois. Plusieurs chevaliers furent faits aux combats donnez dedans icelle mine : entre autres y furent faits chevaliers messire Jean de Horne (1), le seigneur de Mammés (2), avec plusieurs autres. D'autre part, dedans Melun y avoit de bien vaillantes gens, desquels estoit le principal capitaine le seigneur de Barbazan (3), un tres-vaillant chevalier, qui tres-bien s'y gouverna. Avec luy estoit messire Pierre de Bourbon (4), ausquels le Dauphin et son conseil avoient juré et promis de les secourir, s'ils en avoient mestier et besoin; pource tinrent-ils tant que vivres leur durerent, et mangerent leurs chevaux par force de famine, comme aussi des chiens. Aprés que ce siege eut duré dix-huict semaines, comme dit est, les vivres faillirent en la ville; par ce fallut-il que Barbazan la rendist au roy Henry, et se mit en sa volonté avec tous les autres assiegez, lesquels furent menez prisonniers à Paris. Ledit Barbezan fut mis dans la bastille Sainct Antoine, où il fut long-temps prisonnier, et luy vouloit-on bailler charge qu'il sçavoit quelque chose de la trahison qui avoit esté faite au duc Jean : mais enfin il en fut trouvé non coupable, et pour ce fut seulement detenu prisonnier sans estre mis à mort; depuis il fut mené par les Anglois au Chasteau-Gaillart. Pendant qu'icelle ville de Melun fut en traité, il y eut un gentil-homme du roy Henry, nommé Bertrand de Camont, lequel sauva un prisonnier hors de la ville, aprés la defense faite

---

(1) Jean de Horne, sieur de Bassigny. — (2) Robert, sieur de Mammez. — (3) Arnaud Guillen, sieur de Barbazan. — (4) Pierre de Bourbon, sieur de Preau.

par ce Roy, qui pour cette cause luy fit trancher la teste, nonobstant qu'il l'aimast bien : mais il vouloit que ses commandemens fussent tenus, et ne peut estre sauvé pour aucune priere des seigneurs. En cette mesme semaine le seigneur de Lisle-Adam estoit revenu de Sens en Bourgongne, où il avoit tenu garnison, et vint devant Melun devers le duc Philippe; puis il alla devers le roy Henry pour aucune affaire qu'il avoit : il estoit alors mareschal de France. Or quand il vint vers ce roy Henry, il avoit lors vestu une robbe de blanc gris. Aprés que ce Roy l'eût salué et parlé à luy, il luy demanda : « Lisle-Adam, est-ce là la robbe de « mareschal de France? » Et le seigneur de Lisle-Adam respondit : « Tres cher seigneur, je l'ay fait pour venir « depuis Sens jusques icy. » Et en parlant il regardoit ce roy Henry lors assis dans sa chaire. Adonc ledit Roy luy dit : « Comment osez-vous ainsi regarder un « prince au visage? » Et le seigneur de Lisle-Adam repartit : « Tres-redouté seigneur, c'est la guise de « France; et si aucun n'ose regarder celuy à qui il « parle, on le tient pour mauvais homme et traistre : « et pour Dieu ne vous en desplaise. » A quoy ledit Roy respondit : « Ce n'est pas nostre guise. »

Depuis monstra bien ce Roy qu'il ne l'aymoit point : car il le fit arrester prisonnier à Paris et mettre en prison, en intention que jamais il n'en sortiroit. Ce qui ne se fit du vivant d'iceluy roy Henry, lequel outre ce l'auroit fait mourir, si ce n'eust esté la priere du duc Philippe de Bourgongne, lequel le requit fort specialement qu'il ne mourust point. Devant Melun il survint une contention entre messire Huë de Lannoy et un huissier d'armes nommé Grand-Jean, et dit messire Huë aucunes paroles audit Grand Jean, dont il dit qu'il se plaindroit au duc Philippe. Et une autre fois, present iceluy messire Huë de Lannoy, ledit Grand Jean se plaignit au duc de l'injure que Huë luy avoit dit : sur quoy Huë qui estoit armé, et avoit ses gantelets mis en ses mains, present iceluy duc Philippe, s'avança en disant : « Tu es un tres-mauvais « garçon; » et en ce disant frappa Grand Jean de son gantelet parmy le visage, estant à genoux devant le duc. Dequoy fut le duc Philippe tres-malcontent, et en sceut fort mauvais gré à Huë de Lannoy, qui en fut aussi fort blasmé de toutes gens : mais enfin le duc luy pardonna, à la priere des seigneurs de son hostel, qui l'en requirent plusieurs fois. Sur quoy ce duc protesta que si jamais tel outrage estoit fait en presence de sa personne, il puniroit ceux qui le feroient. Durant encor ce siege, Atis de Brimeu, qui estoit principal gouverneur du duc Philippe, mourut à Paris de maladie qui luy prit au camp; dont ce duc fut grandement marry, car il estoit sage, courtois, et aimé de toutes gens.

Aprés toutes ces choses ainsi faites, et que Melun fut reduit en l'obeïssance du roy Henry d'Angleterre, il la fit bien garnir de gens et de vivres, et en general de tout ce qu'il y fallut : puis il s'en vint à Paris, où il amena le roy Charles de France avec luy, comme aussi le duc de Bourgongne. Quand ils furent arrivez à Paris [1], il y eut de grands appointemens faits, et

---

[1] *Arrivez à Paris :* Leur entrée fut magnifique. Voici ce qu'en dit le Journal de Paris ( pag. 73 ) :

« Toute la grande rue Saint-Denis, par où ils entrerent, depuis la « seconde porte jusqu'à Nostre-Dame de Paris, estoit encourtinée,

s'y fit renouveller ce Roy tous les sermens des seigneurs de France : outre ce, fut-il appointé et resolu que jamais le Dauphin ne possederoit rien du royaume de France, et le fit-on appeller à la table de marbre; mais il n'avoit garde d'y venir. Lors fut fait à Paris quantité de nouveaux offices, tous de par ce roy Henry, comme ayant le gouvernement du royaume : mesme de là en avant on commença à deposer petit à petit les gens du duc Philippe des offices de France; entre autres le seigneur de Humbercour, qui estoit baillif d'Amiens, fut deposé, comme aussi le seigneur de Lisle-Adam et plusieurs autres : et fit le roy Henry baillif d'Amiens un advocat nommé maistre Robert Le Jonne, lequel fut un rude justicier tant que le roy Henry vesquit : car tres-opiniastrement et avec passion soustenoit la querelle des Anglois; et le roy Henry pour ce l'aimoit grandement. Aussi faisoient les autres seigneurs d'Angleterre qui demeuroient en France.

Aprés ces appointemens faits à Paris, le duc Philippe retourna en Flandre et Artois vers la duchesse Michelle sa femme, et là se tint grand espace de temps. Messire Jean de Luxembourg s'en alla à Beaurevoir, et fournit ses forteresses pour tenir frontiere vers le comté de Guise en Terrasse.

« et parée moult noblement; et la plus grant partie des gens de Paris
« qui avoient puissance furent vestus de rouge couleur; et fut fait
« en la rue de Calende, de devant le Palais, un moult piteux mystere
« de la Passion N. S. au vif, selon que elle est figurée autour du cueur
« de Notre Dame. » Cependant la plus horrible famine régnoit : les
propriétaires étoient ruinés. « On n'avoit, dit le Journal de Paris,
« ne pain, ne blé, ne buche, ne charbon; et si estoit le pauvre peu-
« ple tant oppressé des guets qu'il falloit faire de nuyt et de jour,
« qu'ils ne sçavoient eux aider, ne à autruy. »

Environ un mois après, ledit roy Henry assit diverses garnisons tout sur la riviere de Seine, puis il mit de ses gens dedans la bastille Sainct Antoine; et à Paris laissa son oncle le duc de Clocestre, pour entretenir et gouverner les habitans d'icelle ville : d'autre part, il envoya le duc de Clarence son frere en la basse Normandie, pour y mener guerre; puis il se mit en chemin pour aller vers Calais. De Paris il vint à Amiens, la Reine sa femme avec luy. Il fut fort festoyé en icelle ville d'Amiens par le susdit maistre Robert Le Jonne, lequel il avoit fait baillif de cette ville; puis il deslogea d'Amiens, et s'en alla au giste à Dourlens, et de là à Sainct Paul; puis il tira droit chemin à Calais, et delà passa en Angleterre, où il fut hautement festoyé, et la Reyne sa femme avec luy. Pour lors estoit ladite reyne Catherine enceinte, laquelle enfanta assez-tost après un fils qui eut nom Henry, comme son pere.

Quand iceluy roy Henry passa à Amiens et à Sainct Paul, le roy d'Escosse estoit avec luy, qui estoit lors son prisonnier. Aprés que ce roy Henry fut repassé en Angleterre, et qu'il eut mis dans le pays de France en plusieurs lieux ses gens, qui menoient forte guerre aux Dauphinois, il y eut plusieurs seigneurs de France qui furent courroucez de l'alliance que le duc Philippe de Bourgongne avoit pris si estroite avec ledit roy Henry d'Angleterre : mesme il y en eut plusieurs qui auparavant avoient tenu son party et du duc Jean son pere, contre le Dauphin, lesquels se tournerent contre luy : entre lesquels messire Jacques de Harecour fut l'un des principaux, qui se tourna de la sorte, et de plus attira plusieurs seigneurs avec luy, dans la resolution de mener guerre contre ce duc Philippe, combien qu'auparavant il avoit esté de son conseil, et bien son amy. Mais parce que le roy Henry detenoit les terres du comté de Tancarville, qui appartenoient à la femme dudit messire Jacques, et qu'il ne luy voulut rendre, il se rangea ainsi du party du Dauphin, outre qu'il se fioit fort au chasteau de Crotoy, dont il estoit capitaine. Avec Jacques de Harecour se tournerent aussi le seigneur de Rambure, messire Louys Bournel, Louys de Wancour, Robert de Saveuse, les enfans de Herselaine, avec quantité d'autres, de Vimeu, de Ponthieu et d'ailleurs; lesquels faisoient forte guerre aux Anglois par mer et par terre, comme encor aux gens du duc Philippe de Bourgongne.

Le roy d'Angleterre avoit laissé en France le duc de Clarence son frere, qui estoit un beau prince, et avec ce estoit renommé d'estre vaillant. Il estoit lieutenant dudit Roy son frere pour la guerre, et avoit tres-noble compagnie d'Anglois à sa suite, avec lesquels il estoit allé en la basse Normandie, en tirant vers Bauge. Or advint que les Dauphinois sceurent sa venuë : pource, ils s'assemblerent le plus qu'ils se peurent trouver ensemble, pour resister à l'encontre d'iceux Anglois. Ce duc de Clarence sceut l'assemblée des Dauphinois pareillement. Or il y avoit une riviere entre les deux armées qui estoit fort dangereuse à passer, laquelle ce duc s'efforça de passer, et en effet la passa des premiers, à tout environ trois à quatre cens hommes des plus lestes de ses troupes; dont le reste ne peut si-tost passer, que les Dauphinois, qui voyans bien leur pointe, et qu'il y faisoit bon pour eux, vinrent frapper sur les Anglois. Là y eut rude bataille d'un costé et d'autre; mais les Dauphinois estoient sans comparaison plus que les Anglois. Finalement le meschef tourna sur iceluy duc, qui fut tué sur la place, et avec luy le comte de Quin, le seigneur de Ros mareschal d'Angleterre, et plusieurs autres grands seigneurs : de plus y fut pris le comte de Hontiton. Grande perte y firent les Anglois de leurs capitaines; mais enfin les Dauphinois furent soustenus par les Anglois, qui y regangnèrent le corps dudit duc de Clarence et des autres seigneurs de leur party morts en ce combat, dont ils firent grand dueil, pour la perte de leurs seigneurs qui là avoient esté tuez : car la fleur de la seigneurie et noblesse d'Angleterre y demeura cette journée.

Quand nouvelles eurent esté apportées au roy Henry d'Angleterre de son frere, qui ainsi avoit esté tué par les Dauphinois avec plusieurs autres princes, il en fut grandement attristé, et publia derechef en Angleterre grand mandement de gens pour repasser en France, où il retourna environ la Sainct Jean Baptiste de l'an 1421, à tout grande puissance; et vint descendre à Calais : de là il chevaucha à Montreul, puis à Sainct Riquier. Lors estoit le chasteau de La Fietre és mains des Dauphinois, et l'avoit messire Jacques de Harecour garny de ses gens, dont estoit capitaine de par luy le bastard de Belloy; lequel se rendit au roy Henry; et y fut mis Nicaise de Bouflers de par le duc Philippe de Bourgongne. Aprés ce Roy s'achemina à Abbeville, de là à Roüen, puis à Vernon, au pays du Perche, et alloit en intention de combatre le Dauphin, lequel avoit nombre de gens vers Chartres; mais il ne s'approcha point.

Le seigneur de Lisle-Adam fut en ce temps arresté prisonnier à Paris : ce fut le duc d'Excestre qui le fit prendre de par le roy d'Angleterre, dont le commun de Paris fut fort esmeu, et s'assemblerent bien mille ou douze cens pour le recourre ; mais ledit duc d'Excestre avoit environ six vingts combatans, avec lesquels il vint frapper sur eux, en leur commandant de par le roy Henry qu'ils se retirassent, et leur promettant qu'on feroit justice audit seigneur de Lisle-Adam. Il y en eut en cette occasion plusieurs de blessez : mais enfin le seigneur de Lisle-Adam fut mené prisonnier en la bastille Sainct Antoine, là où il fut detenu tant que le roy Henry vesquit. Ce duc d'Excestre se gouverna bien adroitement en cette besongne dedans Paris contre le commun. Aucuns disoient là dessus qu'iceluy seigneur de Lisle-Adam avoit parlé contre l'honneur du roy Henry, lequel pour ce l'avoit pris en grande haine, et avoit intention de le faire ou laisser mourir en prison.

Quand ce roy Henry passa par Abbeville, le seigneur de Cohen y fut commis et laissé capitaine. Or assez-tost après que ledit Roy fut arrivé vers Vernon, et qu'il passa outre pour aller combatre le Dauphin, il le fit sçavoir au duc Philippe de Bourgongne, lequel assembla ce qu'il pouvoit avoir de gens, et chevaucha droit à Amiens, de là à Beauvais : en après il se logea dans un grand village nommé Magny, puis en personne il alla promptement vers le roy Henry, dans l'esperance d'une bataille : mais quand il fut arrivé, les nouvelles leur vinrent que le Dauphin et ses gens s'estoient retirez devers Tours. Quand le roy Henry eut nouvelles qu'il ne seroit point combatu, il fit retirer le duc Philippe pour garder ses pays, lequel duc s'en alla à Beauvais : de là il fut droit loger à Croissy, où estant il ouït nouvelle que le seigneur d'Offemont et Poton de Saintraille avoient pris la ville de Sainct Riquier, par le conseil de messire Jacques de Harecour, et qu'ils luy gastoient tout son pays. En ce voyage, le vidame d'Amiens eut une jambe rompuë d'un cheval qui le jetta à bas, en chassant aprés un renard : duquel accident il fut depuis si long-temps incommodé, qu'il ne se pouvoit armer. Aprés que le duc fut venu loger à Croissy, comme dit est, et qu'il sceut les nouvelles que Sainct Riquier estoit pris, il assembla son conseil pour sçavoir comment il pourroit faire là-dessus. Lors sa conclusion fut qu'il envoyeroit Jean de Luxembourg au pays, pour sçavoir s'il pourroit rien trouver sur ses ennemis. Cependant ledit duc s'en alla à Amiens, pour y requerir les habitans qu'ils luy fissent aide d'arbalestriers, afin d'assieger Sainct Riquier : puis il s'advança tant qu'il vint loger à Conci; d'autre part, Jean de Luxembourg alla passer à Piquigni, d'où il s'en vint loger à Dommart en Ponthieu, distant de deux à trois lieuës de Sainct Riquier.

Aprés que messire Jean eut logé là une nuict, il s'alla mettre en embusche en un village au-dessus de Sainct Riquier, à tout bien cinq cens combatans : puis il envoya ses coureurs devant icelle ville, pour en obliger à sortir les Dauphinois; mais ils ne saillirent point. Quand Jean de Luxembourg vit cela, il se retira à Dommart, et le lendemain à Aussy devers le duc de Bourgongne, lequel manda archers et arbalestriers par toutes les bonnes villes qu'il tenoit, et les mena avec luy devant le Pont-de-Remy ; lequel Louys de Wancour avoit mis és mains de messire Jacques de Harecour, qui y avoit mis garnison, laquelle grevoit fort les villes d'Amiens et d'Abbeville. Quand ce duc fut arrivé devant le Pont-de-Remy, il se logea d'abord dans la ville, et ses gens se logerent devant ledit pont. Adonc ceux de l'isle dudit Pont-de-Remy tirerent deux ou trois fusées sur les maisons de la ville, qui estoient couvertes d'esteule (1) ; et s'y prit le feu assez-tost : parquoy la ville fut toute arse et desolée. Devant iceluy Pont-de-Remy le duc demeura cinq ou six jours : puis ceux d'Amiens y vinrent, à tout cinq ou six grands bateaux chargez de plusieurs arbalestriers.

Quand ceux de ladite isle sceurent leur venuë, ils s'enfuyrent, et abandonnerent cette isle avec le chasteau, d'où ils emporterent les biens qui estoient dedans. Sur quoy prestement on passa l'eau par le moyen d'un bateau, et entra-on dedans, où l'on prit ce qu'on y trouva ; puis aprés on mit le feu par tout. Aussi fit le duc desoler l'isle et le chasteau d'Eaucour et de Moreuil, dont la ruine fut faite tout en un jour. Aprés cét exploit, le duc Philippe vint loger à Abbeville à tout ses gens, où il demeura trois jours ; puis il alla mettre le siege devant Sainct Riquier, et se logea premierement devant le chasteau de La Fietre, que les Dauphinois avoient bruslé lors que ce duc passa pour aller au susdit Pont-de-Remy ; et l'avoit Nicaise de Bouflers rendu aux Dauphinois, auquel on l'avoit baillé en garde quand le roy Henry passa audit Sainct Riquier : devant laquelle ville le duc em-

(1) *Couvertes d'esteule* : ou estouble. C'est le tuyau de bled appelé vulgairement du chaume.

ploya tout le mois d'aoust ; et n'y estoit le siege posé que par deux endroits : parquoy les Dauphinois en sailloient quand il leur plaisoit. Vray est que dans cette place estoient le seigneur d'Offemont, Poton de Saintraille, et plusieurs autres vaillans hommes d'armes et de guerre, qui faisoient bien six cens combatans. Or pendant que le siege fut devant ladite place du Pont-de-Remy, il y eut attinées ou lettres de deffy faites de six Dauphinois contre six Bourguignons, pour rompre chacun trois lances l'un contre l'autre : et fut le jour pris de les fournir au dessus de Sainct Riquier, là où alla Jean de Luxembourg à tout six cens hommes d'armes, tous gens d'élite. Le seigneur d'Offemont vint semblablement au devant à tout ses gens au dessus dudit Sainct Riquier, devers le Pont-de-Remy. Ils s'entre-avoient baillé sauf-conduit l'un à l'autre pour eux et leurs gens. Quand Jean de Luxembourg et le seigneur d'Offemont se furent assemblez, ils s'entrefirent grande reverence l'un à l'autre, et après firent armer ceux qui devoient faire leurs armes.

De la partie dudit Jean de Luxembourg estoient messire Lionnel de Bournonville, le bastard de Roubais, Henriet l'Alleman, un nommé *de Rocour*, et deux autres avec eux. Or lors qu'ils furent presto à employer leurs armes l'un contre l'autre, ledit de Rocour eut son cheval tué soubs luy, d'un coup porté par un Dauphinois : pareil accident advint au susdit Henriet l'Alleman, dont icelúy messire Jean fut mal content, et cuidoit que les Dauphinois tuassent leurs chevaux, de fait advisé et à dessein premedité. Là y eut de beaux coups portez, et quantité de lances rompuës de chacun costé, sans qu'il y eut aucun homme blessé de part ny d'autre : et parce que le vespre survint, il y en eut de chacune partie deux qui ne peurent s'acquiter de ce qu'ils avoient entrepris. Aprés cela, Jean de Luxembourg s'en alla au Pont-de-Remy devers le duc Philippe, et le seigneur d'Offemont retourna dedans Sainct Riquier : de laquelle place les Dauphinois faisoient de frequentes sorties sur les gens d'iceluy duc, dont ils prenoient plusieurs prisonniers, qu'ils menoient dedans leur ville ; entre autres y fut pris messire Edmond de Bomberc [1], lequel fut tenu si long-temps prisonnier qu'il mourut en prison ; et si y fut pris messire Jean de Crevecœur, avec plusieurs autres. Un peu avant que ledit siege fut formé devant Sainct Riquier, les Dauphinois allerent courir au nombre d'environ trois cens combatans jusques à la riviere de Canche, et assaillirent le monstier de Conchi sur Canche, où les gens de cette ville s'estoient retirez ; et tant firent iceux Dauphinois, qu'ils mirent le feu à ce monstier, où ils bruslerent plusieurs d'icelle ville, et les autres emmenerent prisonniers à Sainct Riquier. Alors encor estoit le chasteau de Dourier plein de Dauphinois qui estoient commandez par Poton de Saintraille, et faisoient assez de peine aux environs de Montreuil, et vers Hedin. Aprés que le duc Philippe eut esté occupé environ un mois devant la ville de Sainct Riquier, et qu'il vid que les assiegez n'avoient aucune volonté de se rendre, et avec ce qu'ils n'estoient bloquez que de deux costez, et pouvoient de jour en jour recevoir secours des gens de Jacques de Harecour, il ouït nouvelles que par le soin dudit Jacques de Harecour

[1] *Edmond de Bomberc* : Aimard de Bouber, ou Boubart.

les Dauphinois s'assembloient pour le venir combatre.

Or ayant sceu veritablement que ses ennemis venoient pour luy faire lever son siege, il prit conseil de ses barons comment il pourroit faire là-dessus. La conclusion fut d'aller au devant d'eux outre la riviere de Somme. Adonc il envoya Philippe de Saveuse et le seigneur de Crevecœur, à tout deux cens combatans, pour charger sur les Dauphinois. A ce sujet ils allerent passer à Abbeville, où ils arriverent environ à jour failly; ils y sejournerent jusques au poinct du jour qu'ils monterent à cheval, et chevaucherent en tirant vers Araine. Quand ils furent à deux lieuës outre Abbeville, il commençoit à estre un peu soleil levant: lors Philippe de Saveuse envoya une douzaine de coureurs au devant, lesquels estoient conduits par Le Begue de Gronchés. A peine ces coureurs se furent-ils advancez l'espace d'environ trois ou quatre traicts d'arc, qu'ils apperceurent les Dauphinois qui venoyent en grande ordonnance pour gagner la Blanque-taque. Adonc ces coureurs se retirerent devers leurs capitaines; mais auparavant ils prirent deux archers dauphinois, desquels on apprit au vray qu'ils alloient combatre le duc Philippe. Sur quoy Philippe de Saveuse et ledit seigneur de Crevecœur envoyerent hastivement ces deux archers vers le duc Philippe, auquel ils firent sçavoir que ses ennemis le venoient combatre, et qu'il se hastast de passer Abbeville, pour estre au devant d'eux. Quand ce duc entendit les nouvelles que ses chevaucheurs luy rapportoient, sçavoir qu'il deslogeast promptement d'Abbeville et se mist aux champs à tout sa puissance, parce que les Dauphinois chevauchoient fort pour passer à la

Blanqué-taque, et que tousjours les talonnoit de prés Philippe de Saveuse avec le seigneur de Crevecœur, tant que les Dauphinois estoient ja assez prés de la Blanque-taque, où ils chevauchoient pour passer l'eau, en allant vers Noyelle sur la mer: ledit duc en grande ordonnance les poursuivit tant, que les deux batailles pouvoient s'entre-voir l'une l'autre.

Alors que les Dauphinois apperceurent la bataille du duc Philippe, ils retournerent aux plains champs, puis vinrent brusquement pour le combatre; et à ce subjet se mirent en bataille. Le duc Philippe se hastoit fort de les atteindre; et tant s'advança qu'ils se trouverent à deux traits d'arc l'un prés de l'autre. Là y eut grandes ordonnances faites de chacun costé, et y fut ledit duc Philippe fait chevalier par messire Jean de Luxembourg: puis le mesme duc Philippe fit chevalier Philippe de Saveuse, et plusieurs autres. Aussi y en eut-il de faits de la part des Dauphinois, qui firent chevaliers Rigaut de Fontaines, messire Gilles de Gamaches, et autres. Aprés ces choses ainsi faites, ce duc ordonna environ deux cens combatans sur une aisle, pour frapper sur les Dauphinois par un costé; et les menoit messire Mauroy de Sainct Leger et le bastard de Coucy. Tost aprés les deux batailles s'assemblerent tous à cheval l'une contre l'autre, et vinrent les Dauphinois charger rudement sur les gens du duc Philippe: là y eut frequente rupture de lances à l'assembler, et fiere attaque d'un costé et d'autre. Le duc se comporta vaillamment de sa personne en icelle journée: tellement que, par le dire des Dauphinois, il n'y en eut aucun de sa compagnie qui plus les grevast qu'il fit de sa propre main. Jean de Luxembourg s'y conduisit aussi genereusement; mais il fut porté à bas de son cheval, et emmené prisonnier par aucuns des Dauphinois bien la longueur d'un traict d'arbalestre, monté sur un petit cheval; et depuis il fut rescous par ses gens. Il avoit receu un coup d'espée au travers le nés, dont il eut le visage fort deffait et defiguré. Neantmoins depuis qu'il eut esté delivré, il rallia plusieurs de ses gens.

Quand se vint au choc des deux batailles, il y eut bien les deux parts des gens du duc qui tournerent le dos, et se mirent à fuir vers Abbeville : mesme il y avoit jusques à des chevaliers et escuyers de Picardie, Flandre et Artois, qui d'ailleurs estoient reputez d'estre assez vaillans, lesquels toutefois faillirent en ce jour : dont ils furent depuis fort blasmez par leur prince, qui estoit present en la place. Ils s'en voulurent excuser, à cause que celuy qui portoit la banniere de leur duc s'enfuyoit, et qu'aussi le roy de Flandre-Heraud leur certifioit que pour vray le duc Philippe estoit pris ou mort; parquoy ils en estoient tous esbahis et consternez. Est vray que ladite banniere du duc estoit par promptitude demeurée en la main d'un valet qui la portoit, parce que la chose avoit esté si precipitée et hastée, qu'on n'avoit eu le temps de la bailler et confier à aucun gentil-homme de service. Or ledit valet la laissa cheoir à terre, pour la peur qu'il avoit qu'elle ne fust perduë; et depuis elle fut ramassée et recueillie par un gentilhomme nommé Jean de Rosimbos, lequel la porta long espace de temps, et se rallierent autour d'icelle banniere plusieurs gentils-hommes. Mais nonobstant cela ils s'enfuirent, comme il vient d'estre dit, jusques à Abbeville, où ils cuiderent entrer et se mettre à sauveté; mais ceux d'icelle ville ne les voulurent admettre ny recevoir, bien qu'en leur compagnie fust le seigneur de Cohen qui en estoit capitaine et gouverneur, lequel les pria assez qu'ils les receussent dedans; mais ils n'en voulurent rien faire. Sur quoy on pouvoit supposer que si le duc eust perdu cette journée, ils se fussent rendus Dauphinois.

Quand ceux qui s'enfuyoient ainsi virent que ceux d'Abbeville leur refusoient les portes, ils s'en allerent droit à Piquigny, où ils passerent la Somme. Du depuis, le duc leur sceut tres-mauvais gré de cette fuite quand il l'apprit : comme aussi Jean de Luxembourg, et plusieurs autres seigneurs; et par long-temps après on les surnommoit par risée les chevaliers de Piquigny. Pour ce qui est dudit seigneur de Cohen, il estoit tres-vaillant homme de guerre; et fut excusé en cette besongne, sur ce qu'il avoit esté blessé dedans Abbeville en faisant le sourd-guet à cheval de nuict, accompagné de huict ou dix hommes, sur lesquels se ruerent quatre compagnons au coin d'une ruë, lesquels frapperent sur ledit sieur de Cohen et ses gens; lequel de Cohen fut griefvement blessé en ce rencontre; et outre ce y fut tué un homme de conseil, nommé maistre Jean de Queux, lequel estoit monté sur un fort cheval, qui depuis qu'il eut eu un coup à la teste, courut à toute bride, à tout son homme dessus luy, tant qu'il rencontra une chaisne de fer tenduë, où par la grande roideur de sa course il abbatit le soustien ou pillier du milieu où cette chaisne tenoit : ce qui fit cheoir ledit maistre Jean, duquel coup il mourut depuis.

Ceux qui avoient fait cette noire action estoient des habitans de la ville, qui s'enfuirent aussi-tost par le moyen de leurs amis hors d'Abbeville, et s'en allerent à refuge au Crotoy, vers messire Jacques de Harecour; mais quelque temps aprés ils furent enfin attrappez et suppliciez. Ledit de Cohen, aprés ce fascheux rencontre, s'en retourna en son hostel : pour lors on ne peut sçavoir ni descouvrir au vray d'où cét assassinat provenoit, car la ville se trouvoit fort divisée et partagée par les menées de Jacques de Harecour, lequel y en avoit rencontré et attiré plusieurs à son party. Aprés que le duc et les Dauphinois eurent long-temps combatu par ensemble, il y eut forte meslée d'un costé et d'autre. Avec iceluy duc estoient demeurez seulement environ cinq cens combatans, lesquels firent merveilles, tant qu'ils mirent les Dauphinois en desroute, lesquels commencerent à se retirer vers Sainct Walery, qui estoit de leur party. Les gens du duc les presserent fort vertement, et en tuerent sur la place bien sept à huict vingts, sans ceux qui furent pris, au nombre d'environ quatre-vingts. Là entre-autres moururent messire Charles de Sainct Saulieu, le baron d'Ivry [1], Gallehaut de Harsy, avec plusieurs autres gentils-hommes de marque. Messire Rigaut de Fontaine y demeura prisonnier, comme aussi le seigneur de Conflans, Gilles de Gamaches, Louys Bournel, Poton de Saintraille, le marquis de Serre, et plusieurs autres, jusques au nombre dessus dit. David de Brimeu [2] fit lesdits marquis de Serre et Louys Bournel prisonniers de sa main.

---

[1] *Le baron d'Ivry* : Pierre d'Argency. — [2] *Brimeu* : Bonneu.

Ce jour le duc s'y monstra tres-vaillant, chassant avec le seigneur de Longueval ses ennemis si avant, qu'un long-temps aprés la desconfiture on ne sçavoit où il estoit, ny ce qu'il estoit devenu : dequoy ses gens estoient en grand soucy. Mais il revint enfin vers son estendart, aprés avoir pris de sa main deux hommes d'armes, lesquels depuis il relascha sans leur faire payer rançon. Tout estant achevé, on raconta au duc comment ses gens s'en estoient fuys du combat, ainsi qu'il a esté recité cy-dessus, et qu'ils l'avoient laschement abandonné : dont il fut tres-mal content; et leur en sceut si mauvais gré, que fort long-temps aprés il n'en pouvoit oüyr parler. Ce duc rentra en suite dans Abbeville à tout ce qu'il avoit de gens avec luy, et y fit emmener ses prisonniers. Ceux d'icelle ville luy firent grande et joyeuse reception; là il sejourna quatre jours.

La susdite journée arriva un samedy dernier d'aoust. Ce duc partit aprés d'Abbeville pour aller à Hesdin, et passa par devant Sainct Riquier. Lors Jean de Luxembourg se faisoit porter en une litiere ou brancart, pource qu'il avoit esté blessé en icelle journée, ainsi qu'il a esté dit : le mesme faisoit le seigneur de Humbercour, pour semblable cause. En ce combat le duc perdit des siens le seigneur de Vieuville son mareschal, avec le seigneur de Mailly, gens de nom, et d'autres environ sept ou huict seulement. Le duc arriva donc à Hesdin; de là il vint à Lisle en Flandre, où il laissa ses prisonniers dedans le chasteau de cette ville; puis s'en alla à Gand par devers la duchesse Michelle sa femme, laquelle luy fit grande feste et reception. Assez tost aprés il fut arresté un accord et traicté entre ce duc et le seigneur d'Offemont, portant « que ledit d'Offemont rendroit la ville Sainct « Riquier, avec aucuns prisonniers qu'il avoit; et « qu'aussi le duc feroit delivrer le seigneur de Con- « flans, Gilles de Gamaches, Poton de Saintraille et « Louis Bournel. » Aprés cela ledit seigneur d'Offemont s'en alla à Pierrefons, qui pour lors estoit en sa main.

En ce temps le chasteau de Dourier, qui estoit en la main de Poton de Saintraille, fut rendu à messire Jean Blondel, qui en estoit seigneur. Et ne resterent de forteresses tenans party contraire au duc, que Crotoy et Noyelle sur la mer, lesquelles estoient possedées par Jacques de Harecour, qui faisoit de là forte guerre au roy Henry et au duc Philippe.

On mit le seigneur de Cohen dans Ruë en garnison, et Le Borgne de Fosseux à Sainct Riquier, d'où ils s'opposoient à Jacques de Harecour; parquoy le pays de Ponthieu estoit fort grevé tant d'une partie que de l'autre : y ayant outre cela quantité de forteresses en Vimeu tenans le party du Dauphin, auquel ledit Jacques de Harecour les avoit attirées : entre-autres la ville de Gamache, le chasteau de Rambure, Louroy, les deux chastéaux d'Araine, et plusieurs autres.

L'an 1422, le roy Henry d'Angleterre tenoit siege devant la ville de Meaux en Brie, devant laquelle il y avoit grande puissance d'Anglois, et autres gens de guerre de France. Dedans Meaux estoient capitaines pour le Dauphin le bastard de Vauru et Pierron de Lupé, lesquels estoient hommes de guerre, et avoient bonnes gens avec eux qui bien et vaillamment defendirent la ville. Tandis que le susdit Roy estoit devers Meaux, ceux de la ville crioient plusieurs vilennies aux Anglois : entre-autres il y en eut qui poussèrent un asne jusques sur les murs de la ville, où ils le faisoient braire à force de coups qu'ils luy donnoient; puis ils crioient aux Anglois que c'estoit Henry leur roy, et qu'ils le vinssent rescoure. De telles choses et autres se courouça fort iceluy roy Henry contre eux, et leur en sceut mauvais gré, comme depuis il apparut : car il fallut que ceux qui avoient fait cette action luy fussent livrez, lesquels ce Roy fit pendre sans nul mercy. Pierre de Luxembourg, comte de Conversan, estoit pour ce temps prisonnier dedans Meaux : il avoit esté pris en allant du siege de Melun à Brienne, ville qui luy appartenoit. Mais il fut tant traité par ledit Roy, qu'il fut finalement delivré.

Quand ce Roy eut demeuré bien cinq mois devant la ville et marché de Meaux, ceux de la ville tombèrent en dissension les uns contre les autres, et pour ce subjet perdirent leur ville, que ledit Roy gagna, et se logea en suite luy et la plus grande partie de ses gens en icelle; parquoy ledit marché fut fort approché et assiegé de tous costez par les Anglois. Aprés que ce Roy eut gagné icelle ville, comme dit est, il emporta de suite une isle qui est assez prés du marché, où il posa plusieurs de ses gens, et encor y fit asseoir quantité de grosses bombardes, dont les murailles d'iceluy marché furent toutes rasées : de sorte qu'il ne restoit plus à ceux de dedans qu'un petit devant pour se defendre contre les Anglois; mais leur Roy le fit assaillir. L'assaut en dura bien sept ou huict heures continuellement : car les Dauphinois se defendirent tres-vaillamment, et tant combatirent, qu'ils n'avoient plus aucunes lances dedans ce marché, sinon tres-peu; manque dequoy ils se servoient de hastiers de fer à faute de lances, et firent tant que pour cette fois ils chasserent lesdicts Anglois hors de leurs fossez.

Par plusieurs autres fois ce Roy fit recommencer grandes escarmouches contre les Dauphinois qui restoient dedans ledit marché; et tant le fit approcher et attaquer, qu'il estoit enfin en sa liberté de les prendre d'assaut, s'il eust voulu : mais il ne le fit pas, afin de les avoir mieux à sa volonté, et aussi pour en tirer plus grand profit. Ledit Roy employa en tout onze mois devant Meaux, et au onziesme ceux du marché (qui se voyoient en danger d'estre emportez d'assaut, comme il vient d'estre dit) requirent de traiter avec luy : finalement il fallut qu'ils se rendissent à la volonté de ce Roy, sans aucune grace ny composition, combien qu'ils avoient encor des vivres dedans ce marché bien pour trois mois. Aprés que ceux du marché de Meaux se furent ainsi rendus à la volonté dudit Roy, il fit prendre le bastard de Vauru, qui estoit l'un des principaux capitaines; puis le fit pendre au dehors de Meaux à un arbre, qu'on nomma depuis *l'arbre de Vauru*. C'estoit parce que ledit bastard y avoit fait pendre plusieurs pauvres laboureurs.

Aprés que ce Roy eut fait pendre ledit bastard, il luy fit estoquer (1) et pousser son estendart contre sa poitrine : ce qu'il fit pour la haine qu'il avoit contre luy, à cause des susdites vilaines paroles que luy et ses gens avoient proferé à son deshonneur, et au mes-

---

(1) *Il luy fit estoquer* : il lui fit frapper, briser.

pris de ses gens. Avec ledit bastard fut aussi pendu son frere, qui estoit grand seigneur; mais il n'avoit mie si grande renommée comme ce bastard : on le nommoit Denys de Vauru (1). Plusieurs autres y eut de pris : c'est à sçavoir Pierron de Luppe, avec ses gens, et quantité de ceux de Vauru; mais aucuns eschapperent en payant rançon. Tous les bourgeois, et autres qui estoient dedans le marché, furent contraints de bailler tout ce qu'ils avoient vaillant, sans en rien retenir : car ceux qui faisoient le contraire estoient traitez fort grievement; et tout cela tournoit au profit du roy Henry.

Ce ne fut pas tout : aprés que ces bourgeois eurent ainsi perdu tous leurs biens, on en contraignit plusieurs de racheter leurs maisons. Par telles exactions, ce Roy tira et amassa grandes finances. Or tout le mal que ceux du marché de Meaux eurent leur provint par la prise de l'isle cy-devant dite; et pour ce avoit ce Roy proposé de la faire desoler, quand il eut gaigné le marché. Devant cette ville de Meaux le fils du seigneur de Cornuaille eut la teste emportée d'un coup de canon : il estoit cousin germain du roy Henry, qui en fut fort fasché; et pour cette cause jura ledit de Cornuaille qu'il ne porteroit plus les armes en France. Pendant que le siege estoit devant Meaux, le seigneur d'Offemont, qui tenoit le party du Dauphin, alla à tout environ cinquante hommes d'armes, et fit effort pour entrer dedans la ville : de faict il vint jusques aux fossez,

---

(1) *Denys de Vauru* : Il avoit commis d'horribles cruautés dans les environs de Meaux. Le récit qu'en fait le Journal de Paris passe tout ce qu'on peut imaginer.

où les Dauphinois l'attendoient à une poterne; il y eut mesme la plus grande partie de ses gens qui entrerent dedans, lesquels en personne il chassoit devant luy, car il estoit vaillant chevalier : mais le guet du roy Henry poursuivit ledit seigneur d'Offemont si rudement qu'il le prit, avec quatre ou six de ses gens quand et luy; les autres entrerent, comme dit est cy-devant. Par cette prise il fallut que ce seigneur d'Offemont rendist plusieurs forteresses qu'il tenoit pour le Dauphin, sçavoir Offemont, Pierrefons, Merlan et autres : et outre ce, il jura et promit audit roy Henry qu'il ne s'armeroit plus contre luy et ses alliez. Par ainsi on le laissa aller.

Quand le roy Henry eut reduit la ville et le marché de Meaux à son obeïssance, comme dessus est declaré, il le garnit fort de vivres et gens, puis s'en alla à Paris, où il mena Caterine sa femme. Par la reddition de Meaux il y eut plusieurs bonnes villes et forts du pays de France qui se rendirent à luy, entre-autres la ville de Compiegne, Gournay sur Aronde, Cressonsac, Mortemer, et plusieurs autres : car tous ceux qui dedans icelles places estoient pour le Dauphin s'en allerent outre la riviere de Loire, et le roy Henry fit par tout mettre de ses gens en leurs places.

Cette mesme année, Jean de Luxembourg fit grande assemblée de gens vers Encre; puis tout à coup il envoya le vidame d'Amiens et le seigneur de Saveuse à tout leurs gens prendre place, et se camper devant Quennoy auprés Araines. Le lendemain il les suivit en personne à tout quantité de gens et instrumens de guerre, et mit le siége tout autour du chasteau de Quennoy, lequel il contraignit enfin de se rendre à sa volonté, excepté le capitaine de cette place, qu'on nommoit Waleran de Sainct Germain, qui fit de bonne heure son traitté particulier à l'insceu de ses compagnons, et s'en alla sauf son corps et aucune partie de ses biens. Quant aux autres, ils furent envoyez à maistre Robert Le Jonne, qui pour lors estoit baillif d'Amiens, lequel les fit justicier : entre lesquels fut executé un gentilhomme nommé Lienard de Piquigny, lequel estoit parent du vidame d'Amiens. Mais ce vidame le haïssoit, pource qu'il luy avoit fourragé ses terres; et pour cette cause ne luy voulut aider, ny s'employer à le sauver.

Aprés que ledit Jean de Luxembourg eut eu l'obeïssance du chasteau de Quennoy, il fit mettre le feu dedans, dont ce chasteau fut tout embrasé et desolé. Puis il s'en alla devant Louroy, qu'il mit en son pouvoir : de là il fut mettre le siege devant les forteresses d'Araines, qu'il assiegea tout autour. Ceux qui estoient dedans pour le Dauphin mirent le feu dedans la ville, afin qu'il ne s'y logeast si à son aise; mais pour ce il ne laissa de s'y poster, et y demeura la plus grande partie du caresme : et tant y fut-il, que lesdites forteresses luy furent enfin renduës, lesquelles il fit tout ruiner et abatre. Les Dauphinois qui estoient dedans s'en allerent à Compiegne vers le seigneur de Gamaches, qui en estoit encor capitaine : car pour ce temps-là la ville de Meaux n'estoit encor renduë aux Anglois, mais le siege seulement y continuoit. Pendant qu'iceluy Jean de Luxembourg tenoit siege devant les susdites forteresses d'Araines, le seigneur de Gamaches et Poton de Saintraille firent grande assemblée vers Compiegne pour tascher d'en faire lever le siege. A ce sujet, ils se mirent en campagne, prenans leur route vers Montdidier; puis ils vindrent à Pierrepont, dont ils emporterent d'abord la ville, qui estoit close de pieux et fossez: aprés ils cuiderent prendre aussi le chasteau, mais il fut bien deffendu par les gens du vidame d'Amiens, qui estoient dedans. Alors ledit Jean de Luxembourg avoit partie de ses gens devers Montdidier, qui luy firent sçavoir que les susdits de Gamaches et Poton le venoient attaquer en son siege d'Araines; lesquelles nouvelles oüyes, il leur envoya au devant Hue de Lannoy et le seigneur de Saveuse, à tout environ six cens combatans de bonne estoffe, pour les combatre: outre ce, furent bien en leur compagnie six ou sept vingts Anglois, que messire Raoul le Bouteiller menoit.

Quand les dessusdits furent tous ensemble, iceluy messire Jean les envoya au loing, puis il s'en retourna à son siege. Cependant messire Hue chevaucha droit à Courty, où il se logea; puis le lendemain de grand matin il tira vers Moreuil, où il passa l'eau: de là il chevaucha vers Pierrepont, en approchant de laquelle place il apprit par nouvelles certaines que les Dauphinois estoient desja dedans, lesquels en ayans eu le vent s'assemblerent pour se mettre aux champs, mettans auparavant le feu par toute cette ville; puis ils s'allerent ranger en bataille au dessus de ladite ville de Pierrepont, du costé de Montdidier. Alors les Bourguignons et Anglois joints ensemble outre-passerent aussi-tost icelle ville, et poursuivirent rudement les Dauphinois, tant qu'il y en eut aucuns de ruez jus : entre autres y mourut un homme d'armes nommé Brunet de Gamaches, qui estoit fort renommé, et tenoit le party du Dauphin. Quand les susdits Bourguignons et Anglois eurent passé outre, ils se rangerent aussi en bataille contre iceux Dauphinois. Or en ce rencontre il y eut plusieurs chevaliers faits sur le champ par ledit Hue de Lannoy, qui entre autres fit chevaliers Le Begue de Lannoy (1), Jacques de Brimeu, Antoine de Rubempré, et plusieurs autres avec eux. Là furent ces deux batailles campées à l'opposite l'une de l'autre l'espace bien de deux heures, sans venir au choq : puis les Dauphinois commencerent à se retirer tout doucement, en tirant et filant vers Compiegne tout à tret, et sans aucun desordre.

Quand lesdits Bourguignons et Anglois apperceurent que les Dauphinois s'en alloient ainsi, ils envoyerent le seigneur de Saveuse aprés pour les poursuivre, à tout environ quatre-vingts combatans, qui les suivirent en grande ordonnance bien deux lieuës ; mais ils n'y peurent rien gagner, car les Dauphinois avoient mis derriere eux leurs meilleurs soldats, pour faire leur arriere-garde et les soustenir. En cette besongne il y eut trois ou quatre Anglois seulement de tuez, lors dudit passage d'icelle ville : de plus y mourut Le Breton d'Ailly, qui par long-temps ne s'estoit armé. Bref, de tous les deux costez y demeurerent environ sept ou huict hommes au plus; mais les Dauphinois y gagnerent un estandart des Anglois. Aprés cette besongne, les Bourguignons et An-

---

(1) Guillebert de Lannoy, sieur de Wilerval.

glois se retirerent à Araines vers Jean de Luxembourg, et les Dauphinois s'en allerent à Compiegne, comme dit est.

Aprés que le roy Henry d'Angleterre eut mis Meaux en son obeïssance, toutes les forteresses tenans le party du Dauphin depuis Paris jusques à Crotoy se rendirent à luy, comme pour fruict de cette conqueste : entre autres les villes de Gamaches, Sainct Valery, Rambures et plusieurs autres ; parquoy il ne demeura que Crotoy, où Jacques de Harecour se tenoit, et encor Noyelle sur la mer. Or tousjours faisoit iceluy messire Jacques forte guerre aux Anglois et Bourguignons par mer et par terre. Les Anglois d'autre part faisoient forte guerre en Champagne, au pays du Perche, et vers la riviere de Loire. D'autre costé s'estoient retirez les Dauphinois à Guise en Tierache, et en plusieurs autres forteresses d'autour, et là menoient guerre de tous costez : les autres se tenoient à Montaguillon, à Monte, et en autres places dudit pays de Champagne. Iceluy roy Henry se tenoit alors à Paris, où il attacha fort les habitans à son obeïssance et affection, parce qu'il y faisoit observer exactement la justice, et la rendre deuëment à un chacun : ce qui faisoit que le pauvre peuple l'aimoit grandement sur tous autres.

Le duc Philippe estoit cependant en son pays de Bourgongne, où il se tint long temps, sans retourner en Flandre ny en Artois. Or, pour le temps qu'il y estoit, la duchesse Michelle sa femme mourut à Gand : c'estoit une dame fort honnorable, tres-aimée de toutes gens grands et petits : elle estoit fille du roy Charles de France, et sœur du Dauphin. Ceux de Gand furent bien marris de sa mort, et en bailloit-on grande charge et blasme à aucuns des gouverneurs dudit duc Philippe : comme aussi la premiere damoiselle de la duchesse, nommée Ourse, qui avoit espousé Jacques Copin de La Viesseville, fut soupçonnée et accusée de luy avoir avancé ses jours; mais nonobstant on n'en sceut oncques la verité. Le duc Philippe monstra grand dueil du deceds de ladite duchesse Michelle, et tesmoigna d'en estre bien attristé.

En cette mesme saison il y eut à Gand une femme qui donna à entendre qu'elle estoit sœur aisnée du duc Philippe : de sorte que par aucune condescendance on luy fit grand honneur. Laquelle chose firent semblablement plusieurs des seigneurs du pays, cuidans qu'elle dit verité; mesme on luy fit de grands dons. Elle se faisoit servir hautement; mais enfin on sceut bien qu'elle abusoit le monde. Se voyant descouverte, elle s'en alla si bien qu'on ne sceut point depuis ce qu'elle estoit devenuë, et la verité de sa tromperie.

En ce mesme temps ou environ, les Dauphinois firent grande assemblée de gens, et mirent le siege devant la ville de Conne sur Loire. Or tant y furent-ils, qu'il fallut que les gens de cette ville prissent jour de se rendre en l'obeïssance du Dauphin. Le jour fut pris au dix-huictiesme d'aoust, à condition qu'ils livreroient bataille au duc Philippe de Bourgongne s'il y alloit au jour dessusdit; ou s'il n'y alloit, ils rendroient la ville aux gens du Dauphin. Quand les gens dudit duc eurent ainsi pris jour de rendre cette ville, ils le firent aussi-tost sçavoir au duc, lequel fit incontinent publier par tout ses mandemens, pour se trouver précisément au jour dessus dit contre le Dauphin; mesme il y manda les Picards, et tous autres qui le voudroient servir : aussi envoya-t'il devers le roy Henry, afin qu'il luy envoyast de ses gens à son secours. Ce Roy luy envoya le duc de Bethfort son frere, à tout bien trois mille combatans; avec luy estoit aussi le comte de Warvic.

Le duc Philippe attendit quelque temps iceluy duc de Bethfort et les Picards, à une bonne ville nommée Vezelay; puis quand tous ses gens furent assemblez, il se trouva avoir fort belle compagnie, jusques au nombre de douze mille combatans, tous gens de faict. En suite il chevaucha en tirant vers Conne, tant qu'il y arriva au jour qui estoit dit. Il avoit là intention de combatre le Dauphin et sa puissance, s'il y fust venu : mais il n'y parut point; parquoy Conne demeura en l'obeïssance du duc Philippe, comme elle estoit auparavant. En ce voyage, Jean de Luxembourg conduisoit l'avant-garde du duc Philippe, avec laquelle il alla courre jusques à La Charité sur Loire, qui en ce temps estoit tenu par les gens du Dauphin; en quoy se gouverna iceluy messire Jean fort genereusement. Aprés que la journée eut esté passée que Conne se devoit rendre; et que le duc Philippe sceust au vray que le Dauphin ne le combatroit point, il commença à se retirer en allant vers Troye en Champagne. Quant au duc de Bethfort, il prit sa route devers Sens en Bourgongne en tirant vers Paris, puis il alla au bois de Vie-Saine (1), où le roy Henry son frere estoit très-malade. Le duc Philippe estant arrivé à Troyes, il y sejourna environ huict

(1) *Au bois de Vie-Saine* : Vincennes.

jours, puis il passa outre, en tirant vers Paris avec ses gens. Or en venant à Brie-Comte-Robert il luy fut dit pour nouvelles certaines que le roy Henry se mouroit. Aprés qu'il en eut bien sceu la verité, il envoya Hue de Lannoy vers luy; il estoit lors maistre des arbalestriers de France.

Quand Hue de Lannoy fut venu vers ce roy Henry, il le trouva tres-accablé de maladie. Aussi-tost il se recommanda fort au duc Philippe, et le pria par ledit Hue de Lannoy qu'il entretinst bien et observast religieusement les sermens et alliances qu'il avoit avec les Anglois. Pareillement ce Roy pria son frere ledit duc de Bethfort, et les autres seigneurs de son conseil, qu'ils fussent loyaux envers ledit duc Philippe : ce qu'il leur recommanda grandement à diverses fois, jusques au dernier souspir de sa vie. Aprés qu'il eut ainsi parlé à Hue de Lannoy, il ne tarda plus guieres à trespasser de ce siecle. Or quand ce vint environ une heure devant sa mort, il demanda à ses medecins ce qu'il leur sembloit de son faict, et qu'il leur prioit qu'ils en dissent verité. Lors il luy dirent : « Tres-cher sire, pour Dieu pensez au salut « de vostre ame! Il ne se peut faire que viviez encor « deux heures par cours de nature. » Adonc il commanda à son confesseur qu'il recitast devant luy les sept pseaumes penitentiaux. Quand se vint au verset *Benignè fac Domine*, etc., où il y a au dernier *Muri Hierusalem*, et qu'il oüyt nommer *Hierusalem*, il fit cesser son confesseur, puis il dit « que par son « ame il avoit proposé de une fois conquerir Jeru- « salem, et faire reedifier, si Dieu luy eut laissé la « vie. »

Quand il eut dit cela par occasion en passant, on paracheva les sept pseaumes; une heure aprés quoy il rendit l'ame. Dont plusieurs gens furent attristez, regrettant fort une telle perte : car c'estoit un prince de haut entendement, qui vouloit grandement garder la justice : parquoy le pauvre peuple l'aimoit sur tous autres. De plus, il estoit tres-enclin et soigneux de conserver le menu peuple, et le proteger contre les violences insupportables et grandes extorsions que la pluspart des gentils-hommes leur faisoient lors souffrir en France, Picardie, et par tout le royaume. Par especial il ne vouloit plus souffrir qu'iceux nobles les contraignissent de prendre le soin et gouvernement de leurs chevaux, chiens et oiseaux : laquelle tyrannie et violence ils exerçoient impunément en ce temps aussi-bien sur le clergé que sur le menu peuple, et avoient accoustumé d'ainsi en user en toute licence. C'estoit chose bien raisonnable et loüable à ce roy Henry d'y vouloir remedier : ce qui luy fit acquerir la bonne grace et les vœux du clergé, ainsi que du pauvre peuple. Aprés qu'il fut trespassé, il y eut grand dueil fait par ses gens, specialement par le duc de Bethfort son frere, devers lequel vint le duc Philippe de Bourgongne pour le reconforter, et aussi pour conclure ensemblement sur les affaires de France.

Quand ces deux ducs eurent parlé ensemble, le duc Philippe s'en retourna à Paris, où il s'arresta environ quinze jours; puis il s'en alla en ses pays de Flandre et d'Artois. Le corps du feu roy Henry fut emmené en Angleterre; et avec s'y-en alla Caterine sa vefve, de laquelle il avoit eu un fils nommé Henry comme luy, lequel par la mort de son pere releva et recueillit la succession du royaume d'Angleterre : son aage estoit d'environ quinze mois seulement quand sondit pere trespassa, qui fut au mois d'aoust. Pour lors vivoit encor le roy Charles ; parquoy le susdit petit Henry ne fut point encor declaré heritier du royaume de France : car il avoit ainsi esté promis et stipulé au traitté de mariage d'icelle Caterine, fille dudit roy Charles, agreé et passé du consentement du duc Philippe de Bourgongne, sçavoir : « que le roy Charles « joüyroit sa vie durant du royaume, et qu'aprés sa « mort seulement le roy Henry en seroit heritier luy « et ses hoirs, » comme en autre lieu cy-devant a esté declaré.

Depuis l'an 1415 que la bataille d'Azincourt se donna, il y eut en France de grandes tribulations et pertes pour le subjet des monnoyes et couronnes, qui ayans au commencement esté forgées pour dix-huict sols seulement, commencerent insensiblement à monter à dix-neuf et à vingt sols, depuis tousjours en montant petit à petit jusques à neuf francs, avant que cette excessive valeur fût reglée. Pareillement toute autre monnoye monta au *prorata*, chacune à sa quantité. Il courroit lors une monnoye qu'on nommoit flourettes ou fleurettes, qui valloit dix-huict deniers : mais enfin elles furent remises à deux deniers ; puis on les deffendit tout à fait, tellement qu'elles n'eurent plus de cours : pource, il y eut plusieurs riches marchands qui y perdirent grandement. Aussi du temps qu'icelles monnoyes avoient cours pour si grand prix, cela estoit fort au prejudice des seigneurs : car les censiers qui leur devoient argent vendoient un septier de bled dix ou douze francs, et pouvoient ainsi payer une grande cense par le moyen et la vente de huict ou dix septiers de bled seulement : dequoy plusieurs seigneurs et pauvres gentils-hommes receurent de grands dommages et pertes. Cette tribulation dura depuis l'an 1415 jusques à l'an 1421, que les choses se remirent à un plus juste poinct touchant les monnoyes : car un escu fut remis à vingt-quatre sols. Puis on fit des blancs doubles de la valeur de huict deniers, et toute autre monnoye fut à l'equipolent remise, chacune à sa juste valeur et quantité. Or en icelle année que les monnoyes furent de la sorte remises à leur regle et legitime valeur, cela fit naistre quantité de procés et de grandes dissensions entre plusieurs habitans du royaume, à cause des marchez qui avoient esté faits dés le temps de la susdite foible monnoye qui pour ce temps courroit, c'est à sçavoir l'escu à vingt-quatre sols, et les blancs pour huict deniers, comme il vient d'estre dit : en quoy il y avoit grande decevance, tromperie et confusion pour les acheteurs.

Tost aprés ledit roy Henry fit forger une petite monnoye qu'on nommoit doubles, qui valloient trois mailles; en commun langage on les appelloit niquets. Il ne courroit autre monnoye pour lors ; et quand aucun en avoit pour cent florins, c'estoit la charge d'un homme : c'estoit une bonne monnoye pour son prix, si ce n'eut esté le grand empeschement et l'incommodité qu'elle faisoit à porter. Outre ce, on fit forger des blancs doubles englez en commun. Ainsi par plusieurs fois la France ressentit pendant ces miserables temps de guerre de grands changemens dans le faict des monnoyes, dont le peuple estoit tres-mal content et incommodé : mais on n'en pouvoit avoir d'autres. Mesme il fut ordonné, par le conseil de ce roy Henry, que toutes gens qui avoient vaisselles d'argent les bailleroient chacun à sa portion pour prix raisonnable, afin d'en forger monnoye. Or en prit-on en plusieurs lieux à ceux qui en avoient, sans leur payer ce que la vaisselle pouvoit valoir : laquelle injustice pratiqua specialement maistre Robert Le Jonne, qui pour lors estoit baillif d'Amiens, où il estoit fort haï pour cela et autres choses iniques qu'il faisoit, sous la faveur et protection dudit roy Henry, qui fort l'aymoit; et eut encor ledit Robert grand gouvernement et credit de par ceux qui après ce Roy vinrent en authorité soubs Henry VI son fils: dequoy plusieurs seigneurs de Picardie et du bailliage d'Amiens luy porterent grande envie; mais nonobstant il soustint bien tousjours passionnement le party des Anglois, tant qu'il peut estre obeï.

Deux mois aprés que le susdit roy Henry d'Angleterre fut mort, le roy Charles de France trespassa aussi de ce siecle, lequel fut enterré à Sainct Denys en France, aprés avoir regné l'espace de quarantedeux ans. Il fut fort aimé de son peuple toute sa vie, et pour ce le nommoit-on ordinairement Charles le Bien-Aimé; mais il fut la plus grande partie de son regne travaillé d'une fascheuse maladie, qui grandement luy nuisoit : car par fois il vouloit frapper sur tous ceux qui se trouvoient avec luy. Il commença de se ressentir (1) de cette pitoyable maladie en la

---

(1). *Il commença de se ressentir* : Ce récit semble en contradiction avec ce que disent tous les historiens contemporains sur les commenville du Mans, tost aprés son retour de Flandre, où il estoit allé à main armée pour reduire et reprimer les Flamands, qui pour lors se vouloient rebeller. Vérité est que ce triste accident luy commença de la sorte : comme il oyoit la messe, un de ses serviteurs luy vint bailler des heures; sur quoy incontinent qu'il eut regardé dedans pour les reciter, il se leva, devenant et paroissant ainsi comme tout troublé et hors de sens; puis il saillit soudain en furie de son oratoire, et commença à battre tous ceux qu'il rencontroit; mesme il frappa son propre frere le duc d'Orleans, et plusieurs autres qui là estoient presens; sur quoy aussi-tost on le prit et arresta, puis on le mena en sa chambre. Or depuis cette malheureuse journée il n'eut en toute sa vie gueres de bien, ny ne porta presque point de santé, combien qu'il vesquit encor long-temps du depuis, languissant en ce deplorable estat; et falloit incessamment qu'on prist bien garde à luy.

Aprés qu'il fut tombé dans l'estat que dit est, il y eut d'estranges gouvernemens au royaume de France : car il y avoit plusieurs seigneurs de son lignage, qui tous contendoient chacun d'avoir la plus grande administration des affaires auprés de ce Roy malade. Pour cette cause, se meut l'envie entre eux : dont la destruction du royaume arriva, comme cy-devant a esté raconté. Cela fit que lors que ce roy Charles mourut, il laissa son royaume fort

cemens de la maladie de Charles vi. Cependant il est possible de concilier les deux traditions, en supposant (ce qui est très-vraisemblable) qu'avant de partir du Mans, le Roi eut une attaque qui fut ignorée de la plus grande partie de l'armée.

troublé : car gens de tous estranges pays y avoient la puissance et le maniement de tout. Premierement les Anglois en avoient conquis grande partie, et de jour en jour conquestoient le surplus. Outre ce, le duc Philippe estoit de leur party, avec plusieurs autres grands seigneurs ses alliez; qui tous s'efforçoient d'usurper le royaume pour le nouveau roy Henry d'Angleterre : car ils firent que ce petit prince, fils d'Henry v et de Caterine de France, fille d'iceluy roy Charles, saisit et s'appropria le royaume aussitost aprés la mort du Roy son ayeul maternel ; et pour marque de son authorité ils luy firent prendre en son seel les armes de France qu'il portoit en un escusson, et les armes d'Angleterre en un autre. Pareillement en toutes les monnoyes qu'il faisoit forger en ce temps-là, on y mettoit deux escussons joints par ensemble, des armes dessus dites : et fit ce roy Henry defendre que les couronnes qui avoient esté forgées du temps dudit roy Charles le Bien-Aimé n'eussent plus de cours, comme semblablement toutes les autres monnoyes fabriquées du vivant dudit Roy, ordonnant que chacun les portast aux forges. Mais nonobstant que par plusieurs fois il eust ainsi esté defendu, et qu'avec obligation royale on n'ozoit plus se servir de la monnoye cy-devant dite, soubs grosses peines : si ne laissoit-on de s'en servir et d'en user en tout plein de lieux. Ce pretendu roy Henry fit encor forger et donner cours à une nouvelle monnoye d'or qu'on nommoit *saluts*, qui valoit vingt-deux sols parisis chacun salut : elle estoit bonne pour son prix. De plus, il fit fondre et mettre en usage des blancs de huict deniers. Ainsi ne couroit pour lors par tout où ce roy Henry estoit obey, dans le royaume de France, autre monnoye royale sinon celle qu'il avoit fait faire.

Bien que cét autheur paroisse assez desinteressé, et peu passionné dans la suite de son Histoire ou Memoires, si est-ce toutefois qu'il se peut juger en quelques endroits et passages qu'il panche un peu du costé des bourguignons, et encline à leur party : aussi se peut-il conjecturer par son stile, et de quelques termes et mots dont il use, qu'il estoit picard de nation, province alors sujette, pour la plus grande partie, à la maison de Bourgongne. (*Note de D. Godefroy.*)

FIN DES MEMOIRES DE PIERRE DE FENIN.

# TABLE DES MATIÈRES

CONTENUES

## DANS LE SEPTIÈME VOLUME.

---

Le Livre des Faicts du bon messire Jean le Maingre, dit Boucicaut.

Seconde partie.

Chapitre I. *Cy commence la seconde partie, laquelle parle du sens et prudence du mareschal de Boucicaut, et des vaillans et principaux biensfaicts que il feit depuis le temps que il feut gouverneur de Gennes jusques au retour de Syrie.* Premièrement *parle de l'ancienne coustume qui court en Italie des guelphes et des guibelins.* . . . . . Page 1

Chap. II. *Cy dit de la cité de Gennes, et de la tribulation où elle estoit avant que le mareschal en feust gouverneur.* . . . 4

Chap. III. *Comment la cité de Gennes se donna au roy de France.* . . . 6

Chap. IV. *Comment vertu plus que autre chose doibt estre cause de l'exaucement de l'homme.* 8

Chap. V. *Comment le mareschal, pour sa vertu et vaillance, fut esleu et estably pour estre gouverneur de Gennes.* . . . . 10

Chap. VI. Comment le mareschal alla à Gennes, et comment il y fut receu. Page 12

Chap. VII. Comment le mareschal parla saigement aux Genevois au conseil. 15

Chap. VIII. Cy dit les saiges establissemens et ordonnances que le mareschal feit à Gennes. 19

Chap. IX. Comment le mareschal feit edifier deux forts chasteaux, l'un sur le port de Gennes, l'autre autre part. Et comment il repreint à remettre en estat les choses ruineuses et perduës. 21

Chap. X. Comment apres que le mareschal eut mis la cité de Gennes en bon estat, il y feit aller sa femme; et comment elle y feut receuë. 24

Chap. XI. Comment nouvelles veindrent au mareschal que le roy de Cypre avoit mis le siege devant Famagouste; et comment il se partit de Gennes à grand armée pour y aller. 26

Chap. XII. Cy dit de l'ancien contens (débat) qui est comme naturel entre les Genevois et les Venitiens. 28

Chap. XIII. Comment le mareschal donna secours à l'empereur de Constantinople pour s'en retourner en son pays. 33

Chap. XIV. Comment le mareschal arriva à Rhodes; et comment le grand maistre de Rhodes le receut, et le pria qu'il allast en Cypre pour traicter paix. 36

Chap. XV. Comment le mareschal alla en Turquie devant la cité de Lescandelour. 38

Chap. XVI. Comment le mareschal assaillit Lescandelour par belle ordonnance. 40

Chap. XVII. Les escarmouches que faisoient tous les jours les gens du mareschal aux sarrasins; et comment ils les desconfirent et chasserent. Page 42

Chap. XVIII. Comment la paix fut faicte entre le roy de Cypre et le mareschal; et comment il voulut aller devant Alexandrie. 46

Chap. XIX. Comment les Venitiens avoient faict sçavoir par les terres des sarrasins que le mareschal alloit sur eulx; et comment le dict mareschal alla devant Tripoli. 49

Chap. XX. La belle ordonnance du mareschal en ses batailles; et comment il desconfit les sarrasins. 52

Chap. XXI. Comment on sceut certainement que les Venitiens avoient faict sçavoir aux sarrasins la venuë du mareschal; et comment il print Botun et Barut. 58

Chap. XXII. Comment le mareschal alla devant Sayete; et la grande hardiesse et vaillance de luy contre les sarrasins. 61

Chap. XXIII. Comment le mareschal alla devant la Liche; et les embusches que les sarrasins avoient faictes pour le surprendre. 64

Chap. XXIV. Comment le mareschal, pour ce que ja se tiroit vers l'hyver, s'en voulut retourner à Gennes. 66

Chap. XXV. Comment les Venitiens, pour avoir achoison de faire ce qu'ils feirent apres, se alloient plaignans du mareschal de la prise de Barut. 68

Chap. XXVI. Comment les Venitiens assaillirent le mareschal, et la fiere bataille qui y feut. Et comment le champ et la victoire luy en demeura. Page 72

Chap. XXVII. Comment le mareschal s'en alla à Gennes, irrité contre les Venitiens; et des prisonniers qui feurent emmenez d'un costé et d'autre. 81

Chap. XXVIII. De la pitié des prisonniers françois. 82

Chap. XXIX. Comment les prisonniers mettoient peine, par leurs lettres vers les seigneurs de France, que le mareschal ne feist guerre contre les Venitiens, afin que leur delivrance n'en feust empeschée. 84

Chap. XXX. Comment les Venitiens s'envoyerent excuser envers le Roy de ce que ils avoyent faict. 87

Chap. XXXI. Cy ensuit la teneur des lettres que le mareschal envoya aux Venitiens. 89

TROISIÈSME PARTIE.

Chapitre I. Cy commence la troisiesme partie de ce livre, laquelle parle des faicts que le mareschal feit depuis le temps que il feut retourné du voyage de Syrie jusques à ores. Premierement parle des seigneurs italiens qui desiroient avoir l'accointance du mareschal, pour les grands biens que ils oyoient dire de luy. 103

Chap. II. Comment le jeune duc de Milan entreprit guerre au mareschal, dont mal luy en ensuivit. 105

Chap. III. *Comment le mareschal laboura, afin que il peust mettre paix en l'Eglise, que les Genevois se declarassent pour nostre sainct pere le Pape.* Page 106

Chap. IV. *Comment le mareschal assembla à conseil les plus saiges de Gennes; et les paroles que il leur dit sur le faict de l'Eglise.* 109

Chap. V. *Comment le mareschal tendoit que l'Eglise feust en union, et soubs l'obeissance d'un seul Pape esleu par concile general.* 114

Chap. VI. *Cy commence à parler comment les Pisains se rebellerent contre leur seigneur, et comment le mareschal se peina d'y mettre paix.* 118

Chap. VII. *Comment les Pisains feirent entendre au mareschal par feintise que ils vouloient estre en l'obeissance du roy de France, et devenir ses hommes; et la mauvaistié qu'ils feirent.* 121

Chap. VIII. *Comment le mareschal se travailloit tousjours que ceulx de Pise se donnassent au roy de France.* 124

Chap. IX. *Comment le mareschal dit et manda aux Pisains que s'ils ne se donnoient au Roy, leur seigneur les vendroit aux Florentins.* 129

Chap. X. *L'accord qui fut faict entre le mareschal et les Florentins, du faict de Pise.* 131

Chap. XI. *Comment le mareschal envoya par escript au roy de France, à nosseigneurs, et au conseil, l'accord qu'il avoit faict avec les Florentins du faict de Pise; lequel le*

*Roy et nosseigneurs agréerent par leurs lettres. Et comment depuis par feintise les Pisains se voulurent donner au duc de Bourgongne.* Page 134

Chap. XII. *Comment les ducs d'Orleans et de Bourgongne sceurent mauvais gré au mareschal, pource qu'il n'avoit esté en l'ayde des Pisains contre les Florentins.* 139

Chap. XIII. *Cy devise par exemples comment les bons sont communément enviez.* 141

Chap. XIV. *Cy preuve par exemples que on ne doibt mie tousjours croire ne adjouter foy en paroles et opinions de peuple.* 143

Chap. XV. *Comment le mareschal, par la vaillance de son couraige, entreprit d'aller prendre Alexandrie. Et des messaigers qu'il envoya pour ceste cause au roy de Cypre.* 145

Chap. XVI. *Encores de ce mesme, de l'instruction que le mareschal bailla à ses ambassadeurs de ce que dire debvoient au roy de Cypre.* 151

Chap. XVII. *Cy devise la grande chere et belle responce que le roy de Cypre feit aux ambassadeurs du mareschal.* 155

Chap. XVIII. *Cy devise comment le roy de Cypre s'excusa vers les messaigers du mareschal de non aller sur Alexandrie.* 158

Chap. XIX. *Cy parle du faict de l'Eglise, et comment le mareschal voulut empescher le roy Lancelot que il n'allast prendre Rome.* 161

Chap. XX. *De ce mesme; et comment Paul*

Ursin Romain meit le roy Lancelot à Rome, par argent qu'il receut. . . . . . . . . . . . . . . . . . . . . . . Page 165

Chap. XXI. Cy devise comment le mareschal, en venant par mer de Gennes en Provence, combatit quatre galées de Mores, où grande foison en y eut d'occis. . . . . . . . . . . . . . . . . . . . . . . . . . . . . . . . 172

Chap. XXII. Cy devise comment messire Gabriel-Marie, bastard du duc de Milan, cuida usurper au Roy la seigneurie de Gennes ; et comment il eut la teste couppée. . . . . . . . . . . . . . . . . . . . . . . 175

Quatriesme partie.

Chapitre I. Cy commence la quatriesme et derniere partie de ce livre, laquelle parle des vertus, bonnes mœurs et conditions qui sont au mareschal, et de la maniere de son vivre. Et devise le premier chapitre de la façon de son corps. . . . . . . . . . . . . . . . . . . . . . . . . . . . . . . . . . . 181

Chap. II. Cy dict de la devotion que le mareschal a vers Dieu en œuvres de charité. . . . . . . . . . . . . 183

Chap. III. La reigle que le mareschal tient au service de Dieu. . . . . . . . . . . . . . . . . . . . . . . . . . . . . . 185

Chap. IV. Comment le mareschal se garde de trespasser la loy de Dieu et ses commandemens, mesmement en faict de guerre ; et de la mesure que il y tient. . . . . . . . . . . . . . . . . . . . . . . . . . . . . 189

Chap. V. Comment le mareschal est hardy et seur en ses saiges entreprises. . . . . . . . . . . . . . . . . . . 195

Chap. VI. Comment le mareschal est sans convoitise, et large du sien. . . . . . . . . . . . . . . . . . . . . . . 197

Chap. VII. Comment la vertu de continence et de chasteté est au mareschal. . . . . . . . . . . . . . . . . 200

Chap. VIII. *Comment le mareschal suit la reigle de justice.* Page 205

Chap. IX. *Comment avec ce que le mareschal est justicier, il est piteux et misericordieux. Et preuve par exemples que ainsi doibt estre tout vaillant homme.* 208

Chap. X. *De la belle eloquence que le mareschal a.* 211

Chap. XI. *De l'ordonnance de vivre du mareschal.* 214

Chap. XII. *Cy conclud comment homme où tant y a de vertus doibt bien estre honoré.* 218

Chap. XIII. *Cy dict, en parlant au mareschal, que pourtant ne se veüille fier en fortune, qui tost se change. Et donne exemples.* 220

Chap. XIV. *La fin du livre où la personne qui l'a faict s'excuse vers le mareschal de ce que il l'a faict sans son sceu et commandement, et non si bien mis par escript que il appartiendroit.* 227

Chap. XV. *Exemples des vaillans hommes trespassez qui sceurent bon gré à ceulx qui avoyent escript et enregistré leurs gestes et leurs vaillants faicts.* 230

Memoires de Pierre de Fenin, escuyer et panetier de Charles VI, contenans l'histoire de ce prince, depuis 1407 jusques a 1422. 235

FIN DU SEPTIÈME VOLUME.

IMPRIMERIE DE RIGNOUX, RUE DES FRANCS-BOURGEOIS-S.-MICHEL, N° 8.

www.ingramcontent.com/pod-product-compliance
Lightning Source LLC
Chambersburg PA
CBHW070450170426
43201CB00010B/1280